조선의 9급 관원들,

하찮으나 존엄한

김인호

연세대학교 사학과에서 고려시대 지식인들의 국가개혁론에 대한 연구로 박사학위를 받았다. 대학원 시절부터 동학들과 함께 조선초기의 법전인 『경제육전』에 대한 연구 등을 계속해 오고 있으며, 최근에는 고려시대 사람들의 삶과 심성을 이해하기 위해 노력하고 있다. 옛 사람들의 내면세계가 역사와 어떤 관계를 갖고 있는지 살펴보려는 것이다.

2002년부터 2년 반 동안 KBS KOREA의 '시간여행 역사 속으로'의 진행과 자문을 맡았다. 현재 '한국역사고전연구소' 연구원이며, 광운대학교 교양학부의 초빙교수로 재직 중이다. 저서로는 『미래를 여는 한국의 역사 2』 외 다수가 있다.

조선의 9급 관원들, 하찮으나 존엄한

2011년 12월 9일 제1판 제1쇄 발행
2012년 5월 16일 제1판 제4쇄 발행

지은이 김인호
펴낸이 이재민, 김상미

편집 홍연숙
디자인 studio.triangle

종이 페이퍼릿
인쇄 천일문화사
제본 강원제책

펴낸곳 너머북스
주소 서울시 마포구 서교동 375-13 성지빌딩 201호
전화 02)335-3366, 336-5131 팩스 02)335-5848
등록번호 제313-2007-232호

ISBN 978-89-94606-10-1 03900

너머북스와 너머학교는 좋은 서가와 학교를 꿈꾸는 출판사입니다.

너머의
역사책 06

조선의 9급 관원들

하찮으나 존엄한

김인호 지음

너머북스

"하찮으나 존엄한"
가장자리에서 바라본 조선시대 사람들

어느 사회든 사람들의 관심은 위쪽에 있는 사람들에게 향한다. 신분이 낮거나 평범한 서민에 대한 관심은 적다. 이들의 삶은 보잘 것 없어 보인다. 우리네 일상과 그다지 달라 보이지 않기 때문이다. 그래서 사람들은 영웅을 찾고, 공주 이야기에 열광하는지 모르겠다. 내가 보려 했던 역사는 국왕이나 영웅, 공주와 같은 별난 사람들의 이야기가 아니다. 이 책의 주인공들은 오늘날 우리와 별반 다르지 않는 보통사람들이다. 그렇다고 백성들은 아니었다. 오히려 백성들 입장에서는 선망해 마지않는 부류가 더 많을 것이다. 그들은 나랏일을 하는 사람들이었으며, 적어도 먹고 사는 일은 해결되었을 터이니 말이다.

조선시대 백성들에게 공권력의 실체는 무엇이었을까? 사헌부 지평이나 홍문관 교리, 고을의 현감이었을까? 대감이나 영감 소리를 듣지 못하는 이들 5,6품의 중급 관료조차도 백성들이 대면하기란 그닥 흔치 않았다. 오늘날 우리가 아는 공무원이 동사무소나 세무서

직원들, 경찰과 소방관 그리고 각종 단속반이듯이 조선시대 사람들에게 관리의 실체는 소유, 구사, 통사, 중금, 갑사, 조졸... 등이었다. 내가 들춰본 역사는 조선왕조의 가장자리에서 나라의 공무를 담당했던 사람들과 그들에 관한 이야기다.

　역사가는 기록으로 말한다. 기록이 없으면 말하기 쉽지 않다. 그들에 대한 기록은 역시　많지 않았다. 역사적 상상력은 기록과 기록 사이의 빈 공간을 채우는 것이다. 별난 사람들이 쓴 보통 사람들에 대한 기록은 여기 저기 흩어져 산만할 뿐 아니라, 높은 사람이 생각하는 '통치'라는 관점에서 서술되었기에, 이를 모아 그들의 삶을 추적하는 일은 생각보다 쉽지 않았다.

　이 책에 등장하는 사건과 이야기는 조선왕조실록과 많은 문집들에 흔적이 있으나 오늘날 신문 사회면의 작은 기사처럼 전후 사방을 꿰지 않으면 없었던 것으로 간주할만한 정도의 단신이다. 때로는 상상력을 동원하였지만 기록에 없는 이야기는 가능한 한 피했다. 근거자료를 밝힌 미주가 많아진 이유가 여기에 있다.

　이들의 삶을 복원하는 데 동기가 된 책이 있다. 에릭 홉스봄이 지은 『밴디트-의적의 역사』가 그것이다. 조선의 임걱정과 같은 영국의 로빈후드에서 멕시코의 사파티스타까지 600여 년의 의적의 역사를 다룬 이 책을 아주 재미있게 보았다. 홉스봄은 의적들이 살았던 모습과 사회적 조건들을 대중들이 읽기 편하게 썼다. 이런 사람들이 역사학의 연구대상이 될 수 있음을 알았고 나 역시 저런 책을 써보면 어떨까 생각했다. 물론 이 책이 비교될 수 있는 수준이란 뜻은 아니다.

이 책에서는 지금까지 알려지지 않았던 조선시대의 직업 소유, 통사, 구사, 마의, 산원, 중금, 숙수 등을 거의 처음으로 소개한다. 이들은 관청과 궁궐의 하위직이었지만 지금의 공무원이나 전문직보다 어쩌면 더 인기 있는 직종이었다. 또한 책에 등장하는 착호갑사, 간첩, 목자, 염간, 조졸, 망나니 등은 신분을 떠나 나랏일을 했다. 예나 지금이나 나랏일은 출세의 기회가 있는 지름길이었다. 이들은 양반과 백성 사이에서 천시 당하기도 했고, 때로는 권력자와 가깝다는 위치를 이용하여 이익을 챙기기도 했다. 모두가 조선왕조를 지탱하는 실핏줄과 같은 존재이다.

덧붙여 우리는 조선왕조의 시스템이 허점 많은 구멍가게 같다는 인상을 가지고 있다. 그러나 조선왕조의 시스템은 우리가 생각하는 이상의 규모와 짜임새를 가졌다. 왕조를 움직이는 뇌와 심장, 그리고 팔과 다리에 해당하는 중앙, 지방의 관리와 아전들까지 망라하면 상당한 숫자였을 것이다. 혹 조선 관료제의 단면을 이해할 때 이 책이 도움이 된다면, 그것은 보너스일 것이다. ◉

차
례

머리말 "하찮으나 존엄한" 가장자리에서 바라본 조선시대 사람들 5

1부

조선 관료제의
손과 발

남의 나라 말을 익혀라, 통사(通事) 15

법집행의 손과 발, 소유(所由) 30

길 잡고 심부름하던 나라의 종, 구사(丘史) 44

말을 고치는 수의사, 마의(馬醫) 57

수학과 계산을 위해 살다, 산원(算員) 69

2부

궁궐의
가장자리에 선
사람들

국왕의 앞길을 인도하다, 중금(中禁) 87

인간 삶의 기본, 음식을 다룬 숙수(熟手) 99

기생인지 의사인지 모를 의녀(醫女) 111

시간을 제대로 알려라, 금루관(禁漏官) 126

3부

나랏일에
공을 세워야

호랑이를 잡아라, 착호갑사(捉虎甲士)   143

목숨을 걸고 뛴다, 간첩(間諜)   158

말을 바쳐라, 목자(牧子)   173

바다가 삶의 터전이다, 염간(鹽干)   189

조운선을 운행하다, 조졸(漕卒)   203

4부

나는 백성이
아니옵니다

서럽고 서러워라, 비구니(比丘尼)   223

사람들을 즐겁게 하라, 광대   237

눈이 멀었으니 미래가 보인다, 점쟁이   250

놀고 먹는다, 유수(遊手)와 걸인   262

죽음을 다루는 직업, 오작인(仵作人)과 망나니   276

소를 잡아서 먹고 살다, 거골장(去骨匠)   290

미주   307

1부

조선 관료제의 손과 발

중앙 관청인 사재감으로 보이는 건물에 사람들이 모여 있다. 사재감은 궁궐에 필요한 각종 먹거리와 진상품 등을 다루는 관청으로 이곳에서 일하는 실무자들이 꽤 많았다. 많은 사람들이 하위직이라도 관청에 소속되어 일하기를 원했다.

1605년(선조 38) 사재감(司宰監)의 몇몇 관리들이 모임을 가졌다. 사재감은 궁궐에 필요한 각종 먹거리와 진상품 등의 일을 처리하는 관청이다.

왼쪽 그림은 지금으로 치면 계모임 장면을 기념으로 그린 것이다. 그림 속의 건물은 사재감 건물일 가능성이 높다. 다양한 직업이 많지 않던 그 시절. 관리는 지금의 공무원보다 더 인기 있는 직종이었다. 하지만 관리가 되기는 쉽지 않았다. 과거 시험을 통과하거나 집안에 높은 벼슬아치가 있어야 가능했다.

조선 시대는 신분제 사회였다. 높은 신분의 관리들이 몸을 움직여 일을 할 수는 없었기에 실무를 맡아 처리하거나 관리의 시중을 들어야 할 사람이 필요했다. 다시말해 지금의 비서나 운전 기사와 같이 높은 관리를 모시는 사람들이 필요했다는 뜻이다. 그 밖에 기술적으로 부수적인 나랏일을 해야 할 사람들이 있었다. 이들은 양반과 일반 백성들 사이에서 때로는 천시 당하고, 때로는 권력자와 가깝다는 위치를 이용하기도 했다.

1부에서는 다른 나라 사람들과 의사소통을 맡은 통사, 관청의 심부름을 하던 아전 소유, 관리들의 앞길을 인도하는 구사, 조선시대에 필수 교통수단이었던 말을 치료하는 마의, 그리고 땅을 측정하거나 회계 일을 했던 산원 등, 관청의 하급 실무자들의 다양한 삶의 모습들을 다루었다.

남의 나라 말을 익혀라

통사(通事)

왜통사 이춘발(李春發) 살인 사건

1429년(세종 11) 3월 23일, 한양 밤거리에 봄을 시기하는 쌀쌀한 바람이 불었다. 시간은 벌써 밤이 되어 통행금지를 알리는 인정(人定) 소리가 들려왔다.[1]

왜통사(倭通事) 이춘발은 내일 일을 점검하고 일찍 잠자리에 들려했다. 이때 김생언(金生彦)이란 사람이 집으로 찾아왔다. 그는 자신이 왜관(倭館, 일본인들의 숙소)에서 일하는 사령(使令)이라고 소개하면서 지금 왜관에서 왜인들이 서로 싸우고 있으니 빨리 가보아야 한다고 호들갑을 떨었다. 이춘발은 밤 늦은 시각에 왠 소란이냐는 생각에 투덜거리면서 옷을 입었다.

잠시 후 이춘발은 말에 올라타고 집을 나섰다. 김생언은 간충(干冲)이란 사람과 같이 이춘발의 뒤를 따랐다. 훈도방(薰陶坊) 거리에 이르렀을 때 한 사내가 순찰관이라면서 다가왔다. 통행금지 시간이니 당

부산 동래에 있던 왜관 모습의 일부분이다. 전체를 담장으로 둘렀으며, 이 안에는 일본인 또는 통사와 같이 관계된 사람 이외에는 출입이 금지되었다.

연한 일이었다. 그런데 뭔가 분위기가 묘했다. 돌아보니 김생언을 뒤따라오던 간충이 보이지 않았다.

말에서 내린 이춘발이 자신이 누구인지 밝히려는 순간, 뒤에서 몽둥이가 날아왔다. 미처 피할 겨를도 없이 이춘발은 '퍽' 하고 머리를 맞았다. 뒤처져 있던 김생언이 친 것이다. 곧이어 앞에 있던 순찰관도 몽둥이를 빼내 들더니 이춘발을 치기 시작했다. 이춘발의 의식은 점점 멀어져 갔다.

다음날 거리에서 발견된 이춘발의 주검 옆에는 몽둥이 하나가 떨어져 있었다. 의금부는 범인을 잡기위해 형조와 함께 합동수사에 들어갔다. 수사본부인 의금부는 이 사건을 도둑의 소행으로 보고, 현상금을 걸었다. 현상금은 면포 100필과 범인의 재산이었다.[2]

그러자 이춘발의 사위가 의금부에 사건의 실마리를 알려왔다. 그는 이 살인이 원한관계에 의한 것이라고 주장했다.[3] 여자 무당 주연(住連)과 그녀의 아들인 사자(獅子)가 장인을 오랫동안 원망해 왔는데, 하필이면 장인이 사자의 집 앞에서 죽어, 자신이 종을 데리고 사자의 집을 찾아갔다고 했다. 그런데 아무리 문을 두드려도 그가 나오지 않으니 의심스럽다고 했다.

곧 의금부의 나졸들이 이들을 체포해 왔다. 심문을 하니, 사자의 아우 코끼리[象伊]가 고문이 무서워 범행을 실토했다. 자기 형이 이춘발에게 원한을 품고 있다가 이웃인 김작은고미[金小古彌]와 김매읍똥[金每邑同]과 힘을 합쳐서 죽였다는 것이다. 무당집 아들의 이름이 아프리카 동물 이름이고, 이웃집 사람들도 특이한 이름인 것으로 보아 이들은 일반 평민보다 더 천시받던 사람들로 보인다.

이제 증거만 찾으면 범인이 확정된다. 옥관(獄官)이 살인흉기인 몽

나졸이 혐의자를 묶어 놓고 주리를 틀고 있다. 당시는 과학수사보다 주로 고문에 의한 당사자의 자백에 의존했다.(「형정도첩」 중에서)

둥이를 가지고 사자의 집에 갔다. 그의 집 울타리에는 장목 한 개를 뽑아낸 흔적이 있었다.

옥관은 무당인 주연, 아들인 사자, 김작은고미, 김매읍똥을 혹독하게 고문했다. 그런데도 이 사람들은 살인을 하지 않았다고 거듭 부인했다. 하지만 엄연한 증거가 있기에 살인 혐의가 씌워졌다.

이때 상금을 올리자는 의견이 들어왔다. 면포를 200필로 두 배 올리고 천인(賤人)인 경우 신분을 바꾸어주고, 보통사람은 벼슬을 주자고 했다. 또 같이 범죄를 모의한 사람이 자수하면 죄를 면해 준다고 했다.[4] 그 때문인지, 곧 고발이 들어왔다.

고발자는 왜인으로 조선에 귀화한 변상(邊相)이었다.[5] 내용인즉 같은 왜통사인 김생언과 홍성부(洪成富)가 전부터 이춘발과 사이가 좋지 않았다는 거였다. 두 사람은 곧 체포되었다. 김생언은 공모했던 인물로 왜노(倭奴) 보수(普守)와 여자종의 남편인 간충을 지목했다. 잡혀온 보수는 심문 과정에서 곤장을 참지 못하고, 같이 손으로 때려서 죽였다고 불었다. 간충은 숨어서 망을 보았다고 했다.

수사관은 보수와 간충을 이춘발이 죽은 장소로 데려가 현장검증을 했다. 그러나 보수는 이 사건과 아무런 관련이 없다는 것이 드러났다. 고문을 못 이겨 공모했다고 불었던 것이다. 또 다른 범인은 이득시(李得時)로 밝혀졌다. 그는 남산으로 도망갔다가 승려로 가장하여 경기도 광주에서 붙잡혔다.

이 사건은 조정에 큰 충격을 주었다. 우선 죄없는 사람들이 극형을 받을 뻔했다. 심문과정의 문제였던 셈이다. 알고보니 이 사건은 왜와 금지된 물건을 몰래 무역하는 과정에서 생긴 갈등이 원인이었다. 살인사건의 주범이 이춘발과 같은 일을 하는 왜통사 홍성부로 밝혀진 것도 충격이었다. 그는 김생언과 공모하여 왜인에게 동, 납, 철을 주고 몰래 은을 사들였다. 은은 조정에서 무역을 금지시킨 물품이다.[6] 이 득시는 공조(工曹) 소속의 장인으로, 정부의 동, 납, 철을 빼돌리는 일을 맡았던 것 같다. 그런데 이춘발이 이를 눈치채고 고발한다고 협박을 했거나, 아니면 이익을 더 달라고 요구하면서 갈등이 생겼던 모양이다. 살인의 근본적인 동기가 여기에 있었다.

결국 홍성부는 살인교사죄와 금지물품 교역죄 중에서 한 가지에 따라 목을 베는 참수형을 받았다. 김생언 역시 거짓 증언과 살인죄 중에서 무거운 범죄에 따라 같은 벌을 받아야 했다. 이 두 사람 외에도 쇠붙이를 빼돌리는 일과 관계된 기술자가 약 60명이나 되었다.[7]

도대체 왜통사는 무슨 일을 하였기에 살인사건에 연루되었을까?

사대교린의 중심, 통사

조선이 외교했던 나라는 중국, 일본, 오키나와, 여진 등이다. 이중 가장 주요한 국가는 말할 것도 없이 중국이었다. 중국과의 관계는 '사대(事大)'가 원칙이었다. '사대'란 '작은 나라가 큰 나라를 섬긴다'는 유교 원리에서 나온 이념으로, 영토와 국력의 문제뿐 아니라 유교 문명을 추구한다는 것까지 포함한다. 여기에는 중국 고대의 주(周)나라와 제후국 사이에 맺어진 봉건 관계가 나라 간의 이상적인 질서라는 생각이 깔려 있다. 조선의 지식인들이 추구하는 유교 문명에 대한 생각이 외교에 반영되어 있는 것이다.

중국이 문명국이라면, 그 주변 나라들과는 어떻게 지내야 할까? 중국 이외의 나라들과 지내는 원칙은 '교린(交隣)'이다. '교린'은 전쟁이 없도록 잘 사귀면서 지내야 한다'는 뜻이다.

주변 나라들과 '사대'를 하든 '교린'을 하든 반드시 필요한 것은 소통이다. 소통의 수단은 당연히 말과 문자다. 그중에서도 말은 첫번째 소통 수단이다. 같은 말이 아니면 소통이 되지 않으니 우리와 다른 말을 쓰는 사람과 서로 소통하려면 통역이 필요하다.

조선시대에는 통역하는 사람을 통사(通事)라고 했다. 이들은 나라의 관리였다. 그런데 통사라고 모두 같은 통사가 아니었다. 여기에도 귀천(貴賤)이 있었다. 역시 중국 통사가 그나마 대우를 받았다. 게다가 중국을 오가면서 떨어지는 떡고물도 쏠쏠했다. 개인이 무역하는 것은 금지되어 있었지만,[8] 통사들이 관여할 수 있는 여지가 컸기 때문에 부자가 되는 경우도 많았다.

세종 때 통사였던 김옥진(金玉振)이 그런 경우다. 김옥진의 치부(致

조선의 9급 관원들, 하찮으나 존엄한

연대청이라고 쓰인 건물 안쪽에서 동래부사가 왜의 사신을 접대하고 있다. 오른쪽에는
동래부사와 조선의 관리들이, 왼쪽에는 왜인들이 앉아 있다. 동래부사는 의자에 앉아 있어
왜인들보다 지위가 높음을 보여준다.

富) 사실은 그의 어머니 때문에 들통이 났다. 김옥진이 죽은 이후 그 아내가 승려와 바람이 나[9] 재산을 빼돌렸다. 김옥진의 어머니는 며느리를 고소하여, 아들 재산을 돌려받기를 청했다. 그러나 조정에서는 가난했던 김옥진이 통사로 북경을 여러 번 오가면서 무역으로 돈을 벌었다고 판단하고 법에 따라 그의 재산을 몰수했다.

중국 통사가 되면 특히 조심해야 할 일이 있었다. 사신이나 통사로 중국의 궁궐에 들어가면 그곳 일을 하는 내관(內官)과 개인적으로 이야기를 해서는 안되었다.

1434년(세종 16) 중국에 매(鷹)를 바치러 간 사신단이 궁궐을 방문했다.[10] 당시 통사 강상부(姜尙傅)는 그곳에서 조선 출신의 내관을 만났다. 그 내관은 너무 반가워 울면서 자신의 스승을 맞았다. 강상부는 조선에서 중국에 보낼 환관들에게 중국어를 가르쳤었다. 그들의 대

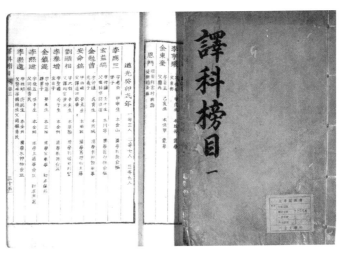

역과 합격자의 명단을 기록한 『역과방목』이다. 여기에는 합격자 이름이 외국어 전공의 구별 없이 한꺼번에 씌여 있다.

조선의 9급 관원들, 하찮으나 존엄한

화는 서로의 안부를 묻는 일상적인 것이라서 조정에 보고되지 않았다. 그런데 이 일로 사신단은 처벌을 받았다. 강상부는 몽둥이 100대에 해당하는 벌금을 물었고, 그밖의 책임자와 검찰관 등도 모두 처벌 대상이 되었다. 조선 조정은 국가기밀의 누출 등을 우려해 규정을 엄격히 적용했다.

그럼에도 중국 통사는 인기였다. 반면에 왜, 여진 통사는 그렇지 못했다. 세종대에 제기된 왜학(倭學), 즉 일본어 공부를 부흥시켜야 한다는 주장에서 그 일단을 엿볼 수 있다. 당시엔 향교의 생도와 좋은 집 자제들을 뽑아서 통역기관인 사역원(司譯院)에서 교육을 시켰다. 그러나 왜학은 바다를 건너야 한다는 점과 왜구와의 전투를 겪을 수 있다는 우려 때문에 기피하는 학문이었다.[11] 목숨이 왔다갔다 하는 판에, 누가 쉽게 지원하겠는가? 더구나 사역원에서 왜학을 배우는 생도가 30여 명인데 이들에게 배정된 관직은 고작 한 자리였다. 그러니 관직을 서로 돌아가면서 해야 했다.

상황이 이러하니 생도들은 갖가지 핑계를 대면서 사역원에 나오지 않았다. 그나마 있는 한두 명은 문자는 모르고, 언어만 알기 때문에 통사로 쓰기 어려웠다. 그래서 나온 조정의 대책이 겨우 관직 한 자리를 더 배당하는 것이었다. 그 정도로 왜통사를 지원할 인원이 늘어날 리 없었다.

여진 통사에 대한 차별은 더 심했다. 원래 조선 초에는 통사 중에 몽골어를 할 수 있는 몽학 통사(蒙學通事)도 있었다. 여진 통사는 이들보다 승진 여건이 더 나빴다. 기껏해야 제일 아래 관직인 9품직에서 끝나고 마는 것이다. 이후 조정은 여진 통사의 벼슬을 최고 6품직까지 주도록 규정을 고쳤다.[12]

통사가 되는 길

원래 통사는 두 종류로, 중앙의 사역원에 소속된 통사와 지방관청에 소속된 향통사(鄕通事)가 있었다. 사역원에 있는 통사들은 외국에 파견되는 사신단을 따라가거나, 다른 나라 사신들의 통역을 맡아 처리했다. 이에 반해 향통사는 왜, 여진 등의 국경 근처에서 발생하는 일, 즉 무역이나 표류민 귀환, 정보수집 등의 일을 했다.

1426년(세종 8) 세종대에 들어오면서 여진 통사의 수요가 늘었다. 귀화하는 여진인들이 계속 늘어나 향통사만으로는 수요를 감당하기 어려운 지경에 이르른 것이다. 이에 따라 중앙에서도 일상적으로 여진 통사가 필요하게 되었다. 그해 처음으로 함길도에서 조선과 여진, 양쪽 언어에 능숙한 세 사람을 뽑아서 사역원에 배정했다.[13] 이들은 여진 사람이 묵는 숙소에서 일을 하였다.

사역원의 책임자가 된 설장수(偰長壽, 1341~99)는 조선왕조 최초로 통사를 양성하는 일을 맡았다. 그는 아버지를 따라서 고려에 귀화한 위구르 출신의 인물이다.

그는 사역원에 3명의 교수를 두고, 그중 2명은 중국어, 1명은 몽골어로 배정했다.[14] 그리고, 이들에게 녹봉을 후하게 주었다. 처음에는 왜와 여진 통사는 없었던 셈이다. 생도는 15세 이하로 자질이 뛰어난 사람을 전국에서 뽑도록 했다.

공부는 성적을 매기고, 상벌을 줄 때 향상된다는 게 당시의 생각이었다. 시험은 3년에 한 번 보았는데, 과목에는 유교경전인 사서(四書), 『소학』 등을 포함했다. 유교경전 숙달이 관리로서의 기본이라고 보았기 때문이다. 또한 말하는 것뿐 아니라 문자를 쓸 줄 알고 번역까지

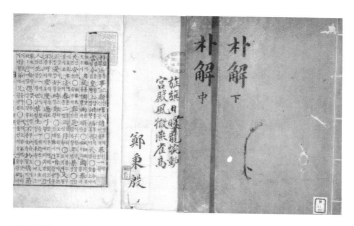

1765년(영조 41)에 나온 중국어 학습서인 『박통사신석』을 한글로 풀이한 책이다.
『박통사』 원문은 누가 언제 지은 것인지는 알려져 있지 않다. 현재 『노걸대』와 더불어
고려말에 만들어졌을 것으로 추정되고 있을 뿐이다.

하는 경우가 가장 우수하다고 평가했다. 처음 정원은 15명이었지만, 3
년 후 평가하여 말하기에 익숙하지 않으면 퇴학시켰다.

통사가 된 뒤에는 세 달마다 시험을 보았는데, 역사서 등이 추가
되었다.[15] 시험은 책을 외우는 것이었다. 그런데 나이가 들면 암기가
쉽지 않은 것은 옛날에도 마찬가지였는지 『소학』, 『노걸대』, 『박통사』
와 같은 기본 유교경전과 중국어 회화책만을 외우도록 했다. 나머지
책은 시험 보는 사람 앞에 책을 펼쳐놓고 한 군데를 찍어서 읽을 수
있는지를 확인했다.

그런데 통사에게 시험보다 괴로운 것이 있었으니 그것은 바로 사
역원에서 그 나라 말만을 쓰게 한 규정이었다. 당시 조정에는 중국
말에 능통한 사람이 많지 않았다.[16] 더구나 말하기는 발음이 매우 중
요한데 국내에서만 공부하니 발음이 시원치 않았다. 그래서 국내에

서 중국어를 10년이나 공부한 사람보다 사신으로 중국에 두어 달 다녀온 사람이 더 낫다는 평이 있었다.

이런 문제의 근원은 통사들이 사역원에서만 마지못해 외국어를 배우고, 평소에는 우리말을 쓴다는 것이었다. 해법은 하나. 사역원에서 외국어만을 쓰게 하는 것. 마치 어학연수원에서 하루 종일 영어만 쓰게 하는 것과 마찬가지 방법이었다.

그리고 제대로 지켜지는지 정기적으로 검사를 했다. 만약 우리말을 쓰면, 한 번부터 다섯 번까지 걸린 횟수에 따라 처벌하였다. 특히 다섯 번을 위반하면 해임시키고 1년 이내에 다시 등용하지 못하도록 했을 정도로 강력한 규정을 적용했다.

이러니 통사들은 사역원에 출근하기를 싫어했다. 사역원 책임자는 날마다 출근부 이름 밑에 출근 여부를 동그라미로 표시했다.[17] 한 달에 3일 결근하면 데리고 다니는 종을 가두도록 했다. 한 달에 15일 빠지면 벼슬길에 나가는 시험을 보지 못했다. 1년에 30일 이상 결근자는 시험에 합격하더라도 실제 직책을 받지 못하도록 규정하기도 했다. 이렇게 익히기 어려운 외국어였지만, 일반 양인의 입장에서 보면 낮은 벼슬이라도 할 수 있는 길이었다.

왜통사로 살아가기 힘들다

왜통사 이춘발에 대한 또다른 사건을 살펴보자. 그는 태종 때 왜로 건너가 포로가 된 백성을 데려오는 일을 수행하기도 했다.[18] 1424년(세종 6) 1월 20일, 왜통사 윤인보(尹仁甫)와 그 동생, 그리고 왜노(倭奴)

3명이 의금부에 갇히는 사건이 발생한다.[19] 사건의 발단은 이러했다. 조선 백성으로 왜에 포로가 되었던 사람이 돌아와 대마도에 있었을 때 들은 얘기를 해주었다. 내용인즉, 대마도주(對馬島主)가 조선에 사신을 보내 팔만대장경을 구하려 하는데, 만약 구하지 못하면 조선을 침략하겠다는 것이었다. 그후 실제로 왜의 사신단이 조선에 도착했다. 그리고 이 사신단을 따라온 왜의 승려가 사신이 본국에 보낸 편지 초안을 훔쳐 왜통사 이춘발에게 주었다.

'팔만대장경을 구하지 못했으니 군함을 보내 약탈해야 한다'는 내용의 편지였다. 이춘발은 이 사실을 조정에 알렸고, 이는 포로가 되었던 사람의 말과 일치했다. 조정에서 이 문제를 논의하고 있을 때, 왜의 사신이 묵고 있는 왜관에서 한 관리가 달려와 보고했다. 왜의 사신이 편지를 훔친 승려를 죽이려 한다는 것이다. 조정에서는 승려가 편지를 훔친 사실을 누설한 사람이 왜통사 윤인보라고 생각하여, 긴급하게 체포했다.

그러나 왜측은 이 모든 일이 승려가 지어낸 말이라고 우겼다.[20] 왜의 사신은 승려가 나라의 기밀 문서를 훔쳤기 때문에 법에 따라 국문하고 형을 집행할 예정이라고 조정에 알려왔다. 그러면서 "왜와 조선은 오랫동안 사이좋게 지내왔는데, 경판을 구하지 못한다고 배반할 수 있겠느냐"고 도리어 반문했다.

상황이 이렇게 돌아가자, 승려는 말을 바꾸었다. 그는 왜통사 이춘발이 자신을 꾀어서 이런 글을 만들면 후한 상을 내릴 것이라고 했다고 둘러댔다.[21] 조정에서는 이춘발과 승려를 대질심문했다. 대질심문 자리에서도 승려는 이춘발이 자신을 꾀었다는 종래의 주장을 되풀이했다. 그러나 이춘발은 매를 맞으면서도 동의하지 않았다.

1636년(인조4)일본에 파견된 통신사를 그린 행렬도 부분이다. 정사는 가마를 타고 있고, 그 뒤 두 번째에 역관이 말을 타고 따라가고 있다.

　조정에서 생각해도 이춘발은 그럴만한 하등의 이유가 없었다. 결국 조선정부는 감옥에 가둔 사람을 모두 석방하는 것으로 사건을 매듭지었다. 사신단이 부인하는 일에 계속해서 시비를 걸기 어려웠기 때문이다. 그렇다고 왜와 전쟁을 할 수는 없지 않은가? 짓지도 않은 죄를 뒤집어쓰고 중간에서 매를 맞거나 감옥에 갇혔던 왜통사들만 억울할 뿐이었다. 이렇게 외국과 통해야 하는 임무이기 때문에 오해의 소지가 많았다.

　1419년(세종 1)에도 왜통사 박귀(朴貴)가 부모를 돌보지 않았다는 이유로 처벌을 받았다.[22] 조정에서는 그가 대마도주를 따르고자 하여 자기 부모를 돌보지 않았다고 보았다. 더욱 중요하게는 조선을 배반하려는 마음이 있어서 그런 것이라고 판단했다. 의금부에 갇힌 박귀

　　　　　　　　　　조선의 9급 관원들, 하찮으나 존엄한

는 결국 몽둥이 80대를 맞았다. 그뿐 아니라 부모와 형제들은 모두 관청의 노비가 되었다. 지금의 시각으로는 가족까지 처벌하는 것이 이해되지 않지만 조선시대엔 연좌법으로 처벌받는 일이 많았다.

통사가 되는 것은 쉽지 않았다. 외국어 공부가 쉬운 일이 아니었기 때문이다. 그러나 통사 일은 통사 되기보다 더 어려웠다. 국가 간의 의사소통은 때로 오해를 불러 일으켰고 그 책임은 아랫사람인 통사에게 돌아갔다. 통사 중에서도 왜통사와 여진 통사는 중국 통사보다 더 힘들었다. 같은 직업이지만 엄연한 차별이 존재했다.

이렇듯 어려움이 많았지만 이들이 있었기에 이웃 나라들과 말과 문자로 소통할 수 있었다는 것은 엄연한 사실이다. ◉

법집행의 손과 발

소유(所由)

과거시험장의 한 사내

1699년(숙종 25) 8월 21일, 그날은 과거시험일이었다. 시험장은 어수선해 보였다. 시험이 끝나갈 무렵, 한 사내가 시험장에 모습을 드러냈다. 그가 시험장에 들어설 수 있었던 것은 서슬퍼런 사헌부(司憲府) 복장 덕분이었다. 그는 시험부정을 막기 위해 온 듯 보였다.

잠시 후 그는 주변의 눈치를 살피면서 소매에서 조심스레 쪽지를 꺼냈다. 그때 시험장에 서 있던 나장(羅將, 병조 소속의 하급 서리, 나졸이라고도 부름)의 예리한 눈에 사내의 어색한 행동이 포착되었다. 나장이 쫓아가서 사내를 잡았지만, 몸이 날랜 사내는 잡은 손을 뿌리치며 그대로 시험장 밖으로 도주했다.

시험감독관인 금란관(禁亂官)은 이 사실을 곧바로 본부에 알렸다. 마지막 시험이 끝나지 않았지만, 시험관들은 모든 답안지를 회수했다. 그가 달아나면서 떨어뜨린 작은 쪽지에는 오늘의 논술시험 문제

조선후기 관료의 일생을 그린 「평생도」 중에서 소과 응시 부분이다.
양산을 받쳐쓰고 있으며, 시험장이 어수선하다.

인 책문(策問)이 적혀 있었다. 아직 시험문제가 발표되지 않은 상태였으니, 이른바 문제유출이다.

쪽지와 시험지를 대조한 결과 범인은 뜻밖의 인물이었다. 쪽지를 받아 부정으로 시험을 치르려한 자는 사헌부의 감찰 이천정*(李天挺)이었다.[1] 관리, 그것도 법을 지켜야 할 사헌부에 소속된 사람이었다.

한 달 뒤 의금부는 이천정의 죄가 『경국대전』의 '몰래 시험장과 내통하면 장(杖, 몽둥이) 100대에 처한다'는 법령과 그 뒤에 나온 수교(受敎)에 '글을 베껴 쓰는 간사한 술책을 부린 자는 군인의 역(役)으로 보낸다'는 법을 적용할 수 있다고 건의했다.[2]

이에 숙종은 『경국대전』의 처벌은 너무 가볍고, 군역(軍役)은 너무 무겁다는 의견에 따라 도(徒, 노역형) 3년으로 처벌하라고 했다. 도형은 반드시 몽둥이 100대 처벌이 뒤따르기 때문에 『경국대전』에서 정한 장 100대보다는 무겁되 평민보다 못한 존재가 되는 군역에 비해서는 가벼운 처벌이었다. 그런데 이천정에게 쪽지를 전해 주고 사라진 사내는 누구였을까? 그는 사헌부의 소유(所由), 양도생(梁道生)이었다. 도대체 소유는 어떤 일을 하는 사람이었기에 그런 일을 했을까?

소유, 법집행의 촉수

『청장관전서』에 의하면 소유(所由)는 사헌부의 조례(皁隷, 관아의 하급

• 그가 과거시험을 치른 이유는 분명치 않다. 어쩌면 이천정은 음서 등으로 등용되었을 가능성이 크다. 음서로 등용된 경우에 과거시험을 보아 합격하면 출세가 빨랐다.

일을 하는 사람)인데, 세간에서는 사유(史由)라고 잘못 말해지고 있었다고 한다. 후기에는 천하게 생각되었던 모양이다. 원래 소유는 중국 당나라에서 관청의 소금을 민간의 곡식과 바꾸는 일을 하는 관직의 이름이었다. 그런데 관청의 물건이 모두 그의 손을 거쳐가기 때문에 소유란 이름이 붙게 되었다.[3]

사헌부는 관리의 잘못을 살피는 일, 유교 도덕과 법에 어긋나는 풍속을 바꾸는 일, 금지령이나 법령을 집행하는 일을 맡아보던 관청이다. 따라서 풍속이나 금지령 위반자 등을 단속할 손과 발이 필요했는데 소유가 맡은 일이 바로 이것이었다.

1688년(숙종 14) 겨울, 장소의(昭儀, 후일 장희빈)가 왕자를 낳았다. 후사가 없던 숙종의 기쁨이 컸음은 말할 나위 없었다. 그런데 큰 경사에 난데없이 장소의의 어머니가 문제가 되었다. 장씨의 어머니가 뚜껑이 있는 가마를 타고 대궐을 드나드는 것을 사헌부 지평(持平, 정5품) 이익수(李益壽)가 목격한 것이 발단이었다. 그는 천한 신분인 장씨의 어머니가 뚜껑 있는 가마를 타는 것을 묵과할 수 없었다. 원래 가마는 아무나 타는 것이 아닐뿐더러 품계에 따라 탈 수 있는 가마의 형태도 따로 정해져 있었다. 그런데 가마를 탈 수 없는 신분인 장씨가 3품 이상 관리의 부인들이나 탈 수 있는 뚜껑 있는 가마를 탔으니 문제가 안 될 수 없었다.**

** 처음 태종 때에는 3품관 이상의 부인은 지붕 있는 가마, 그리고 이하 신분은 말을 타게 했다. 그런데 세종은 이를 발전시켜 부인들의 가마로 2품 이상의 경우에 푸른색, 3품관 이하는 검은색을 칠한 뚜껑이 있는 것을 사용하도록 했다. 이를 통해 조선정부는 여성들이 뚜껑 없는 가마를 타고 다니는 일을 금지시켰다. 뚜껑 없는 가마를 타면, 여성들이 뭇남성에게 얼굴을 드러내고 다니게 된다는 것이 그 이유였다.

조선시대 뚜껑 있는 가마로
고위 관리의 부인이 타고 다녔다.

하위의 신분은 이처럼 말을 타고 다녔다. 치마로는 말을 타기 불편하기 때문에 그 위로 말군이란
바지를 입었다(「동래부사접왜도」부분).

조선의 9급 관원들, 하찮으나 존엄한

이익수는 국법에 따라 장씨 어머니의 가마를 부수라고 명령했고, 사헌부 소속의 소유 등이 가마를 부수어 불태웠다. 소식을 들은 숙종은 머리끝까지 화가 났다. 숙종은 자신이 산모인 장소의를 돌보도록 장씨 어머니의 궁궐 출입을 허락한 것이니, 자신에게 보고도 하지 않고 일을 처리한 것은 국왕의 명령을 무시한 것이라 여겼다.[4] 격노한 숙종은 가마를 부순 아전과 소유를 몽둥이로 때려죽이라고 명령했다. 신하들이 만류했지만, 숙종은 이것이 누군가의 사주에 의한 것이라며 펄쩍 뛰었다.

'고래 싸움에 새우 등 터진다'는 말이 바로 이런 경우를 두고 하는 말이다. 애꿎은 소유들만 죽어나게 생겼으니 말이다. 숙종은 이 일을 왕권에 대한 도전이라고 여겼지만 법적으로 보면 이익수의 명령은 잘못이라고 할 수 없었다. 더구나 사헌부는 왕의 얼굴과 같은 기관이 아닌가? 이익수는 옛날 선조(宣祖)대에 국왕의 유모가 뚜껑 있는 가마를 타고 대궐에 들어왔을 때, 이를 꾸짖고 걸어서 나가라고 했던 전례까지 들어 항변했지만 숙종은 굽히지 않았다.

이와 비슷한 일이 또 있었다. 1401년(태종 1) 훗날 재상이 된 허조(許稠)는 당시 사헌잡단(司憲雜端, 정5품)이었다.[5] 겨울 해는 짧아서 금방 어둠이 몰려왔다. 근무를 끝내고 집으로 돌아가는 길에 그는 말을 탄 10여 명의 사람들과 마주쳤다. 그들은 모두 팔뚝에 매를 앉히고 있었다. 매를 기르는 응방(鷹坊)에 소속된 사람들이었다. 허조는 그들이 말에서 내려 인사를 하지 않자 소유를 시켜 응방 사람의 종을 잡아다 감옥에 가두었다. 응방 사람들은 태종에게 억울하다는 보고를 했고 태종은 허조를 궁궐로 불렀다.

허조가 거느린 소유는 모두 7명이었다. 그가 궁궐에 도착하자 문

매사냥을 하고 있다. 보통은 한 사람이 아닌 집단으로 모여서 사냥을 한다. 응방은 사냥에 필요한 매를 길렀고, 국왕과 가까운 관계로 나름의 사회적 권력이 있었다.

을 지키던 무사가 소유 중 한 사람만을 데리고 가도록 막아섰다. 태종은 허조에게 응방 사람의 종을 가두고 오랫동안 석방하지 않은 까닭을 물었다. 허조의 변명은 이러했다.

> "사헌부는 언제나 왕명을 받들고 다니는데, 응방 사람들이 사헌부를 능멸했기에 종을 가둔 것입니다. 그런데 요즘 사헌부 회의가 없었고, 저 역시 병이 있어 출근하지 못했기 때문에 석방하지 못했습니다."
>
> ─『숙종실록 권』19. 숙종 14년 11월 신사

태종 앞에서 물러나온 허조는 다시 소유의 궁궐 출입을 제한했던

조선의 9급 관원들, 하찮으나 존엄한

무사의 종을 가두었다. 사헌부의 권위가 그만큼 높음을 보여주려는 것이었다.

이 소식을 전해들은 태종은 은근히 화가 났다. 허조가 말로는 국왕을 받든다고 하면서, 국왕의 수하인 응방과 무사의 종을 가두었기 때문이다. 태종은 거꾸로 허조의 종 10명을 가두어버렸다. 국왕과 사헌부의 힘겨루기에 불쌍한 종들만 고생을 한 셈이다.

사헌부와 사간원의 충돌

소유는 사헌부와 사간원 사이에 갈등이 생겼을 때 활약하기도 했다. 1406년(태종 6) 11월 사헌부는 사간원의 좌사간 윤사영, 우정언 김위민을 탄핵해 파직시켰다.[6] 사간원 관리들이 형조가 가둔 사령을 빼돌리고, 지방에서 관에 소속된 말을 사사로이 이용했다는 것이 그 이유였다.

그러자 사간원의 반격이 시작되었다. 좌헌납(정5품) 곽덕연(郭德淵)이 나선 것이다. 그는 먼저 사헌부 소속의 장령인 조사(趙師)를 심문하고, 사헌부와 형조가 서로 보복하고 있다는 상소문을 쓰기 시작했다. 앞서 벌어진 일이 형조와 관련이 있었기 때문이다.

이 보고를 들은 사헌부 대사헌 이원(李原)은 잽싸게 손을 썼다. 그는 상소문이 국왕에게 올라가기 전에 대궐에 들어가 사헌부 소속의 서리(書吏. 문서기록 등을 담당)와 소유를 총출동시켜 사간원을 포위하고, 상소하려는 것을 힘으로 막았다.

또한 곽덕연이 사사로운 감정으로 복수극을 꾸미고 있다고 하면

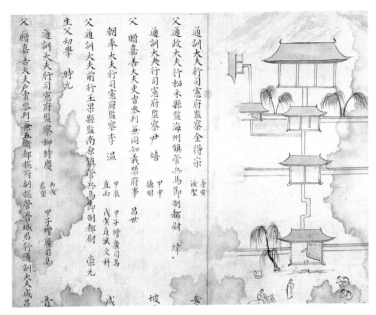

「상대계첩」(1633~34년)은 사헌부 감찰 관원들의 계모임을 기념해 그렸다. 사헌부 관원들이 근무하는 청사와 함께, 당시 모인 사람들의 명단이 왼쪽에 적혀 있다. 상대(霜臺)란 서릿발 같은 감찰 때문에 붙여진 사헌부의 다른 이름이다.

서, 사간원에서 있었던 그의 사소한 잘못을 끄집어냈다. 그리고 곽덕연이 사간원 문을 걸어 잠그고 사헌부의 소유 2명을 가두었다고 국왕에게 호소했다. 그 결과 곽덕연은 충청도 공주로 유배를 갔다.[7]

이렇게 사헌부의 승리로 끝날 듯했던 대결은 다시 이어졌다. 다음 해 1월 사간원은 이미 판한성부사(判漢城府事, 지금의 서울시장)로 자리를 옮긴 이원을 물고 늘어졌다.[8] 사간원의 호소는 이러했다. 이원이 대사헌 시절에 서리와 소유 등을 동원해서 대궐문을 막아 사간원 아전의 출입을 막은 적이 있으며, 또한 서리와 소유 30여 명을 사간원 관청으로 보내 곽덕연의 옷을 잡아 끌어낸 후에 그의 집에까지 가

조선의 9급 관원들, 하찮으나 존엄한

서 모욕을 보였다고 했다. 이것은 간쟁하는 신하를 소중하게 여기고 조정을 높이는 뜻에 명백히 어긋난다는 논리였다. 그 결과는 이원의 파직이었다. 결국 마지막 대결은 유배가 아닌 파직으로 그쳐 사간원의 일부 승리였다.

세종대에도 사간원에서 사헌부의 서리를 잡아오라고 한 적이 있었다.[9] 사헌부 지평인 박이창(朴以昌)은 대간의 아전을 나라의 명령 없이는 잡아갈 수 없는 것이 관례라고 반발했다. 그런데도 사간원은 강제로 이들을 잡아다 취조를 했다. 원래 사헌부의 아전과 소유는 사헌부의 체면이 걸려 있기 때문에 함부로 잡아오지 못하도록 되어 있었다. 결국 사간원의 잘못으로 판정이 났다.

이러한 특권을 지닌 소유는 50명이 정원이었으나 세종대에 이르러 총 90명까지 늘어나자 이들 중 60명은 근무를 하고 30명은 쉬도록 했다.[10] 이들은 사헌부의 손발이 되어 법을 집행했다. 이렇게 소유는 사헌부를 등에 업고 기세등등하게 법을 집행하기도 했으나 한편으로는 부정을 저지르거나, 반대로 된서리를 맞는 경우도 있었다.

소유의 부정

역시 태종대의 일이다. 당시 조정에서는 종이로 된 저화(楮貨)를 보급하기 위해 애쓰고 있었다. 시장의 장사치들이 저화를 잘 쓰고 있는지 살피는 것[11]은 사헌부 소유의 몫이었다. 소유들은 이를 몰래 살펴본다는 핑계로 관복이 아닌 보통 옷을 입고 시장에 나갔다. 그러나 시장에 나간 이들은 수탈자로 돌변했다. 살펴본다는 핑계로 물

1287년 중국 원에서 발행된
지원통행보초라는 종이화폐다.
원은 1277년부터 동전 통용을
금지하고 지폐만을 사용하였다.
태종대 저화발행은 이런 지폐 사용의
경험으로 가능했을 것이다.

건을 압수해서 자신의 소유로 만든 것이다. 소유(所由)가 소유(所有)로
변해 버린 셈이다. 결국 태종이 나서서 이들이 시장에 나가는 것을
금지시켰다. 자신들의 직책을 권력의 촉수로 십분 활용한 경우였다.

반면 쥐꼬리 같은 권력을 휘두르다가 철퇴를 맞기도 했다. 1419년
(세종 1) 추운 1월의 일이다.[12] 소유들이 형조에 체포된 사건이 일어났
다. 소유들이 거들먹거리면서 이천(李泉)이란 자를 잡아 가둔 것이 발
단이었다. 이천이 갓끈을 은고리로 꾸몄다는 게 그 이유였다. 이천은
아마도 멋을 내고 싶었던 모양인데, 이는 법으로 금지된 일이었다. 조
선정부는 벼슬에 따라 복장을 규제하고 있었기 때문이다.* 소유들
은 이를 빌미로 이천을 체포했는데, 아뿔사 하필 그가 우의정 이원
(李原)의 아들이 아닌가. 이원은 앞에서 등장한 사헌부의 수장 대사
헌으로 사헌부와 사간원의 갈등 중심에 있었던 인물이다. 당연히 이

조선의 9급 관원들, 하찮으나 존엄한

원의 화를 돋구었고 그 결과는 소유들의 감옥행으로 이어졌다.

권력의 틈바구니 속, 소유와 구사

　정윤(正尹, 왕의 서자의 작호, 종2품) 이찬(李穳, 태종의 서자인 이비의 아들)이 길을 가다가 사헌부 감찰(監察, 정6품)인 이추(李抽)를 만났다.[13] 이찬은 사헌부 관리를 만났기 때문에 예의를 표시하기 위해 말에서 내렸다. 그런데 이추는 말에서 내리지 않았다. 화가 난 이찬은 자기 아래에 있는 구사(丘史, 공노비)들에게 이추의 소유들을 잡아오라고 명령했다. 당연히 몸싸움이 벌어졌고, 구사들은 소유의 머리를 잡아끌고 욕을 보였다. 사헌부는 이추가 비록 잘못했지만, 이후 종친들이 이를 본받을 수 있다고 비난했다. 결국 세종은 이찬을 불러 또다시 그런 행동을 하면 용서하지 않겠다고 경고했다. 세종은 사헌부의 권위를 세워주는 것이 중요하다고 보았던 것이다.

　소유가 구사에게 봉변을 당한 것은 이것만이 아니었다. 조선의 법규정 중에 분경(奔競) 금지라는 것이 있다. 쉽게 말해 인사행정을 맡은 고위 관리의 집에 개인적으로 찾아가지 못하게 한 것이다.＊＊

　1469년(예종 1) 10월 어느 날, 윤사흔(尹士昕)이란 사람이 병조참판의

＊　원래 관리들의 복장 규정은 『경국대전』 예전 의장에 자세하게 적혀 있다. 일반적인 복장에서 금지규정은 『경국대전』 형전 금제 조항에 들어 있다. 예컨대 옥이나 산호, 마노, 호박 등을 이용하는 것은 금지였다. 원래 금과 은은 술그릇 이외에 자기에 쓰이지 않도록 규정되어 있는데, 이것은 복장에서도 마찬가지였던 것으로 보인다. 여기에는 신분질서를 지키는 것 이외에 사치 금지의 목적이 있었다.

고려말 권력자인 염흥방에게 토지를 빼앗겼다가, 이를 고발하여 유명해진 조반의 초상화다. 최영과 이성계는 이를 계기로 권문세족을 몰아냈다. 허리 아래까지 내려온 수염이 이채롭다.

집에 가서 명함을 내밀다가 잠복해 있던 서리와 소유에게 붙잡혔다. 그러자 윤사흔은 자신의 구사들을 시켜 소유를 주먹으로 마구 때리게 했다. 자신은 병조참판의 친척이니 잡을 이유가 없다는 것이었다. 이때 서리는 도망 가고 두들겨 맞은 것은 불쌍한 소유뿐이었다.

이렇게 소유와 구사는 권력의 틈바구니에 끼어 서로 얽혔다. 소유가 권력가의 구사에게 맞기도 했지만, 반대의 경우도 있었다. 세종 때 활약한 남지(南智)는 영의정 남재(南在)의 손자로, 그의 벼슬은 사헌부 지평이었다. 당시 세종의 비서실장에 해당하는 도승지 조서

●● 이 법은 이방원이 쿠데타에 성공한 이후에 정종이 즉위하여 만들었다(『정종실록』 권2, 정종 1년 8월 경자). 법의 취지는 반란이나 남을 비난하는 것, 엽관운동을 막는 데에 있다. 따라서 개인적으로 고위 관리의 집을 방문하면 이 법에 걸리도록 되어 있었다. 다만 친척이나 병문안, 조문 등은 예외이다. 이 법은 『경국대전』 형전 금제에도 들어갔다.

조선의 9급 관원들, 하찮으나 존엄한

로(趙瑞老)에 대한 좋지 않은 소문이 떠돌았다. 소문의 내용은 간통이었다.[14]

간통은 증거가 확실해야 했다. 더구나 조서로는 잘나가는 국왕의 측근이 아닌가. 잘못하면 벌집을 건드리는 상황이 될 수도 있었다. 이때 남지가 조사를 맡겠다고 나섰다. 그는 아침 일찍 조회에 참석하는 조서로를 노리고, 소유 20여 명을 데리고 먼저 궁궐에 도착하여 조서로가 오길 기다렸다. 조서로가 궁궐에 들어가자, 남지는 소유들에게 조서로의 구사들을 모두 잡아오게 했다. 그런 후에 남지는 구사들에게 조서로가 방문한 곳과 잠을 잔 곳을 털어놓으라고 심문했다. 그리고 간음한 집에서 심부름하는 노파를 데리고 와서 대조 작업을 했다. 그러자 조서로가 먼 친척인 유씨와 간통한 사실이 드러났다.[15] 더구나 유씨는 유부녀였다.

세종은 이를 강상(綱常)의 문제로 여겼다. 최고의 악질 범죄로 본 것이다. 그런데 조서로는 유명한 개국공신 조반(趙胖)의 아들이었다. 조반은 고려 말 권력가였던 염흥방을 몰아낸 결정적 계기를 제공했던 사람이다. 결국 세종은 형벌을 내리지 못하고 섬으로 귀양을 보냈다.

이렇게 소유는 사헌부의 손발이 되어 활동했다. 소유는 붓을 잡고 일하는 다른 아전과 달리 실제 업무를 처리하기 위해 몸으로 일하는 직업이었기 때문에 사람들에게 아전이면서도 하인[卑隷] 정도로 인식되었다. 이들의 지위는 시간이 갈수록 더 낮아졌던 것 같다.

권력의 틈바구니에서 억울한 일을 당하기도 했지만 권력의 끝자락에서 때로는 수탈에 앞장서거나 부정을 저지르는 존재였던 것이다. ◉

길 잡고 심부름하던 나라의 종

구사(丘史)

길을 가다 날벼락을 만나다

1493년 9월 3일, 사간원 정언(正言, 종6품)인 유숭조(柳崇祖)는 일을 마치고 대궐에서 나와 집으로 향했다. 늦은 오후의 해는 금방 스러지고 땅거미가 내려앉고 있었다. 느긋하게 시상(詩想)을 떠올리며 가고 있는데, 누군가 뒤에서 길을 비키라고 소리쳤다.

뒤돌아보니 어떤 부인이 빠르게 말을 타고 다가오고 있었다. 부인의 말고삐를 쥔 하인이 냅다 소리를 질렀다. "왜 안 비켜. 이놈아!" 그 하인은 유숭조의 말을 잡고 있던 구사(丘史)에게 주먹을 휘둘렀다. 당황한 구사가 어찌어찌하여 피하자 이번에는 돌이 날아와 이마를 정통으로 때렸다. 구사의 얼굴에는 피가 흘러 내렸고, 그 상태로 운종가(雲從街, 지금의 종로) 수표교를 지나 한 집으로 끌려들어 갔다. 머리를 붙잡힌 상태로 끌려들어간 구사는 그 집안 사람들에게 거의 죽을 정도까지 얻어맞았다. 실신할 정도로 맞은 구사는 다시 끌려나와 다

조선의 9급 관원들, 하찮으나 존엄한

김홍도가 그렸다고 전해지는 「평생도」 중에 하나다. 주인공은 한림 겸수찬이란 벼슬을 한 양반으로 말을 타고 가고 있다. 사람들 에워싼 주변 사람들 중 일부가 구사일 것이다.

리 근처에 버려졌다. 기가 막힌 유숭조는 말리지도 못했다. 그저 자신의 구사가 끌려들어 간 집이 누구의 집인지 주변에 물어보았을 뿐이다.

집주인은 조전언(曹典言)이었다. 그리고 말을 탔던 부인은 조전언의 누이였다. 유숭조는 다음날 황급히 대궐에 들어가 이 사실을 성종에게 보고했다. 성종은 즉각 당사자들을 조사하라고 형조에 명령을 내렸다.[1] 이 사건은 어떻게 끝났을까? 죽을 지경이 된 구사는 무엇 하는 사람이었을까?

구사는 누구인가

구사(丘史)란 일종의 수행원으로, 나라에 소속된 남자종이었다. 즉 공노비(公奴婢)에 속한다. 그런데 이들이 왜 사간원 정언 유숭조의 길잡이 노릇을 한 것일까? 나라에 속한 남자종이 수행원이 되는 것은, 고위 공무원이나 국회의원 등에게 국가에서 전용 자동차, 비서 등을 내주는 것과 마찬가지다.

조선시대에는 왕실 친척인 종친, 나라에 공을 세운 공신, 고위 관리에게 구사를 나눠 주었다. 현재 자동차나 비서를 내주는 것은 일을 효율적으로 하기 위한 것이나 조선시대에 구사는 신분과 권위를 보여 주기 위한 수단이었다.

그래서 신분에 따라 나라에서 내려주는 구사의 수가 달랐다. 세종 대에 정한 숫자는 다음과 같았다. 대군은 10명, 정1품은 9명, 종1품은 8명, 정2품은 7명, 종2품은 6명, 정3품 중 통정(通政大夫, 당상관)은 5

조선의 9급 관원들, 하찮으나 존엄한

「평생도」 중에서 판서 행차 장면이다. 많은 사람에 둘러싸여 가마를 타고 가고 있다. 이들 중 앞서
가는 사람들이 구사였다. 옆 쪽에 엎드려 있는 사람이 보인다.

명, 통훈(通訓大夫, 당하관)은 4명, 종3품부터 4품까지는 3명, 5품부터 9품까지는 2명, 양반의 자제로 관직 없는 자는 1명이었다. 혹 비나 눈이 올 경우에는 개인이 고용한 구사 2명을 더하고, 2품 이상으로 늙거나 병이 들어 교자(轎子, 가마)를 타는 경우에는 역시 개인 구사 6명을, 5·6품의 대간(臺諫)은 1명을 더하도록 했다.[2] 대간은 국왕의 눈과 귀에 해당하는 중요 직책이라 권위를 세우도록 해준 것이다.

관청에는 관청 소속의 구사가 따로 있었다. 그러나 홍문관(弘文館, 궁궐의 책을 관리하고 문서를 처리하는 관청)의 경우는 없었던 모양인지, 홍문관 관리는 다른 곳의 구사를 빌려 행차했다. 성종대에 정석견(鄭碩堅)은 홍문관 응교(應敎, 정4품)가 되었다. 그런데 그는 다른 사람들과 달리 구사를 빌리지 않았다. 청렴한 성품 탓이었다. 오직 자신의 앞과 뒤에 종 한 사람씩을 데리고 다녔다. 길 가는 사람들은 그에게 '산자 관원(山字官員)'이라고 손가락질하면서 비웃었다. 세 사람이 한 줄로 나란히 걸어가는 모습이 마치 '山(산)'자와 같다고 놀려댄 말이다. 그러나 그는 세간의 비웃음도 가벼이 여겼다.[3]

문관이 아닌 무관직이나 지방의 관찰사 같은 경우는 구사를 받지 못했다. 무관의 고위직들은 이를 부끄러워했다. 특히 궁궐에서 조회가 있는 날이면, 문관 고위직은 구사가 등받이 있는 의자인 호상(胡床)을 가지고 왔다. 그런데 무관은 이를 시킬 사람이 없었기에 병을 핑계로 가지 않거나, 조회가 시작될 즈음에야 나타나곤 했다. 체면을 중시하는 사회였기에 벌어진 일이었다. 그래서 이후에는 무관이 앉을 호상도 미리 갖다놓도록 했다.[4]

구사가 하는 일

구사가 하는 일은 길을 인도할 때 "길 비켜라. 누구의 행차니라" 하고 외치는 갈도(喝道) 이외에 심부름, 공사일, 잡일 등 다양했다. 한마디로 몸으로 때우는 일이다. 일이 무척 힘들어서 일찍부터 4교대로 정했다.[5]

그럼에도 어떤 관리는 사복(私腹, 사리사욕)을 채우기 위해 호되게 일을 시켰다. 세종대에 왕의 말을 관리하는 사복시 판사(司僕寺 判事) 홍거안(洪居安)은 구사를 호관(壺串) 목장에 보냈다.[6] 구사는 죽어라 풀을 베었고, 홍거안은 이를 자기 집으로 보냈다. 물론 그는 사복시의 말을 먹이기 위한 것이라고 명분을 달았을 것이다. 지금도 그렇지만, 회사든 정부든 공용은 주인없는 물건이라 여기고 아끼는 법이 없다. 구사를 부리는 것도 마찬가지였다. 그래서 이들을 시켜 이자놀이 돈을 받아오거나, 돌을 져 나르게 하는 등 자기 종보다 더 심하게 부려먹는 관리들이 많았다.[7]

이들이 피곤한 이유는 또 있었다. 구사는 주인이 시키거나 잘못한 일을 대신 처벌 받아야 했다. 세종대의 일이다. 왕실 종친 근녕군(謹寧君) 이농(李襛)과 의성군(誼城君) 이용(李㴲)이 지금의 한양대학교 근처인 살곶이에서 매를 놓아 사냥을 하다 걸려들었다. 개인 사냥을 금하고 있었으니 처벌이 불가피했다. 세종은 의금부에 명령하여 그들의 구사에게 채찍 40대를 때리도록 했다.[8] 왕실 학교인 종학에서 말썽을 피운 종친에게 내리는 처벌 역시 구사를 잡아 가두는 것이었다. 일종의 승용차 압수였다. 구사 없는 바깥 출입을 못하니 적은 벌은 아니었다. 그러나 감금당한 구사 입장에서는 억울했을 것이다.[9]

김홍도의 「무동」이란 유명한 그림이다. 이런 악공과 무동까지도
때로는 구사로 동원되었다.

　이렇듯 힘든 일이라서 노비조차도 구사가 되는 것을 꺼려했다. 조
선초 조정에서는 한양 관청에 있는 남자종들을 구사로 정해 주었다.
그러나 시간이 지나 세종대가 되자 구사가 모자라게 되었다. 특히
왕실 종친의 숫자가 크게 늘어, 이들에게 배정할 구사가 없었다. 그
러자 지방에 있는 노비들을 불러 오게 했다. 세종은 여기에 문제를
제기했다. 가난하고 궁핍한 종들이 한양으로 오가면서 생길 폐해가
염려되었던 것이다. 그도 그럴 것이 구사가 한양으로 오가는 비용은
나라가 주는 것이 아니었다.
　세종은 차라리 노비가 아닌 일반인 중에서 구사를 뽑아 쓰고, 근

무를 평가해서 관직을 주는 방안을 생각했으나 포기했다. 줄 수 있는 관직의 숫자가 한정되어 있었기 때문이다. 결국 세종은 지방에 있는 공노비를 쓰되, 종친의 구사는 공신들과 마찬가지로 본인이 죽으면 나라에 되돌려주도록 했다.[10] 공신의 경우엔 죽은 뒤 3년까지만 그 집안에서 구사를 부리도록 하고 있었던 것이다.* 구사가 모자라게 되면서, 심지어 음악을 연주해야 할 악공(樂工)이나 춤추는 무동(舞童)까지 동원하는 폐해도 있었다.

유숭조 사건의 결말, 그리고 고읍지 살인사건

사간원 정언인 유숭조 사건은 어떻게 결말이 났을까? 처음에는 대간을 능욕한 사건으로 여겼다. 대간 능욕죄는 매우 큰 죄였다. 그런데 성종은 이 사건을 양쪽의 종들이 서로 싸운 것으로 보았다. 반면 대신들은 유숭조의 편을 들었다. 성종은 조전언의 누이가 자기 집 종이 유숭조의 구사에게 몰매를 놓는 것을 금지시키지 못한 죄를 적용하자고 주장했다.

성종은 은연중에 사간원에 비판적이었다. 사간원 소속의 구사를 같이 처벌하지 않으면, 그들이 권력을 남용하지 않을까 하는 걱정이 있었기 때문이다.

결국 유숭조가 다시 나섰다. 그는 조씨네 종이 국문을 받으면서

---

* 『경국대전』 형전, 공천. 단 부인이 살아 있으면 3년까지 유예하여 그냥 부리도록 하지만, 구사가 죽으면 보충하지 못하도록 규정했다.

거짓말을 했다고 주장했다. 자신의 구사가 조씨네 종을 때렸다는 말은 거짓이라는 거였다. 그러면서 유숭조는 국왕이 자신의 말을 믿지 않으니, 관직에 나가서 일을 보지 않고 대기하겠다고 했다. 그러나 성종은 끝내 유숭조의 편을 들어주지 않았다. 조전언은 세조 때부터 내시로 일하면서 부자가 된 인물로 위세가 당당했기에, 그의 누이 역시 그런 행동을 했을 것이다.

성종의 다음 말은 의미심장하다.

> "대간(臺諫)은 공정하게 마음을 가지고 확실한 일이 아니면 가볍게 나에게 와서 아뢸 수 없다. 내가 들어보니 그대의 구사가 모두 나이가 젊다고 하니, 만약 거짓되는 말로 호소하는 말을 곧이듣고 와서 말하면 올바른 일인가?"
>
> —『성종실록』 권 283, 성종 24년 10월 무진

「감로탱화」에는 주인이 노비를 때려서 죽이는 장면이 들어 있다(가운데 부분). 조선에서 이런 일이 흔했기 때문에, 저승 세계를 나타내는 그림에도 반영되었다.

조선의 9급 관원들, 하찮으나 존엄한

성종은 어쩌면 자신의 행동에 사사건건 시비를 거는 대간들에게 내심 못마땅했는지 모른다. 첫마디에서 이런 성종의 불만을 느낄 수 있다. 그래도 노련한 성종은 이렇게 타일렀다. 양쪽의 종들이 싸웠지만, 그나마 사간원 관원을 존대해서 조씨네 종만을 벌주었다고.

성종대에 구사와 관련해 조정이 시끄러웠던 사건이 또 있었다. 1478년(성종 9) 고읍지(古邑之)라는 여자종이 살해당한, 종친의 노비 살인 사건이 조정을 발칵 뒤집었다. 도승지(都承旨, 정3품) 신준(申浚)은 국왕에게 서찰 하나를 내밀었다. 자신의 부인이 받은 것이라고 하는데, 보낸 사람의 이름이 없었다. 이른바 익명서다. 받을 당시에는 최첨지라는 사람이 전하라고 했다고 한다.[11] 익명서는 모함이나 거짓 투서가 많아 사실로 취급하지 않는다는 것이 조선의 법이었다.

그런데 서찰의 내용이 돈의문 밖에서 발견된 여자의 시체에 대한 것이었다. 곧바로 조사가 시작되었고, 범인은 금방 밝혀졌다. 예종의 동생인 창원군(昌原君)의 치정에서 비롯한 살인이었다.

붙잡혀온 창원군 종들의 말에 따르면 홍옥형(洪玉亨)이란 자는 창원군의 여종인 옥금과 혼인한 관계였다. 그런데 이 자가 고읍지라는 여자와 간통을 했다. 고읍지는 꿈에 홍옥형을 보았다는 말을 옥금에게 했고, 이 말이 창원군의 귀에까지 들어갔다. 화가 난 창원군은 종들에게 고읍지를 칼로 찔러 죽이라고 시켰다. 고읍지는 창원군과 잠자리를 같이하는 관계였던 것이다. 고읍지는 음악을 할 줄 알았는데, 창원군의 구사가 되어 심부름을 주로 했다. 그런데 단순한 심부름으로만 끝나지 않았던 모양이다.

조정에서는 우선 창원군에게 고읍지와 관련된 서류를 넘기라고 했다. 그런데 창원군은 이미 넘겼다면서 발뺌을 했다. 조정에서는 죽

은 사람이 고읍지임을 확인하기 위해 죽은 사람을 아는 사람에게
줄 면포 200필이라는 큰 현상금도 걸었다. 그리고 성종은 고읍지를
죽이는 데 관여한 창원군의 종들을 직접 국문했다. 창원군에게는 고
읍지를 죽일 때 썼던 칼을 내놓으라고 했으나 창원군은 끝까지 버텼
다. 자신의 집에는 그런 칼이 없으며, 자신은 고읍지란 사람을 알지
도 못한다고 했다.

그런데 조정에서 논의된 것을 보면, 창원군의 죄는 정작 살인죄보다
다른 죄가 더 문제였다. 즉, 조정에서 파견한 관리를 집 안에 들이지
않은 죄, 칼을 내놓지 않은 죄를 말하는 것으로 이는 모두 국왕의 명
령을 따르지 않은 것이다. 오히려 살인 자체보다 이 죄악이 더 강조되
었던 것이다.

그럼에도 불구하고 창원군은 종친이었기에 처벌은 아주 약하게 이
루어졌다. 왕조국가에서 종친과 공신은 형벌에서 예외적인 존재였다.
요즘 같으면 살인교사죄가 성립할 창원군은 충청도 진천으로 보내졌
다. 주인의 명을 따른 창원군의 노비들은 가볍게는 몽둥이 100대부터
공노비로 전환하는 일과 같은 무거운 처벌을 받았다. 그들은 어쩔
수 없이 주인 아래의 종이었다.

구사의 슬픔, 그리고 기쁨

구사는 양반들에게 큰 재산이 되어 갔다. 지방에 수령으로 부임
한 양반들은 그곳 관청의 공노비인 기생들을 한양으로 데리고 올라
왔다.[12] 말하자면 이들은 나라의 재산이었기에 수령들은 공신에게

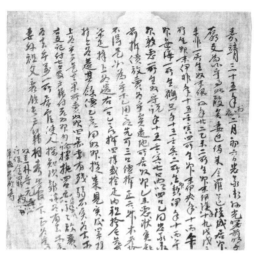

16세기 손광서가 만든 노비매매문서이다. 개인 노비는 이처럼 팔고
살 수 있는 존재였다.

청탁하여 기생을 구사로 만든 다음 데려왔다. 물론 그 대가로 흔히
인정(人情)이라 부르는 특산품을 바쳤다.

　그렇게 기생들은 한양에서 첩살이를 했다. 그런데 이런 일이 빈번
히 일어나 지방관청의 노비 숫자가 너무 줄어들자 이들에게 본래 소
속된 관청으로 돌아가라는 명령이 내려졌다. 한양 생활이 길어지면
서 이미 자식이 있는 경우엔 그야말로 마른 하늘에 날벼락이었다. 여
자종의 경우에는 살았던 기간이 짧은 사람만 돌려보내도록 했다. [13]
남자종은 4년을 기한으로 잡아 돌아가도록 했다. 이 원칙이 얼마나
실행되었는지는 정확히 알 수 없으나, 이미 소속된 지방에 가족을
두고 온 사람들도 있었을 것이다.

　구사 중에는 큰소리치는 사람들도 생겨났다. 권력가의 집에 있으
면서 권력의 맛을 알게 된 자들이었다. 유명했던 권세가 한명회(韓明

會)의 구사였던 김성(金成)은 주인을 대신해 지방에서 장사를 했다. 그
는 주인의 위세를 빌어 물건을 받고는 그 값을 떼어먹고 도망을 갔
던 모양이다. 한명회의 종인 도치(都致)는 충청도 절도사에게 물건들
이 실린 배를 압수 수색해 달라고 부탁했다. 그런데 그 배에 실린 물
건뿐만 아니라 사람들까지 억류하는 통에 시끄럽게 되었다. 그 가운
데에는 무과시험을 통과한 사람도 있었다. 조정에서 문제가 되자, 한
명회는 이를 사죄했다.[14] 구사 김성 역시 나중에 무사하지 못했을 테
지만, 한명회의 힘을 믿고 다른 사람들을 괴롭혔음이 분명하다.

그렇지만 대부분의 구사들은 숨죽이면서 살아야 했다. 보통 노비
들의 삶과 다를 것이 없었다. 주인 운이 없으면 맞아 죽는 경우도 있
었다.[15] 구사로 지정되어 일을 하지 않으면 대신 옷감인 베를 바쳐야
했다. 법에는 한 달에 두 치 이상 걷지 못하게 했지만, 지켜질 리가
없었다. 고위 관리들은 이들에게 걷은 베를 팔아 술값이나 반찬값으
로 사용했다. 오죽했으면 구사들끼리 이런 농담을 했을까.

"불룩한 고위 관리의 뱃속에는 무엇이 들었을까? 우리 같은 놈들
을 날것으로 삼키니 크겠지."[16]

어려웠던 구사들의 삶을 보여 주는 웃을 수 없는 농담이다.

구사는 나라가 관리에게 준 공노비, 즉 종이었다. 구사가 맡은 일
은 가마를 나르거나 윗사람 행차에 앞 길을 여는 것이었다. 그리고
각종 심부름도 도맡아 했다. 이렇게 구사는 신분사회의 표징이었다.
힘있는 관리를 주인으로 둔 구사는 때로 권력을 부릴 수도 있었다.
그러나 대부분의 구사들은 어려운 노역에 시달려야 했다. 원하지 않
은 일이었다. ◦

말을 고치는 수의사,

마의(馬醫)

아무 말이나 고치지 않는다

포도대장 겸 훈련도감의 중군(中軍, 종2품 재상급)이던 정충신이 백사 이항복의 집에 인사를 갔다. 이항복은 "내가 타는 말은 길이 잘 들어 내가 매우 아낀다네. 그런데 지금 갑자기 병이 났으니 자네가 한 번 살펴보고 약을 지어주면 어떻겠나" 하고 부탁했다.

정충신은 사랑채에서 나와 직접 그 말을 끌어내 뜰에서 걸려 보았다. 이윽고 그는 이항복에게 이 말은 어떤 병에 걸렸다며 약을 지어 주었다.

마침 그곳에 재상 한 사람이 앉아 있다가 정충신에게 말했다.

"공은 말의 병에 대해 아시는군요."

"대략 좀 압니다."

"내일 저희 집에 와 주실 수 있겠습니까?"

"그러지요."

19세기에 그려진 준마도이다. 그린 화가는 알려져 있지 않다.

  이튿날 정충신이 그 재상 집을 찾아가니, 재상이 자기 집 말을 가리키며 말했다.

  "이 말이 병들었습니다. 공께서 말의 병을 아신다니 잠깐 봐주시고 약을 일러 주십시오."

  재상의 말이 끝나기 무섭게 정충신은 마루로 나가 앉아 종을 불러 분부하였다.

  "급히 훈련도감(訓鍊都監, 조선후기의 중앙군영)에 가서 말 보는 의원 한 사람을 불러오너라."

  종이 정충신의 명령을 듣고 출발하자, 재상이 말하였다.

  "공은 말의 병에 대해 아신다더니 어째서 손수 봐주지 않으십니까?"

"제가 비록 둔하고 어리석어도 직위는 재상급입니다. 말 고치는 의원 노릇이나 할 수 있겠습니까?"

"그렇다면 어제 오성대감(이항복) 댁에서는 어째서 말의 병을 봐주셨습니까?"

"대감을 어찌 오성대감과 견주어 논할 수 있겠습니까?"

정충신은 이 말과 함께 냉소를 띠며 인사를 남기고 가버렸다.

이 이야기는 『기문총화』(記聞叢話, 조선시대의 설화집)에 나온다. 정충신(鄭忠信, 1576~1636)은 원래 임진왜란 당시에 광주목사(光州牧使, 정3품)인 권율(權慄) 아래에서 종군했다. 권율은 선조가 있는 의주 행재소에 보고서를 전달할 사람을 모집했는데, 당시 17세인 정충신이 유일한 지원자였다. 그는 행재소에서 병조판서 이항복을 만났다. 이항복은 그가 총명하여 아들같이 사랑하고 학문을 가르쳤다. 이런 인연이 있었기에 위 이야기는 단순히 야담으로 들리지 않는다.

이 시대에 말은 소중한 재산이었고 교통수단이었다. 따라서 병이 났을 때 당연히 말을 치료하는 전문 수의사가 필요했다.

마의가 되는 길

말을 치료하는 마의는 두 부류였다. 대개는 사복시(司僕寺) 소속의 관리지만, 민간에서 돈을 받고 치료만 해주는 사람도 있었다. 마의가 되는 길은 병조에서 주관하는 시험을 통과하는 것부터 출발한다. 시험은 말의 병을 치료하는 방법을 기록한 『안기집』(安驥集)에서 세 군데를 무작위로 뽑아 해석을 하는 것이었다.[1] 이 책은 중국 당나라 때 만든 책이고, 각각의 병마다 그림과 처방이 붙어 있었다. 옛날엔 책이 드물었기 때문에 『안기집』은 대대로 마의를 냈던 집안에서 소장했을 것이다.

1494년(성종 25) 조정에서는 이 책의 일부인 『수우경』(水牛經)을 한글로 번역하기로 하였다.[2] 당시 민간에서는 나름의 경험에 따른 처방을 하고 있었던 모양이다. 그렇기 때문에 처방이 들쭉날쭉했고, 또한 치료 효과 역시 떨어졌다. 성종은 수의사들이 옛것이 아닌 천박한 처방을 하여 소와 말을 치료하지 못한다고 보았다.

원래 사복시에 속한 마의는 10명이 정원이었다. 그런데 이들을 체

조선후기에 나온 『마경언해』의 일부로, 마의가 말을 진찰하는 장면이다. 말의 혓바닥의 색깔로 병을 알아보고 있다.

조선의 9급 관원들, 하찮으나 존엄한

계적으로 길러낼 프로그램이 없었다. 세종 때 병조의 보고에는 사복이마(司僕理馬, 사복시에서 말을 돌보는 관리) 등에게 수의학을 가르치지 않아서 약과 침을 모두 억측으로 한다고 비난했다. 그래서 사복시 마의가 될 만한 두 사람을 뽑아 이들이 나이 어리고 영리한 사람에게 치료법을 가르치게 하자고 제안했다. 물론 해마다 점검해서 치료를 잘하는 사람은 마의로 올리도록 했다.[3] 사복시 내에서 좀더 체계적인 마의양성법을 마련한 것이다.

기록 속의 마의

마의는 정5품직까지 있었던 것으로 보인다.[4] 태종대에는 건국 초라는 특수한 상황 때문인지 품계로는 정2품인 자헌대부(資憲大夫)까지 받은 경우도 있었다. 비록 명예직과 다를 바 없는 검교(檢校)직이었지만, 양반 관리들에게는 매우 못마땅한 일이었다.[5] 자헌대부를 받으면 여느 재상들처럼 옥으로 된 갓끈을 매거나 허리에 금띠를 두르고 다닐 수 있었기 때문이다.

그러나 성종때 완성된 『경국대전』에는 마의의 품계가 종9품의 하위직에서 출발하게 되어 있다. 이들은 그림을 그리는 화공(畵工)이나 도교의 도사들처럼 잡스러운 관직에 속해 종6품까지만 올라갈 수 있었다.[6]

조선후기에는 좀 나아져 정5품직으로 오르게 되지만, 양반들은 여전히 마의를 천하게 여겼다. 양반들은 중국 당나라 문인 유자후(柳子厚)가 쓴, 한식날에는 마의나 농부처럼 '천한' 사람의 귀신까지도

봉양을 받는다는 글을 가끔 인용했다.[7] 즉 마의가 당나라 이래로 지금까지 천한 존재였다는 점을 강조하려 했던 것이다.

이런 인식 때문인지 선조 때 마의 오치운(嗚致雲)과 김응수(金應壽)가 문반 6품의 관직을 맡게 되자, 사간원은 외람되다고 아우성쳤다.[8]

이들은 임진왜란이 일어나 선조가 서울을 떠난 이후에도 도망가지 않고 임금의 말을 관리한 공을 인정받은 것이었다. 전쟁이 끝나자 이 공로로 호성공신(扈聖功臣)이 되었다.[9] 물론 이런 경우는 전쟁이라는 특수한 상황이었기에 가능했다.

조선 후기에는 마의구료패장(馬醫救療牌將)이라는 긴 이름을 가진, 군대에 소속된 마의가 등장했다.[10] 군대에서는 기병 때문에 마의를 필요로 했다. 그러나 마의를 군대 내에 체계적으로 둔 것은 아니었던 모양이다. 또 인조대에 훈련도감은 보병 위주인 군대에 기병을 확충해야 한다고 전제하고, 말이 5백 필 있기에 관리할 마의가 반드시 필요하다고 주장했다.[11]

이보다 앞서 비변사(備邊司)는 제주사람 김만일이 기르는 말이 1만 필이나 되니, 그중에서 천 필을 군대용으로 징발하자고 제안한 적이 있었다. 인조는 이중에서 사오백 필을 가져다 쓰도록 했다.[12] 실제로는 240필의 말을 징발했는데,[13] 앞에서 훈련도감이 말한 5백 필의 말은 이와 관련이 있을 것이다. 마의는 사람들이 말을 타는 한, 반드시 필요한 존재였다. 또 말 값이 비쌌기 때문에라도 마의가 있어야 했다. 큰 말의 경우엔 최고가가 포 5백 필을 넘겼다.[14] 전투에 쓸 군마로 적합한 말은 구하기도 어려웠다.

중국 명나라에서 조선에 말을 요구하여 이를 수송하거나, 조선사신이 중국에 파견될 때도 마의가 필요했다. 이미 고려 말 우왕 때부

조선의 9급 관원들, 하찮으나 존엄한

터 많은 말이 명나라로 건너가고 있었다. 명은 말이 부족한 것을 해결하기 위해 몽골이나 여진을 상대로 말시장을 열었다. 조선초기에도 많은 말무역이 이루어졌다. 한번에 1만 필이 무역되는 경우도 있었다. 명은 사신과 함께 마의를 같이 파견하여 말의 상태를 보도록 했다. 중국인 마의 왕명(王明)은 조선의 태종이 준 말과 자신이 산 말을 바꿔치기하기도 했다. 그러면서 같이 온 중국 사신에게 이 일이 발각될까 두려워서, 사신의 말에 콧병이 있으니 새로 산 말과 바꾸라고 권유하기도 했다.[15] 이렇게 하면 두 사람은 공범자가 되기 때문이다.

당시 조선 마의들이 중국 마의에게 무언가를 배웠다는 기록은 없다. 그러나 세종대까지 6만 필 이상의 말이 명으로 수송되어야 했고, 자연히 말을 운반하는 도중에 생기는 병을 치료해야 할 필요성이 커졌을 것이다. 또한 마의에 대한 수요 역시 늘어날 수밖에 없었다.

태종대에는 4개월 동안 모두 19회에 걸쳐서 1만 필의 말이 명으로 출발했는데, 이때 호송 부대부터 시작하여 취사반, 말몰이꾼 등을 포함하여 모두 6,699명이나 동원되었다는 기록이 남아 있다.[16] 여기에 마의도 포함되었다는 공식적인 언급은 없지만, 조선이 사신을 파견할 때, 마의를 같이 보내는 것은 일반적인 일이었다. 태종이 세자였던 이제(李禔, 양녕대군)를 명에 하절사로 보내면서 사신단을 조직하였을 때에도 마의 한 사람이 포함되어 있었다.[17] 당시 사신단 일행이 타고 간 말이 50필, 짐 싣는 말이 50필이니까 모두 100필이었다. 적은 숫자가 아니었다.

1713년(숙종 39) 조선 사신들이 북경에 도착하여, 황제에게 바치는 좋은 말을 사려고 했다.[18] 이 일을 맡은 사람은 마의 변익(邊益)이었다.

태마는 짐을 싣는 말이다. 태마는 사람이 탈 수 없거나, 다쳐서 달릴 수 없는 말 중에서 선택되었다.

그는 말을 관장하는 사복시에서 준 은으로 대금을 지불했다. 변익은 중국에 여러 번 왔기 때문에 장사치들에게 얼굴이 알려져 있었다. 그래서 장사치들은 그가 보잘것없는 말이라도 사려 하면 무조건 비싼 값을 불렀다고 한다. 마의는 이런 일 이외에 사신으로 가는 도중에 말들을 돌보아야 했다.

물론 대부분의 경우는 사복시에서 말을 치료하는 일을 맡았다. 특히 조선 후기에는 사복(司僕, 종3~9품)이 마의를 겸하면서 왕이 타는 말을 조련해야 했다.

1786년(정조 10) 정조는 마의사복(馬醫司僕)에게 곤장을 치도록 했다. 왕이 타는 말을 한 필만 배정하였고, 가마에 쓰는 말이 전혀 훈련이 되어 있지 않았다는 것이 이유였다. 정조는 수원으로 행차하는 일

조선의 9급 관원들, 하찮으나 존엄한

이 많았기 때문인지, 가마에 쓰는 말을 준비하지 못하는 문제가 생긴 것이다. 정조는 자신이 서리가 내린 새벽에 말을 타게 되어 나라의 기강이 말할 수 없게 되었다고 했다.[19] 이 말은 사복시의 잘못으로 가마를 타지 못하고, 새벽부터 말을 타서 감기에 걸렸다는 뜻이다. 사복시에서는 말을 훈련시키는 데 한두 달 정도 걸리는 탓에 부득이하게 벌어진 일이라고 해명했다. 그럼에도 잘못한 마의사복은 곤장 3대를 맞아야 했다.

이렇게 마의로 지내는 일도 쉬운 일은 아니었다. 그러면 사람들에게 인정받은 유명한 마의는 어떠했을까?

말 기르기의 어려움과 마의 윤중년

양반집에서도 말이 필요했다. 말은 매우 중요한 교통수단이었기 때문이다. 사림파의 아버지 김종직(金宗直, 1431~92)은 자신이 기르던 말을 팔면서 이렇게 말한다.

> 내 집에서 낙마(駱馬, 검은 갈기의 흰말) 한 마리를 기른 지 3년이 되었다. 멀리서 그놈을 보면 몸집이 대단히 크고 발굽을 옮기는 거리가 매우 널찍하여 노마(駑馬, 둔한 말)의 3, 4보(步)와 맞먹고, 울 때에는 머리를 높이 쳐들고 길게 울어대니, 이것은 그의 재(材)에 해당한다.
>
> 그러나 가까이 가서 보면 뼈마디(骨節)가 다 드러나 있고 밤낮으로 먹여도 배가 늘어나지 않으며, 달릴 적에는 가슴과 등성이가 따로 움직이어 좌우로 늘 기우뚱거려서, 말을 탄 사람의 사지(四肢)가 흔들리고

오장(五臟)이 움직여서 피곤함을 견딜 수 없게 한다.

또한 성질은 잘 놀라서 항상 두려워하는 듯하여, 참새나 쥐가 지나가더라도 구유통에 콧김을 마구 불어대고, 마부가 잘못 가슴걸이를 놓쳐버린 날에는 반드시 언덕을 뛰어넘고 계곡을 치닫다가 놀란 마음이 진정된 다음에야 그치니, 이것은 그의 부재(不材)에 해당한다.

나의 집은 가난한데다 해마저 큰 흉년이 들어 처자식들이 거친 밥도 없어서 못 먹는 지경인데, 환곡(還穀)을 독촉하는 아전은 아침저녁으로 찾아와서 여러 소리를 지껄이어 모욕을 주었다. 그러나 나는 무엇으로도 그에 대응할 수가 없었다.

그래서 늙은 종에게 이 말을 데리고 먼 곳에 가서 팔아오라고 하였더니, 10여 일이 지나서야 말을 팔아 절반값을 받아가지고 돌아왔다. 그러나 나는 절반값만 받았다는 이유로 종을 나무라지 않고 이 돈을 모조리 관창(官倉)으로 돌려보냈다.

—『점필재집』문집 권2, 죽락설

김종직은 당시 살림살이가 무척이나 어려웠나 보다. 그는 환곡을 독촉하는 아전 때문에 무척이나 자존심이 상했다. 빚을 갚는 길은 그나마 돈이 될 수 있는 말을 파는 길. 말에 대한 김종직의 묘사가 자세하다. 김종직은 열심히 먹여도 뼈마디가 드러나고 배가 늘어나지 않는다고 했다. 이는 『마경』(馬經)에서 말하는 노마(駑馬), 즉 나쁜 말이 지닌 특징 중 일부다. 더구나 말의 성질로 보아 이 말은 전쟁터에 나갈 수 없다. 쉽게 놀라기 때문에 전쟁터의 징이나 북소리, 함성소리를 견딜 수 없다. 이런 이유 때문인지, 아니면 늙은 종이 빼돌린 것인지 알 수는 없지만 말 값은 절반밖에 나가지 않았다. 이런 말이

김홍도가 그린 「세마도」인데, 이처럼 말은 평소에도 관리를 잘 해주어야 했다.

어떤 병에 걸렸는지, 또는 말 값이 얼마인지 아는 사람이 마의였다.

이들은 말을 볼 줄 아는 전문가였기 때문이다.

윤중년(尹仲年)은 그나마 이름이 알려진 마의였다. 특히 말의 눈을 고치는 데에 이름이 났던 모양이다. 그는 말이 병나는 이유에 대해 이렇게 말한다.

> 대개 말이 병나는 것은 사람과 같다. 그래서 고치는 방법도 똑같으니,
> 간으로 간을 보(補)하고, 콩팥으로 콩팥을 보하며, 허파로써 허파를

보하고, 심장으로 심장을 보하며, 지라로써 지라를 보하여 오장이 모두 그러한데, 눈에 있어서만 그렇지 않겠는가? 나는 안정(眼精, 눈알)을 가지고 눈을 고치기 때문에, 백번 약을 써도 낫지 않는 적이 없다. 제비는 항상 하늘을 날아다니면서 온갖 벌레를 잡아 먹이로 하는데, 살은 벌써 소화가 되어도 눈알만은 소화가 안 된다. 제비똥을 많이 구해서 냇물에 닦으면 더러운 찌꺼기는 모두 없어지고, 눈알만 남는다. 그렇지만 하루에 얻는 양은 아주 조금이다. 그렇게 해서 이것을 갈아서 약에 타 앓는 눈에 넣으면 자연히 신묘한 효과가 있다.

— 이유, 『대동야승』, 청파극담

그러나 윤중년에 대한 다른 기록이 없어서 아쉽다. 이들이 사회적으로 크게 인정받지 못한 탓일 것이다.

마의는 조선시대의 전문직이었으나 전문가가 인정받지 못하는 세계가 전통사회였다. 그래도 마의만 해도 먹고 사는 일은 해결될 터였다. 집안 대대로 마의가 되는 것도 당시 서민의 꿈이었을 듯 하다. ◉

조선의 9급 관원들, 하찮으나 존엄한

수학과 계산을 위해 살다

산원(算員)

물품관리가 왜 안 됐을까?

1535년(중종 30) 7월, 대사헌 허항은 국왕에게 심각한 얼굴로 무언가를 보고했다. 그는 매우 흥분해 있었다. 그가 보고한 내용은 이러했다.[1]

일주일 전 그는 장원서(궁궐의 꽃과 나무의 관리를 맡은 관청)에 감찰을 나가 화초와 기구를 점검했다. 그런데 어이없게도 보존된 것이 하나도 없었다. 심지어 중국에서 들여온 제기를 보여달라고 하자, 하인이 국산품을 가져와 속이려고까지 하였다. 장원서 물건을 모두 빼돌려 사사로이 사용하고 있었던 것이다.

이를 묵과할 수 없었던 허항은 물품과 장부에 적힌 목록을 샅샅이 대조하려 했지만, 장부마저도 최근 것밖에 없었다. 그는 이전의 물건을 기록한 물품목록이 당연히 호조의 회계장부에 있을 것으로 판단하고는 으름장을 놓고 돌아섰다.

호조의 낭관, 즉 좌랑이나 정랑을 지낸 전, 현직 관원들이 모여서 계회를 하는 장면이다.
관원들은 이를 통해 인간적인 관계망을 만들어갔다. 산원은 이들 아래에서 실무를 처리했다.

"내 다음에 출근하면 장부를 가지고 와서 일일이 조사하겠다!"

그는 그 길로 사헌부에 가서 문제를 제기했고 사헌부 관리들도 반드시 검사해야 한다고 결의를 다졌다. 그는 또 곧바로 호조에 이 사실을 알리고 성종대 이후 작성된 장원서의 회계장부를 보내달라고 했다. 그러나 호조에서 순순히 장부를 넘겨주지 않았다. 두세 번에 걸쳐 독촉하자, 호조에서는 마지못해 사람을 보내왔다. 그는 회계장부를 맡아 처리하는 산원(算員)이었다. 그런데 산원은 엉뚱하게도 보내달라는 장부가 아닌 작년 과일을 올린 회계장부를 들고 왔다.

화가 난 사헌부 관리들은 "호조가 장원서를 감싸주려고 사헌부를 속였다"며 산원에게 죄를 물을테니, 다시 찾아오라고 으름장을 놓았다. 불쌍한 산원은 한참 후 다시 돌아왔다.

"장부가 호조의 당상관이 쓰는 창고에 있는데, 이분들이 모두 퇴청했습니다. 죄송하지만, 어떻게 하면 좋겠습니까?"

이때 시각은 신시(申時) 초(오후 3시경)였다. 그때가 여름이니까 관리들의 퇴근 시간은 유시(酉時, 오후 5~7시)여야 한다. 산원의 이야기는 장부를 주지 않으려는 핑계였던 것이다.

허항은 이 일을 들어 호조가 자신을 경멸하고 조정의 기강을 무너뜨리고 있다고 비난했다. 대사헌 이하 사헌부 관리들은 중종에게 모두 사직하겠다고 아우성쳤다. 중종도 이들의 의견에 동의했다. 국왕의 입장에서는 각 관청의 물건이 없어지거나, 자기 것이 아니라고 마음대로 사용하는 것은 묵과할 수 없는 문제였다. 이 일은 결국 호조판서가 해임되어 다른 부서로 옮겨가는 쪽으로 결론 지어졌다.

그렇다면 여기 등장하는 호조의 하급관리인 산원(算員)은 어떤 일을 하는 사람이었을까?

기피하는 관직, 산원

산원은 호조에 속한 관리였다. 호조에는 비슷한 일을 하는 관리들이 더 있었다. 이들은 모두 산학(算學), 즉 수학과 관련된 일을 하는 사람들이었다. 요즘 대부분의 학생들에게 수학은 인기 있는 과목이 아니다. 어렵다고 느끼기 때문이다. 그러나 수학이 기본이 되는 학문 중 하나라는 사실을 부인하는 사람은 없다. 그 사실은 과거에도 변함이 없었다.

조선은 건국초부터 학교를 설립해, 양인 자제들에게 국가운영에 필수적인 6가지 학문을 익히게 했다. 일찍부터 필요한 인재를 양성하려 했던 것이다. 이들이 배운 6가지 학문 가운데 하나가 산학이었다.[2] 세종은 "산학(算學)은 비록 술수(術數)라고 하지만 국가의 중요한 일이므로, 역대로부터 지금까지 없애지 않았다"고 하면서, 집현전에서 이를 연구하라고 지시하기까지 했다.[3] 그만큼 산학은 선비들이 익혀야 할 필수 학문이었던 것이다.

그렇지만 옛 사람들은 수학과 관계된 벼슬을 별로 하고 싶어하지 않았던 것 같다. 세종대에는 각 관청의 아전들이 돌아가면서 회계를 맡는 지경에 이르렀다. 그래도 산학박사(算學博士)는 양반집 아들을 임용하도록 하였다. 그리고 회계를 주로 담당하는 중감(重監) 벼슬은 지원자 중에서 시험을 보아 임명한 후에, 항상 수학을 연습하도록 했다.[4] 이들이 반드시 호조에만 소속된 것은 아니었다. 특히 중감은 다른 관청에도 파견되어 회계장부 작성하는 일을 했다.

재정관련 일은 육조 중에서 호조의 몫이다. 그중에서 회계는 수학이 뒷받침되어야 한다. 수학을 맡은 관직으로는 수학을 가르치는 산학교수, 그리고 산학박사라는 이름을 바꾼 산사(算士, 종7품), 그 아래의 계사(計士, 종8품), 산학훈도(算學訓導, 정9품으로 교수와 같은 역할), 회사(會士, 종9품) 등이 있었다. 이 사람들을 모두 산원(算員)이라 불렀다. 처음에는 30명의 산원을 두었다가, 수요가 늘자 산원의 수를 60명으로 늘렸다. 이들이 호조 아래 각 부서에서 일을 했던 것이다.

기피했어도 관직은 관직이라고, 산원들은 일반 서민들은 타지 못하는 말을 탈 수 있었다. 신분 사회에서 말을 탄다는 사실은 곧 남과 다른 지위를 가지고 있다는 뜻이다. 한 예로, 조선왕조는 승려들이 말을 타지 못하도록 금지했다. 다시 말해 승려들의 지위를 땅에 내려버린 것이다.

그렇다면 산원의 사회적 지위는 어느 정도였을까? 그들은 일반 관리들처럼 사모(紗帽)를 썼다. 이는 조선왕조가 산원이 기술직임에도 불구하고 관리와 같은 신분임을 인정했다는 뜻이다. 그래서 뿔이 있는 두건을 썼던 내직사준원*의 관리들은 자신들도 산원들과 마찬가지로 사모를 쓰게 해달라고 간청했을 정도였다.[5]

15세기 후반인 성종연간에 이르자 조선왕조는 법과 제도가 완비되고 운영방식이 안정되었다.

그에 따라 상류층인 양반층이 확고해지고, 이는 자연스럽게 다른 계층과의 신분 격차로 나타났다. 특히 관리층 내부에서는 문무양반과 산원과 같은 사람들이 속한 잡직 사이의 차이가 더 크게 벌어졌을 것이다. 하지만 잡직 역시 임금이 임명한 관직이라는 데 조정 고

---

* 대궐 안의 경비 등을 담당했던 부서로 생각된다. 자세한 기록이 없지만, 소속된 사람들은 별감 등이었다.

조선시대 문무관들이 쓰는 사모로, 이것은 관료이자 신분의 상징이었다. 이 때문에 점차 결혼식에서 평민들도 사모와 관대를 하는 것으로 풍속이 정착되었다.

위 관리의 고민이 있었다. 즉 호조의 중감(重監)은 관직의 품계가 높음에도 불구하고 호조의 당상관들이 마음대로 처벌할 수 있었다. 따라서 국왕의 재가와 절차를 밟아야 한다는 주장이 제기되었다.[6]

그 계기는 조회에서 서 있는 자리 때문이었다. 경복궁 근정전 앞의 품계석에서 볼 수 있듯이, 조회는 관리의 계급에 따라 위치가 정해져 있다. 그런데 산사(算士)는 잡직임에도 불구하고 때로는 호조의 낭관보다 앞에 서게 되는 문제가 생겼다.[7] 아마도 산사가 계속 승진해 계급상으로 낭관을 추월한 경우가 있었던 모양이다. 당시 조정의 대신들은 산사 등을 서리(胥吏)와 같은 부류로 보았기에, 이런 일이 '명분'을 어지럽힌다고 생각했다. 이 사람들은 사회적 차별을 받아야 하는데, 지금까지 양반(문반과 무반)의 반열에 참여해 왔기 때문이다.

결국 성종대를 즈음하여 이 사람들을 문무반에서 빼 버렸다.[8] 신분 차별이 분명해진 것이다. 단지 내시부와 궁궐에서 병을 치료하는 내의원만이 문무반에 남게 되었다. 이는 사람들이 가뜩이나 산학을 기피했는데, 산학을 맡은 사람들을 더욱 차별하게 만드는 결과를 가져왔다. 또한 2품 이상의 첩의 자손이 재능이 있는 경우에, 산학에 들어갈 수 있도록 길을 열어놓은 것도 작용했을 것이다.[9] 서얼의 사회적 차별과 맞물리는 일이었다.

원래 산원은 문과 과거시험에도 응시할 수 있었다. 숙종대의 일이다.[10] 조정에서 산원 김필정(金必禎)의 처벌이 논의되고 있었다. 그가 과거의 세 번째 시험*에서 남의 답안지를 대신 써 준 것이다. 말하자면 시험부정이다. 그런데 김필정은 이미 초시에 합격한 사람이었다. 김필정은 글씨를 잘 썼다. 홍중주란 사람이 그에게 글씨를 대신 써 달라고 부탁했고, 이것이 발각된 것이다.

지금 같으면 어떻게 처벌했을까? 사건만 놓고 보면 시험부정이 분명한데도 조정에서는 여러 의견들이 오고 갔다. 논의의 초점은 그의 답안지가 남의 것을 베낀 것(借述), 또는 남이 대신 작성해 준 것(代述)이 아니라는 점에 있었다. 조선정부의 운영의 기준은 항상 법에 있었다. 원래 차술, 대술은 『경국대전』에 몽둥이 100대와 유배 3천리로 처벌하게 되어 있다. 또한 『수교집록』이란 법전에는 '서사서리(書寫胥吏, 시험 본 후에 부정을 막기 위해 답안지를 다른 곳에 옮겨적는 일을 하는 서리)가 대신 쓴 경우에는 온 집안을 변방으로 옮긴다'고 했다. 변방으로 옮긴다는 것은 삶의 터전을 모두 잃는 중벌이다.

문제는 김필정이 서사서리가 아니라는 거였다. 따라서 법조문 중에는 그에게 적용할 조항이 없었다. 결국 두 사람 모두 처벌을 받지 않았다. 물론 이후에는 이런 경우에 적용할 법을 만든다. 이렇게 법

---

* 과거 시험은 여러 가지 경로로 치루어졌다. 일단 2번의 중요한 시험인 초시와 복시가 있다. 그런데 초시와 복시 모두 3번의 시험을 거친다. 따라서 위 시험은 초시의 세 번째 시험일 것이다.

에 따라 처리하는 것이 조선이라는 나라였다. 산원이었던 김필정이 이후에 마지막 과거시험까지 통과했지는 필자 역시 의문이다.

산학이 지닌 힘

산학 쪽에 속한 관리들은 교수처럼 수학교육을 맡기도 했지만, 그 밖에 땅 크기와 수확량의 측정, 정부 물품의 관리, 물품을 받는 공납업무 등도 처리했다. 그중에서 땅 크기와 수확량을 측정하는 일은 세금의 액수를 결정하는 중대한 일이었다. 원래 이 일을 맡은 책임자는 위관(位官)이라고 한다. 사실 고위 관리가 일반백성을 만날 일은 거의 없다. 백성들 입장에서 가장 괴로운 존재는 그들과 직접 얼굴을 맞대는 실무 관리였다. 땅을 측정하는 일은 양전(量田)이라고 부른다. 세금은 단순히 땅의 면적만으로 결정하는 것이 아니고, 땅의 질과 생산량을 같이 고려해서 매겼다. 원래 조선정부는 20년마다 양전사업을 펼쳐 세금 매기는 일을 했는데, 한번 정해지면 잘 고쳐지지 않았다. 이때 땅의 측량에 동원된 사람 중 하나가 바로 산원이었다.

임진왜란이 끝난 이후 양전사업이 있었다. 정부에서 전쟁으로 황폐해진 땅을 다시 개간한 백성들이 땅의 면적을 감추고 세금을 바치지 않을까봐 두려워했기 때문이다. 이때의 경험을 당시 유학자였던 장현광은 이렇게 생생하게 쓰고 있다.

"위관이 온다고 하자 마을에서는 술과 음식을 크게 준비하였다. 이윽고 그가 오자, 마을 사람들이 모두 나가 들에서 맞이해 좋은 집을 골라 머물게 하고 음식을 대접하였다. 음식은 꿩과 집에서 기르는 닭, 생선, 해물 등을 장만했다. 평소에 제사에 올리고 손님을 대접할 때에도 준비하지 못하던 것들을 이날은 특별히 마련하여 소반에 진열하고 술병을 가지고 번갈아가며 올렸다.

그리고 이른바 권농(勸農, 농사를 권장하는 직책), 이정(里正, 마을 이장), 서원(書員, 기록원), 산원(算員)들은 물론 좌우에서 호위하는 사람들까지 모두 술에 취하고 배불리 먹은 뒤에 그쳤다. 사람들이 다투어 음식을 권하고 집집마다 맞이하여 초청하였다. 그러므로 이 사람들은 일을 일부러 늦추고 며칠 동안 머물렀다. 이들은 날마다 이런 짓을 하였고, 이를 '위관의 접대'라고 한다."

— 『여헌선생속집』 권4, 잡저, 위관대접에 대한 설

조선시대 법의 기준이 되는 『경국대전』의 서문이다. 이 법전은 6조 관청에 따라 법을 나누어 실었다.

이런 일은 정도 차이는 있을지 모르지만, 그 이전에도 크게 다르지 않았을 것이다. 실제로 1553년(명종 8) 청홍도(충청도)의 복천사(福泉寺, 속리산 법주사 근처에 위치)에서 더 심한 비리가 있었다. 당시 환관이 산원을 데리고 왕실 사신이라고 사칭하여 절 근처의 땅을 복천사 소유라고 고쳐 놓고, 백성들의 소와 말을 빼앗아갔던 것이다.[11] 이렇듯 산원은 실무를 맡아 처리하면서 백성들을 착복할 수 있는 그런 존재였다. 이들의 계산과 말 한마디가 백성들의 재산이나 세금에 직접 영향을 미쳤다.

조선에서는 세금으로 쌀과 무명을 받았는데 쌀로 받는 것을 작미(作米), 무명을 받는 것을 작목(作木)이라 불렀다. 원래 세금은 쌀로 받는 것이 원칙이었지만, 쌀의 운반이 어려운 지역은 이를 무명으로 계산해 받았다.

호조에서 세금 걷는 실무책임자는 낭관(정랑과 좌랑을 합해 부르는 말)이다. 광해군 때 호조좌랑 이둔(李遯)은 1620년(광해군 12) 6월에 세금 매기는 임무를 맡고 남쪽으로 향했다.[12] 그는 여러 고을을 거쳐 가면서 작미와 작목의 일은 수하의 산원에게 맡겨 두고 자신은 오직 기생을 끼고 술 마시고 주정 부리는 일만을 거듭했다. 세금도 뇌물의 양에 따라 매겼다. 그에게 쌀의 운반 거리 따위는 중요하지 않았다. 또한 수확량의 풍흉도 따지지 않았다. 그 결과 작목할 고을과 아닌 고을이 서로 뒤바뀌어버렸다. 아우성이 났을 법한 일이다. 이렇듯 산원은 백성들에게 자신의 힘을 과시할 수 있는 무서운 존재였다.

이들의 힘은 각 고을에서 걷는 물품에도 발휘되었다. 조선에서는 공납을 받았다. 시장과 유통이 미흡하기 때문에 국가가 필요한 물품을 직접 거둔 것이다. 그러나 공납을 내는 일은 불편하였다. 불편을 해소한다는 명분 아래 중간 이익을 탐하는 상인들이 끼어들면서 생긴 것이 방납(防納)*이다. 그런데 이 상인들은 물건을 대신 납품하면서 물건을 받는 실무자들과 결탁했다. 산원들도 그중 하나였다.

수법은 간단했다. 산원 등의 실무자는 고을에서 올라온 공물을 자기 집에 쌓아놓는다. 그리고 이들은 이 물건을 수납하지 않거나, 아니면 수납의 대가로 인정(人情, 심부름 값)을 크게 요구한다. 뇌물을 받기 전까지 접수증을 내주지 않는다. 심지어 이들은 공물을 받은 후에 장부에 기록도 하지 않은 상태에서, 그에 대한 인정을 요구하기까지 했다.[13]

사정이 이렇다보니 때로는 이들이 세금으로 받은 쌀을 빼돌렸다고 의심 받기도 했다. 선조 때 평안도에서 배로 쌀을 실어오다가 300석이나 도둑 맞은 사건이 일어났다.[14] 호조는 감독관과 배주인에게 책임이 있다고 했다. 그러나 사간원의 생각은 달랐다. 호조의 산원과 담당 아전이 아니면 도둑질을 할 수 없다고 본 것이다. 배로 운반되어 오는 쌀을 훔치려면 중간 기착지에서 훔쳐야 하는데, 그러려면 배의 여정을 알아야 가능하다는 게 그 근거였다. 결국 산원 등이 감옥

• 방납은 공납 과정에서 생긴 현상이다. 공납이란 국가가 각 지역에서 나는 특산물, 예컨대 해산물, 과일 같은 농산물, 동물의 가죽 등과 같은 물건을 걷는 일을 말한다. 공납에는 물건의 종류, 수량 등이 정해져 있었다. 문제는 종류와 수량을 항상 맞추기 힘들다는 점에 있었다. 예를 들어 어떤 지역에 표범 가죽 10장을 부과했는데, 그 지역의 표범이 거의 잡히지 않는 경우가 생긴다. 이때 지역민들은 다른 곳의 표범 가죽을 사서 납부해야 했다. 이 경우에 상인이 대신 납부하는 일을 방납이라고 한다. 나중에는 상인들이 공납을 받는 관리들과 짜고, 정상적으로 납부하는 물건을 여러 이유로 퇴짜놓기도 했다. 따라서 공납을 바치는 지역민은 상인을 끼고 공납을 바치도록 했다. 이 과정에서 상인들이 과도한 이익을 취하면서 방납의 폐단이 생겼다.

에 갇히고 조사를 받게 되었다.

산원은 정부가 구입하는 물건에 대한 검사도 맡았다. 1616년(광해군 8) 광해군은 호조에 한 가지 지시를 내렸다.[15] 강원도 원주에서 올린 목재를 호조가 판 일에 대한 조사를 하라는 것이었다. 목재들은 그 전해에 호조에서 소금 2백여 석을 원주로 보내 사온 것으로, 판자까지 포함되어 있었다. 조사 결과, 당시 이를 검사한 산원이 목재가 휘어지고 가늘어서 쓰기가 어려울 것 같다고 보고를 해오자 호조에서 이를 되돌려 보내려다가 그냥 팔아서 공사비용에 쓰기로 한 것이 밝혀졌다. 이 사건에서 목재의 검사를 맡은 이가 산원이라는 점이 주목된다. 이번에는 '인정'이 오가지 않았지만, 물품 검사에서 산원은 힘을 쓸 수 있었을 것이다.

이들은 회계를 맡은 탓에 주로 장부를 다루었다. 조선정부는 지방관이 새로 부임할 때 인수인계를 하도록 했다. 인수인계 내용 중의 하나인 해유장(解由狀)은 전임 관리가 자신이 보관하던 물품과 회계가 정확했음을 증명하는 장부다. 이것의 작성은 호조에서 먼저 이루어지는데 산원이 이 일을 맡았다. 해유장이 있어야 신임 관리도 임지에 갈 수 있었다. 그런데 신임 관리가 빨리 부임하고 싶어서, 산원과 짜고 해유장 없이 그냥 가는 경우도 있었다.[16] 부임해야 녹봉을 받기 때문이었다. 이 과정에서 산원은 뇌물을 받았을 것이다.

물론 산원은 어디까지나 하급 관리였다. 더 높은 권력 앞에서 꼼짝 못했다. 인조대의 왕실 종친인 경평군(慶平君) 이륵(李玏)은 집을 새로 짓고 호조에 건축비용을 요구했다.[17] 그러나 비용을 받지 못하자 집값으로 수백 냥의 은덩어리를 호조의 서리(書吏)와 산원들에게 징수했다. 그리고도 모자라 호조판서의 집에 가서 욕을 하기도 했다.

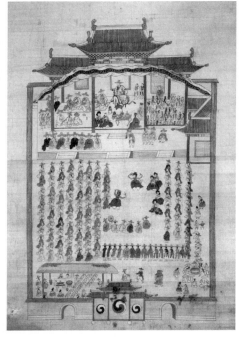

송요화가 진산군수에서
물러나면서 작성한
해유장(1745년). 일종의
인수인계서였다. 해유장이
만들어져야 이취임식이
가능했다.

19세기 그려진
「신관도임연회도」이다.
지방관으로 부임할 때
인수인계를 한 후에 취임
축하 연회를 연다.

그는 당시 고리대금업을 하면서 채무자들을 자기 집 안에 가두어 놓기까지 했던 인물이었다. 그럼에도 인조는 그를 감싸려 했다.

산원은 조선시대의 명실상부한 전문직 중에 하나였다. 이들은 자신의 전문 지식과 기술을 이용하여 땅의 면적과 수확량을 측정하고 정부 물품을 관리하는 등 실무를 처리했다. 또 백성들 앞에서 작은 권력을 행사하기도 했다. 그러나 산원은 보다 큰 권력인 왕실과 고위 관리 앞에서 꼼짝못하는 존재였던 것이다. ◦

2부 궁궐의 가장자리에 선 사람들

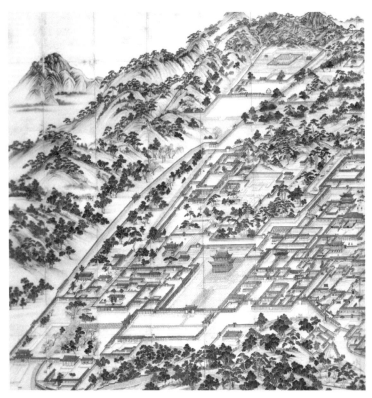

「동궐도」의 일부이다. 조선의 가장 신분 높은 사람들이 이곳에서 살거나 출근을 하여 일을 했다. 모든 사람들이 꿈꾸는 신성한 장소였다.

'붉은 구름' 즉 홍운(紅雲)은 왕이 살고 있는 궁궐의 다른 말이다. 원래 신선들이 머무는 곳을 나타내던 말이 이렇게 바뀐 이유는 궁궐 건물에 붉은 칠을 했고, 높은 신분의 사람이 마치 신선처럼 보였기 때문일 것이다. 보통 사람의 눈에는 국왕이 신선 세계에서 내려온 사람처럼 보였을까? 그만큼 궁궐은 신성한 공간이다.

그런 궁궐속 인간들도 신성했을까? 권력과 이익을 좇는 수많은 사람들이 궁궐에서 살았거나, 들락거렸다. 최고 신분층인 국왕과 왕실 사람들, 이들을 보살피고 궁궐을 유지하기 위해 일했던 수많은 사람들과 관리들이 그곳에서 부대끼며 살았다. 자기과시, 음모, 배신과 함께 이들은 자신보다 못한 신분의 사람들을 핍박하거나, 때로는 자기편으로 끌어들이려 노력했다.

궁궐 안 사람들은 자신의 일이 정해져 있었다. 이들은 일에 대한 경제적 대가를 받았다. 때로는 권력에 가까워질 수 있는 기회도 있었다. 먹고사는 생존 문제에 있어서 적어도 굶지는 않을 가능성이 큰 사람들이었다. 그러나 관리라고 해서, 궁궐에서 일한다고 해서, 모두가 대우받지는 못했다. 물을 긷는 급수노비(汲水奴婢)와 같이 허드렛일을 하는 사람들도 많았다.

추운 겨울밤, 궁궐 문을 지키는 병사들은 무슨 생각을 했을까? 불행하게도 이런 사람들의 생각과 삶을 읽어낼 자료는 많지 않다. 여기서는 궁궐에서 일했던 사람들 가운데 일부를 다루었다. 국왕의 앞에서 길을 인도했던 중금, 궁궐 안의 요리를 맡았던 숙수, 국왕이나 왕실 여성들의 병을 돌보았던 의녀, 시간을 알려주는 일을 했던 금루관이 그들이다. 이들 삶의 깊숙한 곳까지 알기는 어렵지만, 기록속에 남아있는 일부만이라도 살펴보자.

국왕의 앞길을 인도하다

중금(中禁)

남자끼리 사랑하다

1504년(연산군 10), 연산군은 노발대발했다. 연산군은 요즘 자신을 능멸하는 일에 예민하게 반응하고 있었다. 그런데 그런 일이 궁궐에서도 일어난 것이다. 연산군은 즉시 도승지, 영의정 등을 불러들였다.

도승지 등은 중금(中禁) 노형손(盧亨孫)과 장효순(張孝順)이 벌인 일을 놓고 머리를 맞댔다.[1] 장효순은 노형손보다 나이가 좀 적었고, 꽃미남이기도 했다. 그래봐야 두 사람은 10대였고, 평소에 단짝이었다. 함께 궁궐에 근무하면서 친해진 것이다.

그런데 이 두 사람이 가까운 것은 단지 우정 때문만은 아니었다. 같이 잠을 자면서 이상한 짓도 했다. 그들은 서로 사랑하는 사이였던 것이다. 그런데 다른 동료가 이것을 보았고, 노형손은 부끄러운 나머지 "위에서도 이런 짓을 하지 않아?"라고 변명했다. 여기서 '위'라는 말이 문제가 되었다. '위'는 누구인가? 이 말을 들은 동료는 순

연산군은 국왕으로 있는 동안에 자신의 권위를 높이는 것에 온 힘을 다했다. 사진은 창덕궁의 가장 중심 건물인 인정전이다. 연산군은 이 궁궐보다 높은 자리에 지은 건물들을 모두 헐게 했다.

간 연산군을 떠올렸다. 공을 세울 기회라고 본 그는 두 사람을 고발했다.

연산군은 노형손이 자신과 관계된 말을 했으니 중한 벌로 다스려야 한다고 주장했다. 그러나 말은 해석하기 나름이다. 오늘날의 비서실장격인 도승지 박열(朴說)은 이 사건을 대수롭지 않은 일로 만들려 했다.

> "이 일은 잘 모르는 어린 것들이 장난으로 한 짓입니다. 그리고 그의 말이 그렇게 절실하게 해가 되는 것도 아닙니다."

그는 '위'란 말이 임금을 가리키는 것이 아니라고 주장했다.

연산군은 다시 영의정 성준(成俊)과 의금부 관계자들을 불렀다. 그는 이들에게 이렇게 말했다.

> "노형손의 말은 원망이 있어 한 말이 아니겠는가? 이런 일을 징계하지 않으면 점점 위를 업신여기는 풍습이 만들어질 것이다. 따라서 이참에 머리를 베어 거리에 매달아 모든 사람들이 경계해야 함을 알게 하고 싶다."

전형적인 폭군의 모습이다. 영의정 성준 등은 노형손을 적극적으로 변명했다. 논리는 이러했다. '어린 것들이 함께 자면서 서로 장난한 것이다. 그리고 그들의 말은 위에 관한 것도 아니고, 원망한 것도 아니다.' 또한 중국의 장석지(張釋之)란 사람이 "장릉(長陵)의 한줌 흙을 도둑질한다면 폐하께서는 어떻게 죄 주시겠습니까?"라고 한 말까지 인용했다. 황제의 무덤 흙을 조금 훔쳤다고 사형까지 줄 수 있냐는 이야기다. 군주의 물건을 훔치는 사람은 무조건 사형에 처해졌던 시절이 있었지만 무덤의 흙 약간이 사람 목숨보다 중요하지는 않다는 뜻도 들어 있다.

성준은 지금 노형순을 목 베어 죽이면 이보다 심한 범죄는 벌의 종류를 정하기 어렵다고 했다. 말하자면 작은 범죄를 사형으로 처리하면 더 심한 범죄에 줄 마땅한 형벌이 없다는 뜻이다. 지금도 그렇지만 범죄의 무거움에 따라 형벌도 따라가야 한다는 원칙이었다.

성준 등의 만류 때문인지 연산군은 조금 누그러졌다. 그는 『논어』에 나오는 "온 나라 사람이 모두 죽여야 한다고 한 뒤에야 죽인다"는

연산군은 강화도 옆 교동으로 유배를 갔다가 그곳에 생애를 마감했다. 그의 묘는 서울 도봉구 방학동에 있다.

말을 인용하면서 사형을 감해 주었다. 그래도 무죄로 받아들여지지는 않았다. 노형순은 몽둥이 100대에 처하고 온 가족을 국경 근처의 변방으로 옮기라고 했다. 국경 근처로 옮겨 가면 추운 날씨 등으로 무척 고생하거나 심하면 죽기까지 했으니 말 한마디 잘못한 바람에 가족까지 무거운 형벌을 받은 셈이다.

그런데 이 사건은 여기서 끝나지 않았다. 몇 달도 안 돼서 연산군은 마음이 바뀌었다. 연산군은 끈질기고 교묘했다. 영의정 등이 반대하자 그 자리에서는 어쩔 수 없이 양보했지만 자신의 뜻을 굽힐 생각이 없었던 것이다. 노형순은 다시 의금부에 잡혀왔다. 연산군의 명령은 간단했다.

"노형손의 머리를 저자에 매달되, 목에 거는 찌에 쓰기를 '위에 관

조선의 9급 관원들, 하찮으나 존엄한

한 불경죄다'라고 하라."[2]

죄목은 연산군이 전가의 보도로 쓰던 '불경죄', 즉 임금에게 공손하지 않았다는 것이 죄였다.

연산군은 이것으로도 모자라 영의정인 성준마저 엮고 들어갔다.[3] 중금 노형손을 죽이라고 명한 사흘 뒤에 연산군은 성준을 교수형시키라고 했다.* 이때 영의정 성준의 죄로 든 것 중 하나가 바로 노형손의 사형을 의논할 때 변명해 주었던 일이다. 억지 중의 억지였다.

그렇다면 영의정까지 죽게 한 노형손은 어떤 일을 하던 사람이었을까? 대체 중금이 무엇이기에 이런 일을 당해야 했을까?

중금이 되는 길

중금(中禁)은 궁궐에서 일한다. 소속은 병조이며, 15세 이하로 뽑아[4] 궁궐에서 일하는 남자들 가운데 가장 나이 어린 축에 속한다. 요즘으로 치면 중학생 정도다.

어떤 사람들이 중금이 될까? 중금의 임무는 사극에서 흔히 보는 것처럼 "국왕 전하 납시오" 하고 임금의 행차를 알리는 일이 기본이다. 그래서 용모가 단정하고 목소리가 맑은 사람을 뽑았다. 목소리가 안 좋으면 국왕의 행차를 제대로 알리지 못하기 때문이다. 이들은 숫

---

* 성준(成俊, 1436~1504)의 죽음은 노형순 사건 때문이라기보다 영의정이 된 이후에 계속 연산군의 폭정을 견제했기 때문이다. 연산군은 자신의 명령을 따르지 않으면 영의정까지 죽일 수 있다는 것을 보여 주려고 했던 것으로 보인다. 또한 성준은 이때 일어난 갑자사화 때에 연산군 어머니의 죽음과 관련되어 일차적으로 유배를 갔다가 죽임을 당했다.

자가 적었기 때문에 다른 관직으로 옮길 순서가 빨리 돌아왔다. 속칭 인기 직종이었다.

정원은 시기에 따라 약간씩 변동이 있었는데, 조선 초기엔 모두 24명이 근무했다. 이들은 매년마다 1명씩 8품직으로 옮겨 간다. 문제는 16살이 되면 근무하지 않고 논다는 것이었다.

이들은 16세에 정년하고, 다른 자리로 옮길 때까지 놀았다. 사람들은 남이 노는 걸 잠자코 보아 넘기질 못한다. 그래서 중금 중에 노는 사람들을 국왕의 근위대로 옮기자는 제안이 있긴 했으나 실행되지 않았다. 근위대의 벼슬이 낮아 중금 지원자까지 없어질 것이라는 우려 때문이었다.

무슨 일이 있었는지는 모르지만 중금은 세조 때 없어졌다. 그런데 성종 때 중금을 다시 부활하자는 목소리가 나왔다.[5] 성종은 세조가 없앤 것이라며 부활에 반대했으나 승정원은 끈질겼다. 어가(御駕)가 움직일 때 조정의 위엄을 보여주지 못하니 중금을 다시 부활시켜야 한다는 논리였다. 당시 어가는 여러 장교들과 군인들이 차례로 선 다음, 사령이 그 사이를 뚫고 여기저기 다니면서 출발 명령을 전달했는데 그 모습이 조정의 위엄을 떨어뜨린다는 것이다. 결국 없어졌던 중금이 다시 생겼다.

중금을 새로 만들었으니 필요한 인원, 옷차림, 하는 일 등을 규정할 필요가 있었다.[6] 이 일은 승정원의 승지들과 환관 김결(金潔), 김처선(金處善) 등이 맡았다. 김처선은 나중에 연산군에게 바른말을 하다

1844년 헌종이 결혼할 때의 잔치 장면을 그린 「헌종가례진하도」의 일부이다. 그림 중앙에 국왕이 앉는 어좌 옆에 내시가 작은 글씨로 표시되어 있다. 중금 역시 그 근처에서 대기했을 것이다.

가 죽은 유명한 환관이다.

먼저 정원은 이전보다 늘려 40명으로 정하고, 근무는 4교대로 나눠서 하는 것으로 했다. 옷차림은 자주색 관, 금색 고리, 5가지 색깔의 띠 등에 겉옷 역시 자주색으로 했다. 자주색은 멀리서도 눈에 잘 띈다.

그럼 어떤 일을 했을까? 조회나 국왕의 행차 때 길을 정리하는 것, 그리고 과거시험의 최종합격자 발표장에서 합격자 이름을 전하도록 했다. 국왕이 궁궐 밖에 나갈 때에도 따라가지만 유일하게 군인들을 사열하는 곳에는 따라오지 않게 했다. 아마도 사열의식은 군인 사령에 의해 명령이 전달되는 까닭에 중금이 필요하지 않아서였을 것이다.

왕이 궁궐 안에서 움직일 때 중금은 별감(別監) 앞에서 따라오도록 했다. 궁궐 밖에 행차할 때 중금은 국왕의 가마 앞에서 소리쳤다. 특히 가마가 다리 위나 비좁은 길에 이르면, 중금은 "모시는 신하는 달려 나오라"고 외쳤다. 이유는 정확치 않지만 좁은 장소에서 암살이 이루어지기 쉽기 때문에 경호 차원이 아닌가 한다.

중금은 과거시험 최종합격자 발표장에서 뜰 앞의 좌우에 선다. 그리고 관리가 먼저 합격자의 이름을 부르면 임금의 명령을 전달하는 사알(司謁)이 이를 작은 종이에 써서 중금에게 주도록 했다. 중금은 이를 보고 임금에게 작은 소리로 '아무개의 아들 아무개'라고 알려주었다. 요즘 높은 사람의 비서가 하는 일이다.

중금을 그만둔 뒤에는 주로 국왕을 지키는 내금위(內禁衛)로 옮겨갔다.[7] 처음 내금위는 사족(士族)의 아들로 30명이 정원이었다. 이들에 대한 대우가 나쁘지 않았을 것이다. 그런데 16세기 이후 내금위는

조선의 9급 관원들, 하찮으나 존엄한

그 숫자가 500명으로 불었고, 중금이 옮겨간 경우가 많아졌다. 사실 중금으로 근무했다고 모두가 다른 벼슬로 갈 수 있었던 것은 아닐 것이다. 중금이 내금위로 옮겨간 것은 그나마 가기 쉬운 자리였기 때문이다.

중금에 대한 기록

반정으로 연산군을 몰아낸 중종은 일시적으로 없어졌던 중금을 부활시켰다.[8] 연산군은 노형손 사건 때문에 중금을 없애버린 듯하다. 중금 중에는 효자라고 표창을 받은 사람도 있었다.[9] 그의 이름은 조헌(曺獻), 나이는 16살이었다. 조헌의 어머니는 죽을병을 앓았는데 어떤 병인지는 정확치 않다. 조헌은 절박했다. 그는 오른손 손가락을 잘라서 불에 태운 다음 이를 빻아 술에 타서 어머니에게 드렸고, 기적처럼 어머니의 병이 나았다. 옛날 효자 얘기의 전형이다.

1749년(영조 25), 영조는 숭정문에서 친히 국문을 했다.[10] 최필웅의 반역죄를 묻는 국문이었다. 최필웅은 중금의 차림새를 하고, 몰래 대궐 안에 들어가 불을 지른 다음 은화(銀貨)를 도둑질하려다 붙잡혔는데, 불이 나면 쿠데타를 일으키려 했다고 한다. 그가 대궐에 쉽게 접근하기 위해 중금 차림을 했다는 점이 특이하다. 원래 최필웅은 실제 중금이었다가 어떤 일로 궁궐에서 쫓겨나게 되었다. 그래서 중금 차림을 하였고, 대궐에 안면이 있는 궁녀들과 만나려 했던 모양이다. 그는 불을 지르기 위해 궁궐 창고에 있던 화약을 훔치려다 발각되었다. 이 사건은 2년 전에 일어난 대규모 무장반란, 이인좌의 난의 연장이라고 인식되었기 때문에 많은 관련자들이 잡혀와 사형을 당했고, 최필웅 자신도 최고의 처벌인 능지처참을 피하지 못했다.

조선후기에 들어서자 이들 중 일부는 무장한 상태로 국왕을 지켜야 할 필요가 있다고 본 모양이다. 명령을 전하는 승전중금(承傳中禁)은 화살 3개를 맞혀야 뽑힐 수 있었다. 금군의 일부가 되었던 것이다. 물론 전체 중금이 그런 것은 아니고, 금군에 소속된 사람들이 해당된다.

중금을 어린 나이에 뽑은 것은 아마 목소리 때문이 아닌가 싶다. 사내아이들은 청소년기에 접어들면 목소리가 변해 앞에서 국왕의 행차를 알리기에는 적합하지 않게 된다. 16세에 다른 자리로 옮기게 했던 것도 이런 연유 때문인지 모른다. 어떻게 보면 직종으로는 최고 빠른 정년일 수도 있다.

관리에게 천대받은 중금

여담이 하나 더 있다. 중종대의 일로 조광조(趙光祖)가 상승가도를 달리고 있을 때였다.[11] 조광조 일파는 자신들과 가까웠던 안당(安塘)을 정승 자리에 앉히고 싶어했다. 중종은 정승이던 신용개(申用漑)가 병으로 집에 있었기 때문에 사관(史官)을 보내, 그에게 의견을 물어보았다. 신용개는 안당을 정승에 올리고 싶지 않았다. 그런데 중간에 일을 맡은 윤구(尹衢)는 안당이 촉망받고 있다고 믿고, 신용개의 뜻을 변조했다. 윤구는 국왕이 안당을 정승에 올리고 싶어한다고 생각한 것이다.

그러나 거짓말은 오래가지 않았다. 유희령(柳希齡)이란 사람이 신용

조선의 9급 관원들, 하찮으나 존엄한

조광조는 조선시대 선비의 전형적 모델로 추앙되었다. 그의 무덤 근처에는 그를 기리는
심곡서원(1650년, 효종 1)이 건립되었다(경기도 용인시).

개의 집에 갔다가 이 일을 알게 되었다. 그는 기록에 관련된 당직을 맡은 심사손(沈思遜)에게 이 일을 적어두도록 했다. 윤구도 결국 일이 그렇게 된 것을 알게 된다. 이후 두 사람이 같이 숙직을 하게 되었다. 심사손은 중금 중에서 노래할 수 있는 자를 불러서 같이 술을 마셨다.

심사손은 장난삼아서 중금에게 환관 중에 누가 쓸 만한 사람인지를 물었다. 중금은 박영공(朴令公)뿐이라고 했다. 영공은 높은 벼슬에 있는 사람을 가리키는 말로, 박영공이란 환관 박승은(朴承恩)이다.

심사손은 왜 박영공이 어질다고 하는지 계속 물어보았다. 답답한 중금은 무슨 일이든지 가장 어질다는 어리석은 대답을 했다. 이때 윤구가 자는 척하다가 벌떡 일어나 따졌다.

"그대는 어째서 환관을 영공이라고 부르는가!"

윤구는 이후 이 일을 사람들에게 소문을 냈고, 사람들은 심사손을 비루한 사람이라고 여기게 되었다. 사람들은 심사손이 환관 박승은에게 아부하기 위해 그를 영공으로 불렀다고 보았기 때문이다. 그 시절 문관이 환관에게 아부하는 일을 가장 비루한 일로 보았다.

왜냐하면 양반들 입장에서는 중금이나 환관 모두 자신들보다 낮은 신분의 사람들이었다. 양반들은 낮은 신분의 사람들을 그에 따라 대접해야 한다고 생각했다. 다만, 국왕 곁에서 그리고 궁궐에서 일하는 탓에 형식적으로는 함부로 대하지 못했던 것이다. 그들의 사람 차별은 오래된 관념이었다.

중금은 지존인 국왕을 모시고 일하는 사람들 중 가장 젊었다. 이들은 최고 권력자 옆에 있다는 이유만으로 대접받기도 했지만 권력의 옆자리는 편한 곳이 아니었다. 눈에 보이지 않는 차별이 항상 그들을 따라다녔다. 가장 젊은 나이에 은퇴하는 자리, 그것이 중금이었다. ◉

조선의 9급 관원들, 하찮으나 존엄한

인간 삶의 기본, 음식을 다룬

숙수(熟手)

음식을 먹고 탈이 나다

1525년(중종 20년) 10월 14일, 궁궐에서는 작은 소동이 벌어졌다.[1] 사람들이 세자가 남긴 음식을 먹고 배탈이 났기 때문이다. 그들이 먹은 것은 포육과 닭고기였다. 이것이 왜 문제인가는 말할 필요도 없다. 세자와 관련되기 때문이다. 만약 세자가 탈이 나서 생명을 위협받는다면 어쩌겠는가?

당장 대간들이 들고일어났다. 이들은 음식을 맡은 관리들을 처벌해야 한다고 건의했다. 여기에 해당되는 사람은 식사를 맡은 감독관 감선제조(監膳提調)와 내관, 그리고 실제 요리를 하는 선부(膳夫)였다. 또한 포육이 지방에서 진상된 것이었기에 조사가 필요했다. 어느 곳에서 진상된 것인지를 밝힌 후, 그곳의 관찰사까지 죄를 줄 요량이었다.

조선시대 군주의 밥상 중에 일부이다. 14첩 반상 등으로 표현되지만, 이것은 한말 궁궐에서 일했던 사람들의 의한 복원이라서, 조선시대 동안 내내 같았는지는 알 수 없다(현재 수원 농촌진흥청 농업과학관 소재).

우선 포육과 닭고기 중에서 배탈을 일으킨 주범을 찾아내야 했다. 증언을 모아보니, 포육이 이미 흐물흐물해진 상태였다고 했다. 제대로 말린 게 아니라는 말이다. 그리고 닭고기 상태도 좋지는 않았던 모양이다. 두 가지를 다 먹은 사람이 가장 심하게 배탈이 났다. 그런데 그 중에서 탈이 나지 않은 사람이 있었으니 그것이 더 문제였다. 그렇다면 누군가 음식에 독을 넣었다는 말이 아닌가. 조사 결과 독을 넣은 것은 아니었지만 포가 문제였다는 사실이 밝혀졌다.

이제 포를 올린 곳이 어디인지 찾아야 하는데, 이것이 불가능했다. 왜냐하면 포는 말린 것이라서 진상품으로 들어오면 한 그릇에 섞기 때문이다. 결국 이후로는 진상되는 포육에 아예 도장을 찍거나

조선의 9급 관원들, 하찮으나 존엄한

말리기 전에 표지를 붙이자고 했다. 음식을 맡았던 관리들의 처벌은 이루어지지 않았다.

음식은 인간 삶의 기본이다. 궁궐에서 음식을 다룬 사람들은 어떻게 살았을까?

음식을 맡은 사람들

궁궐에는 국왕을 중심으로 한 왕실 사람들이 산다. 이들 역시 인간이기 때문에 매일 먹어야 한다. 궁궐에서 음식을 만드는 사람들을 선부(膳夫) 또는 숙수(熟手)라고 불렀는데 이들이 요리사다.

왜 서로 이름이 달랐을까? 원래 선부란 중국 고대 주(周)나라의 궁궐 요리사인데, 말 그대로 남자가 맡았다. 반면에 '음식을 익히는 손'이라는 뜻을 가진 숙수는 잔치에 필요한 음식을 맡았던 요리사였다. 그러나 세간에서는 선부도 숙수라고 불렀다.[2]

궁중에서 음식을 맡은 곳은 사옹원이었다. 선부 역시 이곳에 속해 있었다. 사옹원에 소속된 요리사들은 잡직(雜職)에 해당하는 재부(宰夫, 종6품), 선부(종7품), 조부(調夫, 종8품), 임부(飪夫, 정9품), 팽부(烹夫, 종9품) 등의 벼슬을 받았다. 그중에서 선부가 그나마 자료에 등장하는 편이다.

이들 모두는 수라간(水剌間, 수라는 원래 몽골말로 '끓이는 맛'을 뜻한다), 즉 요즘의 주방에서 근무하는 사람들이다. 그리고 수라를 맡았다는 뜻에서 이들을 반감(飯監), 즉 밥하는 것을 감독하는 사람들이라고 불렀다.

이들은 국왕이 사는 대전, 왕비의 왕비전, 그리고 문소전(文昭殿, 태조의 비 신의왕후 한씨를 모신 사당), 세자궁과 빈궁(嬪宮) 등에 나뉘어 배치되었다. 각 건물마다 담당한 수라간이 따로 있었던 것이다. 이 점은 각 건물마다 물건을 따로 진상받는 것과 맥락을 같이한다.

이들은 두 패로 나뉘어 번갈아가면서 일을 했는데 일을 할 때만 녹봉급이 나왔고, 출근점수를 받을 수 있었다. 900일을 근무해야 이들의 벼슬 품계를 올려주었으니까.[3] 3년 정도가 되어야 진급이 가능했던 모양이다. 나중에는 이 사람들이 한양에서 모여 살았다.* 물론 궁궐에 들어가 근무할 때에는 그곳에서 잠을 자면서 일을 했다.

이 사람들 아래에는 각 분야별로 일을 하는 종들이 있었다. 이들을 모두 합쳐 어려운 말로 '각색장(各色掌)'이라고 불렀다. 각각의 전문 분야가 따로 있었는데, 물을 끓이는 탕수색(湯水色), 고기를 굽는 자색(炙色), 밥짓는 반공(飯工), 술을 빚는 주색(酒色), 차를 내는 차색(茶色), 떡 만드는 병공(餠工), 음식을 찌는 증색(蒸色), 상을 차리는 상배색(床排色) 등으로 다양했다.

식사 외에도 요리사가 필요한 경우가 또 있었다. 가장 중요한 잔치와 제사, 그리고 사신 접대였다. 이런 경우에는 외부에서 숙수인 요리사들을 더 불러야 했다. 예컨대 1625년(인조 3) 6월에 숭정전에서 대규모 연회가 열렸다. 당시 참석자가 280명을 넘을 예정이었다.[4]

이날의 음식은 과일, 계피, 탕, 구이였다. 워낙 참석하는 인원이 많다보니, 숙수가 아침에 출근해서는 준비할 시간이 빠듯했다. 그래서 전날 밤에 불러 밤새워 준비하도록 했다.

---

* 『신증동국여지승람』 권3, 비고(동국여지비고 제2편), 한성부 세기전. 당시 사람들은 잔치할 때마다 그릇을 빌려야 했다. 그러다보니 삯을 받고 요리를 해주는 숙수들이 그릇을 빌려주는 가게를 겸하는 경우가 많았는데, 가게가 몰려 있어 모여 살게 된 듯하다.

　　　　　　　　　　조선의 9급 관원들, 하찮으나 존엄한

현재 창덕궁 내부의 수라간이다. 이 수라간은 한말에 근대식으로 고쳐진 것이라서, 조선시대의 그것과 모양이 다르다.

또한 잔치나 제사에 쓰일 그릇이 모자라면 문제였다. 제사에 필요한 그릇은 봉상시(奉常寺, 제사 등을 맡은 관청)에서 내주어야 했다.

5년 뒤 한 왕릉에 제사를 지내려 했다. 당시 봉상시에 갖추어진 그릇이 별로 없자 요리사인 숙수들이 기름과 꿀, 제물을 자기 그릇에 담아서 가져왔다. 숙수들의 그릇이 오죽하겠는가? 비싼 그릇이 아닐 뿐더러 지저분하기까지 했다. 결국 신성한 제물을 담는 그릇이 이 모양이라고 조정에서 문제가 되기도 했다.[5]

사실 제사뿐만이 아니고 먹는 음식도 정갈해야 함이 마땅하다. 1445년(세종 27) 9월, 세종은 화를 냈다. 수랏상에 올라온 젓갈에 벌레가 있었기 때문이다.[6] 세종은 "내가 보는데도 이러한데, 제사에 바치는 젓갈은 오죽하겠느냐"고 하면서 과거 태종이 자신에게 제사에는 젓갈을 쓰지 말라고 했다는 이야기까지 꺼냈다. 이 일로 봉상시에 보관된 젓갈에 대한 조사가 이루어졌는데 아니나 다를까 티끌, 풀잎과 같은 것들이 섞여 있었다. 결국 여러 명의 관리가 파면을 당했다.

이 경우와 다르지만 비슷한 일로 죽음까지 당한 경우도 생겼다. 세조 때 이시애의 반란으로 출세길에 오른 어유소(魚有沼)가 궁궐 수비를 맡은 장군으로 숙직하게 되었다.[7] 밥을 먹으려 하는데 반찬 그릇이 매우 더러웠다. 어유소의 성격이 깔끔한 탓이었는지 아니면 자신이 무시당했다고 생각해서였는지는 알 수 없다. 화가 난 그는 요리를 맡은 선부인 선생(膳生)을 잡아오라고 부하들에게 명령했다. 이름으로 보아 선생이란 요리사는 종이었을 것이다. 어유소는 그의 머리를 때리라고 명했고 10여 일 후에 선생은 죽고 말았다.

소식을 들은 사옹원이 그냥 있을 리 없었다. 예종에게 보고가 들어가 조사가 시작되었다. 어유소는 자신의 죄를 인정하였지만 예종이 그를 감싸고 돌아 이 사건은 없었던 일로 끝나고 만다. 죽은 선생이 종이었기에 가능한 일이었지만 그의 입장에선 억울하기 짝이 없는 일이었다.

심지어 음식이 적다고 얻어맞는 일도 있었다. 1563년(명종 18) 4월, 궁궐 안의 우선당(友善堂)에서 징소리가 울려 퍼졌다.[8] 신문고가 없어진 뒤에 생긴 격쟁(擊錚)이었다. 그전에도 김유(金紐)란 사람이 경복궁 근정전 뜰에서 내수사(왕실의 재정을 맡은 기관)가 자신의 노비 40명을 빼앗아갔다고 호소한 적이 있었다. 이때도 명종은 누가, 어떤 사연으로 징을 울렸는지 알아보도록 했다. 징을 울린 사람은 밥을 짓는 반공(飯工) 사랑손(思郞孫)이었다. 이유인즉, 공신의 자식들이 속해 있던 부대인 충의위(忠義衛) 사람이 음식이 적다는 이유로 그를 마구 구타했다는 것이다. 명종은 반공을 때린 충의위 사람을 파직시켰다.

1506년(중종 1)에도 음식 때문에 사건이 있었다. 병조참지(兵曹參知, 정3품) 김수경(金壽卿)이 궁궐에서 고기구이가 익지 않았다고 음식을 맡은 재부(宰夫)에게 화를 낸 것이다.[9] 당시 김수경은 어머니 상을 당해 상중에 있었다. 원래 상중에는 근신하며 고기를 먹지 않는 게 유교 도덕의 관례였다. 그럼에도 불구하고 김수경은 고기 맛까지 탓한 것이다. 김수경은 홍문관의 탄핵대상이 되었다.

그렇다고 요리사가 맞고만 살았던 것은 아니다. 잔치나 제사 등의 일을 잘 끝내면 상을 받을 수도 있었다. 일했던 종들은 역을 면제받거나, 심지어 천인 신분에서 벗어나기도 했다. 예를 들어 인조는 어머니가 돌아가신 후에 궁궐에 영혼을 모시는 혼궁을 차려 제사를 올리고 음식을 봉양하였다. 이후 이 일을 맡았던 사람들은 모두 그 노고를 치하하는 뜻에서 상을 받았다.

맛있는 요리는 모두의 소망

사람들은 맛있는 음식을 좋아한다. 하지만 유교적 가치관에서는 맛있는 음식을 과도하게 추구하는 것은 사치라고 보았다. 그래서 중국에서 부자로 유명했던 채경(蔡京)이 메추라기를 좋아해 하루에 천 마리나 먹었다든가, 제왕(齊王)이 닭발을 하루에 70개나 먹었다는 과장된 이야기에서 교훈을 얻으려 했다.

그래도 잔치라는 것이 원래 먹고 즐기자고 하는 일이고, 음식은 남을지언정 많아야 했다. 비록 그릇이나 잔치에 필요한 용품은 빌린다 해도, 하인들까지 진수성찬으로 차린 음식을 버린다고 『오주연문장전산고』에서는 비판적으로 보고 있다.

그러나 대부분은 요리라는 차원에서 먹는 일이 드물었다. 국왕조 차도 특별한 음식에 탐을 내는 것은 문제가 되었다. 국왕은 성인(聖 人)이 되도록 노력해야 하고, 그러기 위해서는 어떤 욕심도 버려야 하기 때문이다. 물론 연산군처럼 곰고기를 좋아했다던지 하는 경우 도 있지만, 아마도 그래서 그는 '폭군'으로 만들어지기 더 쉬웠을 것 이다.

일반사람들에게도 먹는 일은 즐거운 것이고, 요리사는 떠받들어 지는 존재였다. 요리사가 요리를 잘해야 맛있게 먹을 수 있음은 물 론이다. 정약용은 시에서 이런 면을 말하고 있다.

> 두미는 모든 물고기가 모여드는 곳이라
> 피라미 자가사리 메기 잉어가 다 있기에
> 그물질은 주머니 더듬기와 같아서
> 모난 비늘 큰 주둥이 고기가 가득하구나
> 온 이웃이 떠들썩하게 어부를 불러대니
> 그중 누런 모자 쓴 이를 숙수(熟手)라고 부르네
> 배의 삿대질하는 그를 신처럼 우러르면서
> 양념 갖추고 새로 담근 술 떠오라 재촉하네
>
> —『다산 시문집』권5 천진소요집

그가 두미(경기도 연천 근처)라는 곳에서 지은 시다. 누런 모자를 쓴 숙수는 직업이 요리사는 아니고, 아마도 이곳에서 물고기를 잡아 끓 이는 일을 주로 했을 것이다. 사실 이 시의 제목(4월 20일 절에 올라갔다가

조선의 9급 관원들, 하찮으나 존엄한

22일에 산을 내려와 강촌에서 자고, 23일에는 두미에 배를 띄우고 그물질을 하였으나 고기를 얻지 못해 서운한 마음에서 짓다)을 보면, 그날 물고기는 잡히지 않았다.[10] 그러나 정약용은 평소 모습을 염두에 두고 이 시를 쓴 모양이다.

16세기에 살았던 권필(權韠)은 개구리 요리에 대해 실감 나게 쓰고 있다.

> 옛날부터 너를 요리로 만들면 / 그 맛은 곰발바닥도 비길 수 없네
> 맹자가 어찌 나를 속일까 / 천하 사람의 입맛은 서로 비슷하지
> 이른 아침에 하인을 시켜서 / 수초 속에다 그물질을 해서
> 큰 놈을 잡아서 돌아오니 / 낭자한 모습에 사람들이 놀라고
> 선부(膳夫)가 맵고 짠 양념을 발라 / 손가락 가는 대로 구워내니
> 처음엔 젓가락 대기 꺼림칙하다가 / 목구멍에 넘기면 맛이 끝내주네
> 지켜본 사람들은 내 식탐에 고개 젓고 / 입 가리고 다투어 침을 뱉지
> 누군들 음식을 먹지 않으랴만 / 맛을 제대로 아는 이는 드물지
>
> ―『석주집』권5 식하마

70년대까지 우리 농촌에서는 개구리를 잡아 구워 먹는 일이 많았다. 먹을 것이 많지 않았던 시절의 얘기다. 그러나 조선시대에도 맛은 좋았지만 개구리 먹는 일은 꺼림칙해 보였던 모양이다. 권필은 개구리 맛이 유명한 곰발바닥 요리보다 낫다고 칭찬했지만, 실제 곰발바닥 요리를 먹어보지는 못했을 듯싶다. 그는 요리사에게 개구리를 주고 양념을 발라서 구워오도록 했다.

요리사와 관련된 이야기가 하나 더 있다. 조선시대에 웃자고 남긴 이야기일 것이다. 이것 역시 16세기 때 이야기로 보인다. 심강(沈鋼)이

란 자가 엄서, 심진 등과 함께 강 옆의 정자에서 요즘으로 말하자면 생일잔치를 준비하기 위해 모였다. 이들은 중·하급 관리였다. 그날 모임은 이런저런 얘기를 하는 가운데 해질녘에야 끝났다.

다음날 저녁 강가 모래언덕에 하얀 모시 치마를 입은 여성이 말을 타고 등장했다. 이 여성은 어제 모인 사람들이 잔치하는 곳을 물었다. 잔치에 모인 사람들은 속으로 오늘은 기생들의 노래가 있는, 흥겨운 잔치가 될 것으로 생각했다.

그런데 잠시 후 말을 탄 15명가량의 여성이 이 정자를 향해 오는 것이 아닌가. 모두들 깜짝 놀라서 어쩔 줄 몰라 했다. 심강 등은 자신들이 먹을 막걸리를 팔아서 기생을 불렀는데, 예상보다 많은 기생이 온 것이다. 그래서 기생들이 부를 능력도 안되면서 자신들을 불렀다고, 놀리고 무시할까봐 당황했다. 그중에는 담을 넘어 도망가려는 사람까지 있었는데, 일행들이 억지로 붙잡아 앉혔다.

과연 기생들은 도착하자마자 서로 놀리면서, 그들에게 이렇게 말했다. "숙수청(熟手廳, 음식 만드는 곳)은 어디인가? 술상은 얼마나 차렸어요? 멀리 왔더니 정말 목이 마르네요. 우선 정과(正果, 과일이나 생강, 인삼 등을 꿀에 절인 것) 좀 주세요."

주방에 남아 있는 양식은 겨우 두 되가 될까 말까 했다. 주방을 맡은 여종들에게 이걸로 마른밥을 할 수 있겠냐고 묻자 돌아온 대답은 실망 그 자체였다. 반찬까지 없다는 이야기. 할 수 없이 주인인 엄서가 직접 나섰다. 으슥한 곳에 앉아 절인 밴댕이 10여 마리를 꺼냈다. 자신이 직접 싸리나무를 꺾어서 바가지 위에 밴댕이를 놓고 비늘을 긁었다. 이 장면을 한 기생이 화장실에 가다가 보았고 "생원님이 무슨 일을 그렇게 몸소 하시나요?" 라고 묻자 엄서는 대답도 못하고 부끄러워하다가 잠시 뒤에 달아나 숨어버렸다. 벼슬하는 사람이 부엌일을 부끄러워하던 조선시대의 관습을 그대로 보여주는 사건이다. 그러나 실제로 요리사인 숙수는 모두 남성이었다.

대부분 하층민인 이들은 불만이 없었을까? 17세기 숙종대에 하층민들의 모임이 조정에서까지 문제가 된 적이 있다. 그들은 모임 이름을 살략계(殺掠契), 홍동계(鬨動契), 또는 검계(劍契)라고 불렀다.[12] 말 그대로 양반을 죽이기 위한 모임이었다.

이 무렵 경기도 교하 산골에 사람들이 모여들었다. 아마도 이러한 모임의 일환이었던 모양이다. 그중에 누군가 나서서 앞으로 난리

한강 옆의 정자에서 모임을 가진 것을 기념하기 위해 그린 「한강전음도」이다. 1508년에 그린 이 그림에도 여성들이 등장하고 있다.

가 나면 우리도 양반 아내를 얻을 수 있다고 말했다. 그러자 숙수였던 개천(開川)이란 자가 큰소리로 이를 외치면서 사람들을 선동했다. 그 마을 양반이 이 소문을 듣고 개천을 붙잡아 사사로이 볼기 50대를 때렸다. 이후 개천이 어떤 삶을 살았는지는 알 수 없다. 그러나 적어도 당시 하층민들의 사회적 불만이 적지 않았음을 우리는 요리사 개천의 이야기에서 엿볼 수 있다.

숙수는 조선의 요리사였다. 맛있는 음식을 먹고 싶은 소망은 누구나 가지고 있었지만, 숙수는 이를 위해 힘든 노동을 해야 했다. 부엌일을 천시해서 숙수를 보는 시각 역시 너그럽지 않았다. 그나마 이들은 요리 과정에서 보통 사람보다 좀더 배불리 먹을 기회가 가끔식 있었을 터이다. 이것이 위안이 되었을까? ◉

기생인지 의사인지 모를

의녀(醫女)

의녀를 둘러싼 애정싸움

성종 대에 송평(宋枰)이란 사람이 있었다. 그는 종이를 만드는 조지서(造紙署)의 별제(別提, 종6품)였다.* 어느 날 그에게 무척이나 아끼고 사랑하는 사람이 생겼다. 이름은 알려져 있지 않지만, 그녀의 직업은 의녀(醫女)였다. 여자 의사인 셈이다. 송평은 그녀를 자신의 첩으로 삼았다.

그녀의 부탁 때문이었는지, 송평은 조지서에서 자문지 한 장을 슬쩍했다. 자문지는 중국 외교문서에만 사용되는 최고급 종이다. 그는 여기에다 기름칠을 해서 종이모자를 만들어 그녀에게 선물했다.

---

* 이덕형, 『축창한화』, 이 일의 주인공 송평은 다른 역사기록에서는 확인되지 않는다. 그러나 필자인 이덕형이 송평을 자신이 살던 동네 출신이라고 했던 점으로 볼 때, 위 얘기가 근거 없는 것은 아니라고 본다.

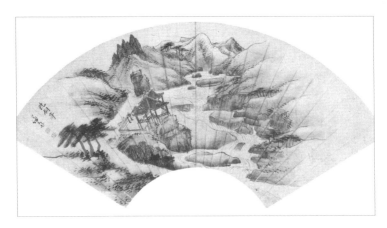

조선후기 정선이 그린 세검정이다. 이 북쪽에 종이 만드는 조지서가 있었다. 세검정에서는
『조선왕조실록』을 편찬한 후에 종이를 빠는 세초식을 했다.

　그런데 감찰을 맡은 사헌부 관리 중 하나가 과거에 이 여성과 같
이 살았었다. 그는 송평이 종이를 빼돌린 사실을 알아채고는 기회라
고 생각하여 이를 트집잡아 송평을 탄핵했다. 송평의 죄목은 장죄(贓
罪), 즉 재물을 빼돌린 횡령죄였다. 아마도 그는 의녀를 둘러싼 애정
싸움에서 패배자였던 듯싶다. 송평은 판결 때까지 감옥에 갇혔다.
감옥 안에서 그는 자신은 죽으면 죽었지 형장(刑杖)을 받지 않겠다고
뻗댔다.

　횡령죄는 무거운 죄다. 조선은 중국 명나라의 형법전인 『대명률』
을 따랐다. 이에 의하면 1관(貫) 이하의 어떤 물건을 훔치면 몽둥이
[杖] 80대였다. 여기서 끝나는 것이 아니다. 조선정부는 횡령자의 이
름을 장부에 기록해서 그 후손까지 벼슬을 하지 못하도록 했다. 즉,
횡령죄로 장부에 오른 이의 후손들은 과거에 급제해도 고위직에 오
르지 못한다.

　　　　　　　　　　　　　　　　조선의 9급 관원들, 하찮으나 존엄한

당연히 송평의 횡령죄와 처벌 이유는 국왕인 성종에게 보고되었다. 그로부터 3년이 지난 어느 날, 성종은 이 일이 기억이 나서 물어보았다. 아마도 성종은 송평이 혼이 났기 때문에 의녀를 버렸을 것이라고 짐작하고 송평을 용서하려고 했던 모양이다. 그런데 송평이 아직도 집에 의녀를 데리고 산다고 했다.

송평은 당시 사람들에게 종이 한 장 때문에 후손에게까지 피해를 준 사람으로 웃음거리가 되었다. 그러나 송평 자신은 사랑을 지켜 행복했을 터이다. 도대체 그는 왜 의녀를 첩으로 삼았을까?

의녀, 되기도 쉽지 않다

어떤 사람들이 의녀가 될 수 있었을까? 이들의 신분은 한마디로 여자종[婢]이었다. 사회에서 하류 인생인 셈이다. 각 관청에는 허드렛일을 하는 공노비가 있었다. 의녀는 이들 중에서 나이가 10~15세 정도 되는 총명한 아이를 뽑았다.

의녀가 필요한 곳은 당연히 의료기관이다. 제생원(濟生院)과 함께 세조대에 만들어진 혜민서(惠民署)가 바로 그런 곳이다. 제생원은 혜민서와 합쳐지기 때문에 세조대 이후부터는 혜민서가 의녀를 맡았을 것이다. 과거에는 관청에서 자체적으로 필요한 교육을 했다. 제생원 역시 마찬가지였다. 의녀는 서울만 필요한 것이 아니기 때문에 지방에도 있어야 했다. 그래서 충청, 경상, 전라도의 여자종 중에서 2명씩 뽑아서, 제생원에 올려 보내 교육을 받도록 했다. 교육이 끝난 후에 이들이 다시 돌아가 의술을 펼치도록 한 것이다.[1] 국가가 의료라는 사회복

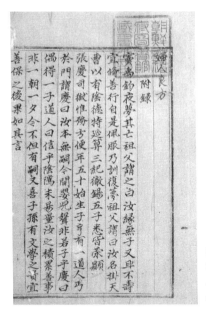

實鳥鈞夜夢其亡祖父誚之曰汝緣無子又畏不壽
宜倚善行曰是佩服乃訓復業祖父謂曰汝名掛天
曹以有陰德持過算三紀徹錫五子卷啓榮顯
張慶司徹惟務方便年五十始生于亨有一道人巧
於門謂慶曰汝本無嗣今聞嬰兒聲非若子平慶曰
偶得一子道人曰信乎陰隲未易量汝之積慶善事
非一朝一夕令不但有嗣文喜子孫有文學之貴宜
善保之後果如其言

중국 송나라 진자명이 지은
『부인양방』이란 의학서로, 요즘
산부인과에 해당하는 병과 치료법을 적은
책이다.

지를 책임진다는 생각이 제생원 같은 기관과 의녀를 만들어냈다. 고려시대까지는 의료의 상당 부분을 승려들이 맡았다.

그런데 의녀가 되는 길은 쉽지 않았다. 일단 교육은 한문을 익히는 것으로부터 출발한다. 한자의 기초인 『천자문』, 유교경전인 『효경』, 그리고 유교적 풍속을 위한 『정속편』(正俗篇) 등을 익혀 문자를 해독할 수 있게 된 연후에 의학서적들을 익혔다.

배우는 것에서 끝나면 좋으련만 얼마나 익혔는지는 시험을 보아야만 알 수 있다. 그래서 예조와 승정원은 의녀들에게 시험을 보게 했다(나중에는 혜민국 책임자가 이를 맡았다). 그것도 매달 보았으니 만만한 일이 아니었다. 매달 잘하는 세 사람은 보고해서 녹봉을 주었다. 반면에 책을 제대로 해석하지 못하는 일이 3번 반복 되면 혜민국의 다모(茶母)가 되었다. 다모는 식사나 차를 만들고 허드렛일을 해야 하기 때문에 무척이나 힘들었다. 그러나 열심히 공부를 해서 3번의 보통 점수를 얻으면 다시 의녀로 돌아올 수 있었다.[2]

그러다가 1478년(성종 9)에 의녀에 대한 자세한 공부 권장법이 마련되었다.[3] 이를 살펴 보면 우선 예문관과 명망 있는 문신 두 사람이 교수를 겸하게 했다. 그리고 의녀를 3등급으로 나누었다. 첫번째는 내의(內醫)라고 하여 두 사람이 되었다. 이들이 치료를 맡았고, 두 번째는 내의 아래로 간병의(看病醫) 20명을 배치했다. 요즘의 간호사 격으로 여겨진다. 내의들이 매달 녹봉을 받는 반면 간병의들은 매달 책을 이해한 점수에 따라 네 명에게만 녹봉이 주어졌다. 마지막은 요즘의 인턴과 같은 초학의(初學醫), 즉 처음 배우는 사람들로 병자를 돌보는 일은 하지 않고 공부만 시켰다.

혜민서 책임자는 매달 상순에 공부한 책을 시험 보고, 중순에 진맥과 진단서 읽기, 하순에 침 꽂는 혈(穴)을 찾는 것을 시험했다. 연말에는 종합시험도 보았다. 만일 계속해서 시험을 제대로 못 보면, 3년째에는 원래 했던 여자종의 일로 돌려보내졌다. 그리고 나이가 40세가 되어서도 한 부분도 제대로 익히지 못하면 역시 복귀해야 했다. 아마도 공부에 목숨을 걸어야 할 상황이었을 것이다. 정부가 의녀의 공부에 신경을 쓴 이유는 단순하다. 사람의 병을 고쳐야 하고, 환자의 목숨이 이들 손에 달렸기 때문이다.

그런데 이들의 공부하는 모습이 당시 사람들에게 보기 좋았나 보다. 공부하는 것 자체가 아니라, 남성적 시각에서 볼 때 그렇다는 뜻이다. 그야말로 꽃다운 나이였기 때문이다. 이와 관련해서 『용재총화』에 이런 얘기가 실려 있다. 송사문(宋斯文)이란 자는 눈이 사팔뜨

기면서 못생기고 행동도 거칠었다고 한다. 그는 과거에 급제하여 외방교수(外方教授)가 되었는데 뒤에 혜민서로 옮겼다.

그는 열심히 의녀들을 가르쳤고, 의녀로 선발된 여자종들은 단정하게 앉아서 글을 배웠다. 그런데 가르치는 송사문의 모습은 "마치 늙은 곰이 꽃수풀 속에 꿇어앉아 있는 것 같다"고 하였다. 사람들이 출근하는 그에게 어디 가냐고 물으면, 송사문은 아침부터 '화류(花柳)'계로 간다고 해서 모두들 웃었다는 것이다.

의녀가 하는 일

의녀는 궁궐에서 일했기에 의학기술이 중요했다. 왕이나 왕비 옆에서 일을 하였기에 더더욱 그러했다. 특히 왕비의 경우는 여성이기 때문에 남자인 의원들이 접근하기 쉽지 않았다. 그래서 약을 지을 때 의녀가 증상을 전하면 의원들이 의논해서 약을 처리했다. 왕비나 후궁이 임신했을 때는 각별히 더 신경을 써야 했다.

왕의 곁에서 일한 의녀도 있었다. 드라마로 잘 알려진 장금(長今)이 대표적 사례다. 그녀는 1515년(중종 10)에 처음 기록에 등장한다.[4] 당시 그녀는 왕비의 간호를 맡았는데, 왕비가 죽자 처벌 대상이 된다. 그러나 중종은 그녀를 비호하여 장형(杖刑, 매맞는 벌)으로 정하고, 매를 맞는 대신에 벌금을 내라고 했다. 관리들에게나 주는 특혜를 베푼 것이다. 이후에도 장금은 중종 옆에서 병을 간호하였다.

그러나 이런 일 이외에도 의녀가 해야 할 일은 많았다. 1528년(중종 23) 진사였던 하억수(河億水)는 부인 몰래 복비(福非)란 여종과 관계를 맺었다가 들통이 났다. 부인 말정(末貞)은 무척 화가 났다. 임신상태였기에 신경이 더 날카로웠던 모양이다. 끔찍한 일이지만 그녀는 자기 종을 시켜 복비를 칼로 찔러 살해하도록 시켰다.[5] 수사기관인 의금부에서 시체를 검시하였기에 문제가 커졌다. 그녀의 죄는 투기죄로 인정되어 장형(杖刑)으로 결정되었다.

앞서 중종은 죽이고 살리는 권한은 자신에게 있다면서 특히 양반가의 부인이 투기로 인해 함부로 종을 죽이는 일에 대해 크게 문제 삼은 적이 있었다. 하억수 부인의 사주로 죽은 종의 경우에는 누군가의 고발이 있었는지 그냥 묻히지 않고 살인 사건이 되었다. 원래 노비를 함부로 죽인 경우에는 몽둥이 60대와 노역형 1년에 처하도록 되어 있었다. 그런데 이 사건은 투기죄로 정했는데, 몽둥이 100대로 집행했던 사례에 따라 형벌의 양이 결정되었는지는 분명치 않다. 분명한 것은 때리는 형벌을 내렸다는 사실이다.

그런데 문제는 그녀가 임신 중이었다는 거였다. 의금부는 의녀를 보내 말정의 진맥을 보게 했다. 임신 8개월째였다. 만약 이대로 장형을 집행하면 새 생명을 잃을 수 있었다. 그래서 정부는 보증인을 세워 석방하고, 아이를 낳은 100일 후에 형을 집행하도록 했다.[6] 이런 경우에 의녀가 필요했다.

또 의녀는 사건수사에도 동원되었다. 공신이면서 우의정까지 지낸 한백륜(韓伯倫)의 아들인 한환(韓懽)은 성격이 난폭했다. 사헌부는 그가 장인인 조지산(趙智山)을 구타했다는 소문을 듣고, 그 집 사람과 이웃 사람들을 불러들여 조사했다. 그런데 조지산 본인은 결단코 아니라며 발뺌을 했다. 사헌부의 조사 결과는 이러했다. 한환이 자기 집을 고친다고 부인에게는 친정집에 가 있으라고 하고서 본인은 첩인 기생집으로 갔다는 것이다.

어느 날 한환은 아내가 있는 곳에 가서 서로 싸웠다. 그는 이웃집에까지 쫓아가 자기 아내의 옷을 찢어 벗겼다고 한다. 그외에도 한환은 장인집에 가서 조지산을 큰소리로 꾸짖었는데, 이때 첩이 장지문을 부수었다. 아울러 다른 날에는 조지산을 때렸다는 것이다. 실제로 장지문이 부서진 것은 확인이 되었다.[7]

조지산을 불러 조사하니 한환이 자기 집에서 딸과 싸웠다고 털어놓았다. 게다가 자신이 이를 말렸더니 한환이 그를 조첨지(趙僉知, 정3품인 첨지중추부사)라고 부르면서 말이 불순했다는 것이다.[8] 장인을 그와 같이 부르는 것은 인륜을 거스르는 언사였다. 조지산은 이후 조정에 자기 딸과 한환의 이혼을 허락해 줄 것을 요청했다. 자신의 딸이 사위에게 맞아 죽을 것 같다는 것이 이유였다.

결국 의녀인 영로(永老) 등이 사실 확인을 위해 조사를 맡았고, 아내 조씨의 몸에 한환에게 맞은 상처가 많이 있다는 것이 확인되었다[9]. 한환은 지방으로 유배를 갔고, 아내 조씨는 이혼할 수 있었다. 당시 양반들의 공식적인 이혼은 국왕의 허락이 필요했다. 조지산은 처음에는 자기 체면과 함께 딸의 이혼을 원하지 않았기에 발뺌을 했을 것이다.

이처럼 의녀는 남성들이 할 수 없는 여성들의 신체를 검사하는 일도 했다. 그리고 의녀는 인간사의 큰일인 혼인에도 관여했다. 이들이 중매를 섰다는 말이 아니다. 조선정부는 일찍부터 중국비단을 쓰는 일을 금지하고 있었다. 쉽게 말하자면 호화혼수품을 단속했다는 뜻이다. 그에 따라 의녀는 신랑측이 신부에게 주는 물건을 검사하기도 했다.[10] 예물을 주는 납채일(納采日)을 정부에 신고하도록 하고, 그날

조선의 9급 관원들, 하찮으나 존엄한

서리와 의녀가 가서 검사를 했다.

문제는 의녀 등이 혼인하는 집과 짜고서 호화혼수를 적발하지 않는 경우였다. 그래서 나중에 이런 일이 적발되면 해당 의녀도 처벌을 받도록 했다.[11]

그외에 의녀들은 양반집 수색에도 동원되었다. 안주인이 살고 있는 곳은 외부 남성들의 출입이 제한되었기 때문이다. 또한 안주인의 사생활이 드러나는 것을 꺼리는 양반들을 배려한 조치였다.[12]

예외적인 경우이지만 의녀가 국왕이 내리는 사약을 들고 간 경우도 있었다. 사형 집행에 참여한 것이다. 중종의 후궁인 경빈 박씨가 그러했다. 그녀는 왕비를 모함한 죄로 일반 서민으로 신분이 강등되어 경상도 상주로 내려가 있던 중 중종이 내린 사약을 받았다. 그래도 한때 빈(嬪)의 자리에 있었기 때문에 시신을 확인하는 일 역시 의녀에게 맡겨졌다.[13]

의녀 장덕은 치과의사인가

1488년(성종 19) 성종은 제주목사에게 지시를 내린다. 잇병을 고치는 의녀 장덕(長德)이 죽고 그 일을 아는 사람이 없으니 이·눈·귀 등의 아픈 곳에서 벌레를 잘 제거하는 사람을 찾아 보고하라는 내용이었다.[14] 아픈 데에는 장사 없다는 말이 여기에 통할 것이다. 도대체 장덕이 누구이기에 성종은 이렇게 먼 제주까지 지시를 했을까?

당시 『청파극담』을 지은 이육(李陸, 1438~98)은 자신의 경험담으로 이를 적고 있다. 그 내용은 이러하다.

자신이 젊었을 때 제주도에 사는 가씨(加氏)란 사람을 본 일이 있는데, 가씨는 양반집의 이빨벌레(齒虫) 잡아내는 일을 하였고 나름 효과가 있었다. 그후에 제주도의 계집종인 장덕이 가씨에게 이 기술을 배웠다. 장덕은 치통이나 코와 눈병이 있으면 대낮에 침으로 핏줄을 찔러 벌레를 잡아내는 방법으로 수없이 벌레를 잡아냈는데 조금씩 병도 나았다. 이렇게 잡아낸 벌레는 꿈틀거리면서 며칠이 가도 죽지 않았다. 사람들이 삥 둘러서서 보았으나 그 까닭을 알지 못하였다.

이후 장덕은 대궐에 들어가 이를 치료하여 효과가 있자 혜민서 의녀가 되었다. 나이 어린 의녀 몇 사람에게 그 기술을 배우도록 했지만 아무도 배우지 못했다. 다만 자신이 데리고 있던 종으로 옥매(玉梅)라는 사람이 심부름을 하다가 기술을 모두 알아서 혜민서에 들어가게 되었다.

그는 옥매의 집이 자신의 집과 이웃이라서 하는 짓을 볼 수 있었는데 정말로 신기한 기술이라고 했다. 이육은 이 기술을 중국에서 본 마술, 즉 침(針)을 삼켜 콧구멍으로 나오게 한다든가, 또는 비둘기를 키워서 불을 사르고 구멍으로 날아가게 하는 일과 같다고 보았다.

그런데 이 얘기는 실록에 실린 것과 차이가 있다.[15] 실록에는 의녀 장덕이 죽은 뒤에 그의 기술이 여자종인 귀금(貴今)에게 전해졌다고 기록되어 있다. 귀금이 옥매와 같은 사람인지는 확인되지 않는다. 실록에 따르면 조선정부는 귀금을 종의 신분에서 면해주고 의녀로 삼았다. 그리고 두 명의 의녀를 붙여 귀금의 기술을 전수받게 했다. 그러나 귀금은 이를 전수하지 않았다. 조정에서 귀금이 기술을 전수하지 않는 이유가 이익을 독점하려는 데 있다고 보았다. 그러나 귀금은 자신

조선의 9급 관원들, 하찮으나 존엄한

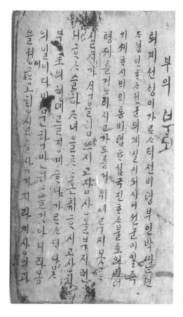

퇴계 이황이 현모양처가 되기 위한
여성의 덕이나 말, 행동 등에 대해 지은
책이다(『규중요람』). 원래 이 책은
한문이었지만 문인 중에서 누군가가 한글로
번역하였다. 당시 여성들이 주로 한글을
이해했기 때문일 것이다.

이 일곱살 때부터 기술을 배워 16세에야 겨우 완성했다면서, 두 명의
의녀가 익히지 못할 뿐이라고 항변했다.

귀금과 조정의 주장 중에서 어느 것이 맞는지는 알 수가 없다. 확
실한 것은 그 시절에 의료 기술이 뛰어난 사람이 드물었다는 것이다.

의녀, 기생이 되다

의녀들은 궁궐 내지 관아에서 생활했기 때문에 주변의 관리들과
접촉할 기회가 그만큼 많았다. 의녀는 조선 시대 최고의 전문기술자
였지만, 이들의 신분이 여자종이라는 점이 문제였다. 의녀들의 복장

은 궁궐의 무수리나 침선비(針線婢, 바느질을 맡은 종), 각 관청의 기녀들과 똑같았다. 이 여성들은 밑머리를 땋아 머리 위에 얹고, 그 위에 가리마를 덮어서 신분을 구별했다. 다만 궁궐에서 일하는 의녀는 가리마에 비단을 쓸 수 있어서, 검은 포를 사용하는 다른 부류와 차이가 있었다.[16]

이들이 기생들과 비슷한 복장을 한 것은 이유가 있었다. 관청의 잔치에 의녀들도 동원되었기 때문이다. 기생들과 똑같이 말이다. 그래서 중종은 관리들이 자기 잔치에 관청에 소속된 기생과 의녀를 동원하면 관리와 기생, 의녀들을 같이 처벌하겠다고 엄포를 놓았다. 이 일은 관의 물건을 개인이 마음대로 사용하는 것으로 이해하면 된다. 이를 위반할 경우 관리는 몽둥이 100대, 기생과 의녀는 중벌에 처한다고 했다.[17]

그러나 의녀와 기생은 같은 취급을 받았기에 이 조치는 별 소용이 없었을 터이다. 이후 사헌부의 보고에 따르면 혜민서에서 의녀를 가르쳐야 할 훈도(訓導) 등이 의녀를 동원해 관청의 나이 어린 관리와 소년 깡패들과 함께 날마다 연회를 벌인다고 했다.[18] 조사 결과 그들은 낮에는 술을 마시며 잔치를 벌이고, 밤에는 잠자리를 같이했다고 해서 파문이 커졌으나[19] 이미 오래전부터 있어왔던 일이다. 특히 연산군의 경우는 의녀가 음악을 하지 못하면 쫓아내라고 했고, 의녀도 얼굴이 예쁜 사람을 들이라고 했다. 의녀가 여성이고 종인 것이 죄였다.

1561년(명종 16)에 벌어진 일이다.[20] 이전부터 양반들은 겨울에 왜달피(倭獺皮, 수달피 가죽)로 만든 귀마개를 이용했다. 당시 초피(貂皮, 족제비 가죽)는 사치스럽다고 금지품목이었고, 쥐 가죽은 희귀하고 여우 가

19세기 풍속화 중에 하나로 잔치 장면을 그렸다. 날씨가 추운 탓인지 사람들이 귀마개를 한 모습이 보인다.

죽은 너무 커서 이용하는 사람이 거의 없었다. 그런데 이제신(李濟臣, 1536~83)이 이때 처음으로 누런 살쾡이 가죽으로 작은 귀마개를 만들어 썼었다. 사람들은 비웃었지만, 귀마개는 따뜻하고 편리했다. 하루는 이제신의 친구가 이 귀마개를 빌려 쓰고 밖에 나갔다가 길거리에서 의기(醫妓)들을 만났다. 이들이 바로 의녀들인데, 기생처럼 여겨져 이렇게 불렀다. 의녀들은 길을 막고 귀마개를 손가락질하면서 조롱했다. 친구는 이제신에게 귀마개를 돌려주면서 "여러 창녀들의 모욕을 당하였는데, 타고 있는 말이 또한 둔해서 길 가는 군중들의 구경거리가 되어 무척 창피했다"고 했다. 살쾡이 가죽 귀마개가 유행하기 전 일이다. 아무튼 16세기에는 이렇게 기생과 의녀의 구분이 모호했다.

오죽했으면 선조는 자신을 진찰할 의녀가 창녀라고 노골적으로 거부했을까? 의녀 전부가 그러하다는 뜻은 아니다. 당시 애종(愛鍾)이란 의녀가 문자를 알고 의술이 뛰어났기에, 약방을 맡은 관리가 선조에게 그녀를 추천했다. 그러나 선조는 그녀에 대한 정보를 어디서 들었는지 대궐 출입을 금지시켰다. 몇 번에 걸친 약방의 청원이 있고서야 선조는 그녀에게 진맥을 허락했다.[21] 그러나 옛날 국왕이나 관리들도 의학에 대한 지식이 많았다. 선조는 애종이 짚은 맥이 틀렸다면서, 아예 궁궐에 출입하는 내의녀(內醫女) 명부에서 삭제하라고 지시했다. 아마도 '창녀'라는 선입견이 작용한 것으로 보인다.

이 시기에 이르면 한양의 보통 사람들 집 잔치에도 의녀가 불려다니는 경우가 많았다. 대개는 관리들이 연줄을 통해 동원했는데, 혜민서 책임자가 의녀들이 잔치에 불려가는 바람에 교육이 제대로 이루어지지 못한다고 토로할 정도였다.[22]

조선의 9급 관원들, 하찮으나 존엄한

그뿐만이 아니다. 앞에서 소개한 송평이 의녀를 첩으로 삼은 데서도 짐작할 수 있듯이 의녀들은 돈 있는 관리들의 첩으로 들어가는 경우가 많았다. 좀 다른 이야기이지만, 성종대 고언겸이란 사람은 젊은 시절 사부학당 중 하나인 서학(西學)에서 공부했다.[22] 당시 학생들은 비단을 모아 기숙사에 보관해 두고 있었다. 아마도 모여서 놀 때 비용으로 쓰려 했을 것이다. 어느 날 고언겸은 비단 여러 필을 훔쳐 품속에 숨기고 기숙사 문을 나섰다. 그는 비단이 옷 밖으로 삐져나온 것을 몰랐다. 다른 동료들이 이를 보고 비웃었지만 말로 지적하지는 않았다. 그의 가까운 친구가 나중에 이를 일러주니까, 고언겸은 관계를 맺고 있는 의녀에게 주려고 훔쳤다고 고백했다. 아마도 그는 가난해서 그러했을 터이다. 경제적 여유가 있는 사람 중에는 의녀를 몰래 자신의 집에 숨겨두었다가 걸리는 경우도 있었다.[24] 의녀가 관청 소속이므로 이 역시 불법이었다.

이렇게 의녀는 시간이 갈수록 기생과 비슷한 처지가 되었다. 여성들의 진료를 담당했던 의녀, 그들은 잔치에 동원되어 얼마나 한숨을 쉬었을까? 아니면 먹고 마시고 노는 재미에 같이 빠져들었을까?

의녀는 그나마 국가가 인정한 유일한 여성 전문직 중의 하나였다. 그러나 사람의 생명을 다루는 직업이 최하 신분 출신이라는 것. 그것이 의녀의 숙명을 결정하는 강한 굴레였던 셈이다. ◉

시간을 제대로 알려라

금루관(禁漏官)

감히 어좌에 가까이 다가서다

1787년(정조 11) 한겨울인 11월 26일. 추운 날씨에도 창경궁 뒤뜰인 춘당대는 아침부터 부산스러웠다. 정조가 곧 이곳에 행차할 예정이었기 때문이다.[1] 군복인 융복(戎服)을 갖추어 입은 정조가 가마를 타고 도착해 미리 마련해 놓은 임금의 자리에 앉았다. 정조 아래에는 이날 시험을 맡은 시험관 이경무 등이 자리를 잡았다.

오늘은 국왕을 지키거나 명령을 전달하는 선전관에게 경전 내용을 물어보는 시험일이다. 먼저 시험관 등이 정조에게 인사를 올리는 의례로 시작했다. 선전관은 무관이다. 그때문인지 여러 사람이 불합격을 당했다.

정조의 화성 행차를 그린 「화성능행도병」 중의 한 부분이다. 장용위 군사들의 활쏘기를 시험하기 위한 장면이다. 여기서는 궁궐과 다르게 백성들이 구경을 위해 주변에 가깝게 모였다.

조선의 9급 관원들, 하찮으나 존엄한

정조는 약간 화가 났다. 선전관은 왕의 명령을 전달해 군사를 움직여야 한다. 군사 방면의 비서인 셈이다. 그런데 이렇게 실력을 기르지 않는다고 생각하니 한심했다. 정조는 이번에 불합격한 사람은 다음달에 평가점수를 중간[中]으로 주고, 다음에 또다시 불합격하면 점수를 아래[下]로 주라고 지시했다.

이때 돌발적인 일이 생겼다. 시간을 알리는 금루관이 정조에게 가까이 다가온 것이다. 그는 춘당대에 나와 있는 정조에게 빨리 시간을 알리려는 급한 마음에 가까이 갔다. 국왕 주변에 있던 호위별감이 그를 막았다. 정조는 더욱 화가 났다. 감히 금루관이 어떻게 국왕의 근처까지 들어왔단 말인가? 정조는 해당 관청의 책임자와 관리를 조사하라고 지시했다.

그날 오후에 병조의 보고가 있었다. 시간을 알리는 주시관(奏時官) 김훈(金壎)과 금루관 이최언(李最彦)을 조사한 내용이다. 김훈은 자신이 어리석고 생소한 탓에 멋모르고 국왕 가까운 곳까지 곧장 들어갔다고 했다. 이최언은 자신이 죽을죄를 지었다고 사죄했다. 김훈은 처벌 대상이 되었고, 이최언은 엄격하게 경고하는 것으로 그쳤다.

그달 4일에도 금루관이 사고를 쳤다.[2] 그날 밤에 초경을 알리는 징을 잘못 친 것이다. 초경은 저녁 7~9시 사이다. 조사 결과 물시계를 맡은 누국(漏局)이 시간을 잘못 전한 것으로 밝혀졌다. 그러자 병조는 동쪽 편을 맡은 경비대장이 이를 바로잡지 못했으니 처벌하자고 건의했다. 더구나 이날은 제사를 올리는 날이었는데 몇 시간 후인 사경(四更, 새벽 2~4시)에도 시간을 잘못 알렸다. 정조는 당시 숙직하면서 잠만 잤던 병조 낭청에게 경위서를 받으라고 했고, 경비대장에게는 곤장을 치라고 지시하였다.

도대체 시간을 알리는 일이 무슨 큰 일이라고 이런 소동이 벌어졌을까? 더구나 정조가 앉은 자리까지 너무 가깝게 다가간 금루관 김훈은 어떤 일을 하였을까?

금루관, 시간을 관리하다

금루관은 시간을 알리는 직업을 가진 사람들이다. 요즘 같은 시계가 없던 시절에 시간을 알려주는 일은 매우 중요했다. 다양한 시계가 있었지만 가장 일반적인 시계는 해시계였다. 해의 그림자를 보고 시간을 알아내는 해시계는 세계 어디에나 있었다. 중국에서는 규표(圭表)를 이용했고, 해시계도 일찍 만들어졌다. 우리나라도 세종대에 해시계인 앙부일구가 만들어졌다. 앙부일구는 계절별로 달라지는 해의 높이에 맞춘 과학적인 시계다. 세종은 누구나 시간을 알기 쉽도록 종로 혜정교 다리 위에 앙부일구를 설치하게 했다.

유명한 앙부일구의 사진이다. 이 시계는 계절별로 달라지는 해의 각도에 따라 시간을 정확하게 읽을 수 있도록 만들어졌다.

그러나 해시계는 날이 흐리거나 비가 올 때, 그리고 밤에는 아무소용이 없다는 문제가 있었다. 해 그림자를 잴 수 없기 때문이다. 그래서 생긴 시계가 물시계다. 물이 떨어지는 양을 재 시간을 아는 것이다. 이 물시계가 바로 금루(禁漏)였다. 금루는 궁궐 안에 있었기에 이렇게 불렀다.

이 금루를 관리하는 사람들이 바로 금루관이다. 원래 시간을 재는 일은 하늘의 해, 달, 별 등의 움직임을 기록하는 서운관(書雲觀)에 속했다. 그럼에도 처음에는 금루방(禁漏房)을 따로 운영하였다.[3] 그만큼 이 일을 중요하게 생각했다는 뜻이다.

물론 서운관은 천문과 시간만을 맡아보았던 것은 아니다. 그외에 풍수지리에 관한 일도 이곳에서 처리했다. 그러다가 세종대에 이르자 각 분야별로 전문화를 시키자는 의견이 등장했다. 이 의견을 받아들여 정원을 정했는데, 금루 쪽이 40명, 천문이 20명, 풍수학은 10명이었다.[4]

금루 분야는 하루 네 번 교대하면서, 낮에는 시간을 알려주고 밤에는 금루 지키는 일을 했다.[5] 한 번 교대에 10명이 일을 한 셈인데 그래서 하는 일에 비해 인원이 많다는 비판이 일었다. 특히 천문을 기록하는 사람들은 해, 달, 별자리 등을 20명이 교대하면서 관측하기 때문에 한 번에 5명이 일을 한 셈인데, 기상관측이 시간을 알리는 것보다 더 힘든데 인원은 더 적다는 것이 비판의 이유였다.

애초에 천문기상 분야에서 금루 담당을 독립시킨 것은 나름의 이유가 있었다. 1425년(세종 7) 정부는 천문의 비밀을 금루관들이 알지 못하게 하려고 이를 분리했다. 그리고 천문 담당관들은 시험을 통해 사람을 뽑지 않고 자신들끼리 은밀히 천문기술을 전하게 했다.[6] 그러다가 예조의 건의로 다시 금루와 천문 분야를 합치게 됐다. 앞서 말했듯이 천문 담당이 중요하지만 인원수는 적고, 금루 쪽은 일에 비해 인원이 많다는 점, 그리고 중국에서도 통합해 운영한다는 점이 다시 합치게 된 이유였다.

시간을 알리는 일이 쉽지는 않았다. 조선정부는 통행금지를 실시했다. 매일 밤 10시경에 종을 28번 쳐 통행금지의 시작을 알리는 인정(人定)을 울리고, 새벽 4시경인 오경삼점(五更三點)에 종을 33번 치는 파루(罷漏)를 울려 통행금지의 해제를 알렸다. 이 통행금지는 하루의 생활리듬이기도 했다. 인정이 울리면 잠이 들고, 파루에 일어나라는 뜻이 있었던 것이다.[7] 물론 도적이나 반란을 방지하려는 목적도 있었다.

그런데 물을 흘려 시간을 재는 누기(漏器)가 잘 맞지 않았다. 혹시 담당자가 밤에 잠이라도 들면 더욱 곤란하였다. 시간을 알리는 일은 단순히 생활에만 관련되는 일이 아니었다. 시간이 틀리면 천문관측에도 이상이 생긴다. 천문의 일을 비밀로 하려 했던 것은 하늘의 뜻이 정치에 반영되어야 한다는 생각에서 비롯한다. 당시엔 하늘의 뜻이 해, 달, 별의 운행에 반영된다고 보았기 때문에, 이를 정확히 기록하고 예측하기 위해 시간 기록은 필수였다. 그런만큼 시간이 틀리면 전제 자체가 아예 틀리는 셈이다.

이러한 세종의 고민은 자격루(自擊漏)로 결실을 맺는다. 자격루는 말 그대로 스스로 종, 북, 징을 쳐주는 누기(漏器)라는 뜻이다.

1434년(세종 16) 자격루가 탄생했다. 자격루가 놓인 곳은 보루각(報漏閣)이란 건물이었는데, 서운관 생도가 번갈아가면서 지켜보도록 했다. 시간을 알리는 체계도 다시 정했다. 경복궁 경회루의 남문과

자격루의 일부다. 자격루는 자동시계라는 점에서 의미가 크지만, 시계의 규모가 매우 컸다. 현재 복원된 시계가 국립고궁박물관에 전시되어 있다.

월화문(月華門)·근정문(勤政門)에 쇠북을 설치했다. 광화문에는 큰 종을 세워서 밤에 자격루의 소리를 듣고 차례로 치도록 했다. 서쪽의 영추문에도 큰 북을 세워서 알려주도록 했다.

자격루가 생기자 금루관의 일이 한결 편해졌다. 누각에 물을 보충하고, 제대로 물이 흘러나오는지 지켜보다가 제시간에 시간을 알려주려고 뛰어가는 일이 줄어든 때문이다. 추운 겨울에는 이 일이 더 고통스러웠을 것이다. 한밤중에 토막잠을 자면서 때로는 꾸벅꾸벅 존다고 고참에게 혼나지는 않았을까?

금루 일을 맡으면 숙직한 횟수가 중요했다. 이를 통해 생도를 관리했던 것이다. 그 때문에 천문과 풍수처럼 근무하는 중간에 시험을 보지 않는 것은 좋았다. 그런데 일이 줄어들자 금루 분야의 관직

조선의 9급 관원들, 하찮으나 존엄한

을 줄이자는 의견이 나왔다. 그래서 천문 30명에 관직자 5명, 풍수학 10명에 1명, 금루 쪽 40명에 4명으로 정했다.[8] 말하자면 금루의 경우에는 40명 중에서 번갈아가면서 4명이 관직을 맡는다는 뜻이다. 게다가 일이 적다고 관직자 중 한 명을 풍수학으로 옮겨버렸다. 그만큼 금루 분야는 비중이 적어지고 있었다.

이러했으니 불평도 나오게 마련이었다. 세조대에는 금루를 맡은 이직번(李直蕃) 등이 이 문제를 건의했다. 이들은 금루를 지키는 일을 밤에는 다섯 사람이 번갈아가면서 한다고 했다. 게다가 제사를 지내는 경우에는 시간을 알리는 일이 따르게 마련이라 일이 더 많아진다고 했다. 그는 금루 일이 풍수학보다 두 배나 힘이 드는데, 관직을 주는 것은 1년에 한 사람만을 준다고 불평을 토로했다.[9] 풍수학의 두 사람에 비해 절반이다. 아마 이때에는 세종대의 세 사람보다 더 줄였던 모양이다. 그래서 금루와 풍수학 모두 똑같이 1년에 두 사람에게 관직을 주는 것으로 바뀌었다.

또한 금루 옆에는 우물이 있는 것이 당연했다. 우물에서 물을 퍼내어 금루의 항아리에 넣어야 하기 때문이다. 그런데 세조 때 이 우물이 임금이 마시는 어정(御井)이 되면서, 금루는 옛날 서연(書筵, 왕세자의 유교 교육 담당) 자리로 옮겼다. 그러자 서연 담당자들과 금루관 사이에 다툼이 일어났다. 장소 사용을 두고 벌어진 일이었을 것이다. 이 문제에 세조가 끼어들었다.[10] 비서실장 격인 도승지는 금루를 다른 곳에 둘 수 없다고 주장했다. 대신 서연은 아침에 수업이 있으니 예문관에 두자고 했다.

그러나 세조의 생각은 달랐다. 그는 예문관에서 국왕의 유교수업인 경연을 한다는 점을 들었다. 자신이 경연에 잘 나가지 않지만, 혹

중종 때 서연관들을 위해 잔치를 베푼 장면을 그렸다. 서연과 경연은 유교통치자들에게 중요한
행사였다. 특히 경연은 단순히 유교 공부만이 아닌 정책의 토론장이기도 했다.

시 가게 되면 서연과 한곳에서 뒤섞이게 된다는 것이다. 결국 비서실인 승정원 사람들은 모두 세조에게 사과해야 했다. 세조다운 생각이었다. 그 자신은 유교 공부도 안 하면서, 자신의 권위와 체면이 손상될 수 있는 여지는 반드시 없애겠다는 의지를 보여주었다.

세조대에 금루관이 속한 관청 이름이 서운관에서 관상감(觀象監)으로 바뀌었다. 이 무렵에는 금루의 일을 맡은 사람들의 지위가 더 떨어진 것으로 보인다. 1466년(세조 12) 금루원 40명을 천문학 방면으로 합쳐버렸다. 그러다 성종대에 들어와 겨우 원위치로 복귀시켰다.[11] 그런데 금루원의 정원이 없다는 점이 문제가 되었다. 당시엔 금루를 맡는 사람을 시험을 보지 않고 뽑았다. 이를 놓치지 않고 군대에 가거나, 군역(軍役) 대신에 베를 내야 하는 일반사람들이 틈을 파고 들어왔다. 자신의 이름을 금루원(禁漏員)에 올리는 것이다. 이런 식으로 많은 사람들이 이곳에 소속되었지만, 정작 일하는 사람은 별로 없었다. 군역을 회피하는 수단으로 전락한 것이다.

결국 금루원의 정원을 30명으로 하고, 시험을 보아 뽑는 것으로 다시 정했지만 금루원들의 지위는 더 이상 올라가지 않았고, 허드렛일을 하는 사람 정도로 생각되었을 것이다.

다만 금루관의 경우에는 조금 다르긴 했다. 아무래도 시간을 알리는 직업이라는 점 때문이다. 15세기 말 법전인 『대전속록』에는 왕릉 등에 제사를 지내기 위해 임금이 교외에 나가는 경우에 대한 규정이 들어 있다. 이 경우 임시로 주시경루(奏時更漏)라는 물시계가 설치된다. 그리고 물시계 주변에는 천막과 싸리나무 횃불을 설치하도록 했다.[12] 밤에 물시계의 물이 얼지 않고, 제대로 지켜볼 수 있도록 한 조치였다. 또한 비가 오거나 얼음이 얼었을 때에는 숯과 땔나무를 대주도록 했다.

그뿐만이 아니다. 금루관이 벽지에서 한밤중에 거센 비바람을 만나 시간을 알리지 못하는 것은 처벌하지 않도록 했다. 더구나 금루관의 집안은 나라에서 요구하는 잡스러운 노동력 징발을 면제하도록 하는 특권도 부여했다.

그러나 시간을 알리는 일은 쉬운 일이 아니었기에 특권을 준 대신 처벌규정도 마련하였다. 실수하면 그만한 처벌이 따랐던 것이다.

시간 알리는 일로 처벌받다

시간을 잘못 알리면 당연히 처벌을 받았다. 선조는 물시계를 잘 관리해서 일정한 시각에 종을 칠 수 있도록 하라고 지시했다.[13] 금루 시계가 어떤 때는 빠르고 어떤 때는 늦어, 시간을 알리는 종소리가 제멋대로 울렸던 것이다. 선조는 이것을 하늘이 돌아가는 것을 장난하는 해괴한 일로 생각했다. 그러나 조사해 보니 금루관이 숙직을 하지 않고, 하인인 사령(使令)을 시켜서 대신한다는 보고가 있었다.

더구나 밤에는 2경(9시~11시)과 5경(새벽 3~5시)에만 시간을 알리는 종을 자주 치고, 그 사이에는 치지 않는다고 했다. 아마도 그 사이 시간엔 제대로 숙직하지 않고 잠을 자거나 했을 것이다. 이 때문에 금루관을 없애려는 생각까지 했으나 결국 그들의 하인을 가두는 정도로 끝냈다.

실제로 금루관이 시간을 잘못 알려 처벌 받은 경우도 있었다.[14] 1577년(선조 10) 4월 11일에 제사가 있었다. 제사는 지내는 시간이 정

조선의 9급 관원들, 하찮으나 존엄한

청에서 도입한 「시헌력」. 역법은 달력을 만드는 방법으로 하늘의 운행을 계산할 수 있어야 한다.

해져 있어, 금루관이 시간을 맞추어 알려주어야 한다. 그날 선조는 시간이 되었다고 해서 자리에 나갔다. 그런데 준비가 제대로 되어 있지 않았다. 시간을 잘못 알려준 것이다. 선조는 자신의 정성이 부족해 신을 욕되게 하였다고 화가 났다. 그 결과 내관과 금루관은 관직을 박탈당하고 죄를 조사받았다. 시간을 잘못 알려준 죄가 그렇게 컸던 것이다.

인조대에도 금루관의 근무태만이 문제가 되었다. 당시 좌승지 정백창은 금루관의 태만함을 지적했다. 정백창은 선조 대에는 시간의 차이가 생기면 엄격한 법률을 적용하였다고 하면서 그 이유로 기상을 관측하고 시간을 받아오는 일을 신중히 했기 때문이라고 했다. 그런데 지금 금루관들은 직무에 게을러서 심지어 날이 막 밝으려는 때 통행금지 해제인 파루를 친다고 한탄했다.[15]

때로는 금루관이 쓰는 누각에 문제가 생기기기도 했다. 광해군 대에 흠경각에 있는 야루(夜漏)의 물 나오는 곳이 막혔다.[16] 그만큼 관리가 부실했다는 뜻이기도 하다. 오물이 섞인 물이 흐르면서 끝부분의 구멍을 막아서 생긴 일이었다. 이 때문에 다른 금루와 시각이 차이가 나는 소동이 있었다.

특히 시간을 재는 기준인 역법(曆法)이 변화하면서 시간 차이가 생기기도 했다. 새로운 역법인 시헌력(時憲曆)이 그것이다. 시헌력은 유럽의 계산 방법을 이용했으며, 당시 청(淸)에서 사용하고 있었다.

1719년(숙종 45) 숙종은 금루의 시간 알리는 일이 제대로 맞지 않는다고 지적했다. 1월 3일 오시(午時)를 알린 지 얼마 되지 않아 북소리가 다시 울린 것이다. 숙종은 금루관을 체포하여 죄를 다스리도록 명령했다.[17] 그런데 담당관의 말을 들어보니 시간이 틀리는 이유는 따로 있었다. 누각 시계의 기준이 시헌력이 아닌 이전의 역법에 맞춰져 있어서 이를 수정했는데, 그래도 틀렸던 것이다. 이 사건은 처벌이 아닌 시헌력을 제대로 익힌 사람에게 상을 주어 격려하는 방법으로 해결하기로 했다.

이렇게 시간을 알리는 직업은 쉬운 일이 아니었다. 자격루가 작동하는 동안은 좀 나았겠지만, 이것이 고장이라도 나면 다시 옆에서 지켜야 했을 것이다. 물론 물을 붓는 일이나 잡스러운 일들을 직접 하지는 않았겠지만 말이다. 시간을 잘못 알리면 처벌받기도 했지만 그래도 이들은 하급직일지언정 엄연한 관리였다. 어쩌면 궁궐에 출입한다는 사실만으로도 자부심을 지녔을지 모를 일이다. 자신보다 못한 일을 하는 궁궐 사람들도 많았을 것이기 때문이다. ◉

조선의 9급 관원들, 하찮으나 존엄한

3부

나랏일에 공을 세워야

강원도 영월 읍내를 보여주는 그림으로 지방 관아의 모습을 볼 수 있다. 가운데 큰 건물이
바로 관풍헌이고, 오른쪽 아래 녹색의 높은 건물이 자유루이다. 단종이 처음 있었던 곳이
관풍헌이고, 자유루에서는 시를 지었다고 해서 유명해진 곳이다. 이런 읍내에 향리와
그 밑의 실무자들이 살았다.

조선왕조는 중앙집권국가였다. 그렇다고 해서 지역사회의 자치성이 전혀 없지는 않다. 지역사회에서 수령을 보좌하는 향리 등은 지방 행정을 위해 꼭 필요했다. 그러나 일을 하려면 향리 외에도 많은 사람들이 필요했다.

예컨대 여진과 국경이 맞닿아 있는 함경도 지역에는 늘 복잡한 사정이 있었다. 우리가 모두 여진족으로 뭉쳐 부르는 이들 부족은 실은 매우 다양했다. 그중에는 조선과 좋은 관계를 유지하려는 부족도 있었지만, 필요에 따라 약탈을 선호하는 부족도 존재했다. 또한 일본과의 전쟁도 몇 년 동안이나 지속되었다. 이때 필요한 사람이 상대의 고급 정보를 빼내오는 간첩이었다.

또 국가의 중요한 역할 중 하나가 민생안정이다. 백성들의 삶을 위협하는 맹수, 사람을 해치는 이런 맹수를 잡아야 했다. 그래서 호랑이 전문사냥꾼을 길렀다. 착호갑사로 불렸던 이들이다.

그외에 교통수단인 말을 기르는 목자, 소금을 만드는 염간, 물길을 따라 오가는 조운선을 운행하고 때로는 해군으로 나서야 했던 조졸 등 지역을 기반으로 하는 직업이 있었다. 이들은 공무원도 아니면서 나라에서 필요로 하는 생산품을 만들어야 했다. 한번 하면 대를 이어 계속해야 하는 피곤한, 고정된 직업이었던 셈이다.

이들 삶 속의 애환은 무엇이었을까?

호랑이를 잡아라

착호갑사(捉虎甲士)

호환을 없애다

숙종대의 일이다. 호남지방에 신령스러운 호랑이가 나타나 날마다 수백명을 다치게 하니, 다친 사람이 만여 명에 이르렀다. 전라도 사람들은 두려움에 떨었다. 조정은 감영의 포수를 내려보냈지만 끝내 붙잡지 못했다.

마침내 조정은 이우(李堣)를 특별히 전라도 관찰사에 임명하여 호랑이를 잡으라고 하였다. 이우 일행이 산모퉁이에 있는 주막집에 이르렀을 때였다. 가마에 타고 있던 이우가 뒤따라오던 심부름꾼 한 사람을 옆구리에 끼고 갑자기 내려앉는 게 아닌가. 일행들이 이를 보고 모두 말에서 내려 가보았지만 아무도 그 까닭을 알지 못하였다.

영문을 몰라 어리둥절해하는 일행들을 돌아보며 이우가 혀를 차며 말했다.

"내 심부름꾼을 잃을 뻔했구나. 내가 가마에서 내다보니 그 호랑

유명한 「맹호도」로,
호랑이 모습이 생생하게
표현되어 있다. 호랑이는
옛날부터 두려운
존재였다.

이가 심부름꾼을 잡아가려해서 내가 그렇게 한 것이다."

전라도 감영에 도착한 사흘 뒤에, 이우는 전 감영에 명령을 내렸다.

"오늘 밤에는 횃불을 켜지 말고, 각 청에서는 서로 왕래하지 말 것이며 시끄럽게 잡담을 하지 마라."

초경(오후 7~9시)이 되자 이우는 홑저고리에 탕건 차림으로 선화당에 나와 의자에 앉았다. 얼마 뒤 갑자기 허공에 휙 지나가는 그림자

　　　　　　　　조선의 9급 관원들, 하찮으나 존엄한

가 있었다. 이에 이우도 몸을 날려 선화당 아래로 내려갔다. 공중에는 단지 이리저리 움직이는 그림자뿐이었다. 잠시 후 마당에 무엇이 떨어지는 소리가 들렸는데, 시커먼 것이 홀연 번쩍하더니 땅에 엎드리는 것이었다. 이우가 의자에 앉아 조용히 타일렀다.

> "네가 우리나라에서 상해를 입힌 것은 다 그간의 운수니라. 네가 이미 이렇게 되었는데 여기 오래 있으면 내게도 너를 처치할 방도가 있느니라. 너는 지금 빨리 바다를 건너는 것이 좋을 게야. 네가 떠나겠다면 머리를 들어서 조아리거라."

그러자 호랑이는 머리는 조아리고 꼬리를 흔들더니 순식간에 자취도 없이 사라져버렸다. 그 뒤로 전라도에서는 호환이 다시 없게 되었다.

『계서야담』과 『기문총화』에 실려 있는 이야기다. 두 책의 이야기는 약간의 차이는 있지만 스토리는 거의 유사하다. 이것은 분명히 부풀려진 이야기다. 특히 주인공 이우는 다른 기록에서는 확인되지 않는다.* 분명한 것은 이런 이야기가 전해질 정도로 호랑이의 피해가 심했다는 사실이다. 그리고 호랑이를 잡기 위한 노력도 그만큼 컸다. 이 이야기의 배경이 조선후기이기 때문에 포수가 등장하지만, 원래는 호랑이 전문 사냥꾼이 있었다. 이들이 착호갑사다.

---

* 이우(李堣, 1469~1517)는 연산군과 중종대에 활약했던 인물로 보기도 하지만(김동욱, 『국역 기문총화』, 아세아문화사 1999, 411쪽), 숙종대와 연대상으로 맞지 않는다. 후기에 동명이인인 이우(李堣, 1697~1767)가 있지만, 그는 1723년(경종 3) 생원(生員)이 되었기 때문에 역시 시대적으로 다른 인물이다.

가짜 착호갑사 사건

한반도에는 일찍부터 호랑이가 살았다. 호랑이는 신령스러운 동물로 여겨졌지만, 사람들에게 해를 끼칠 수 있는 맹수다. 실록에도 호랑이가 나타나 피해를 입혔다는 기록이 꽤 많이 등장한다. 실록에 의하면 1392년(태조 1)부터 1863년(철종 14)까지 호랑이는 937회 나타났으며, 피해를 입은 사람은 총 3,989명으로 집계되고 있다.[1] 이 집계는 정확하게 숫자를 셀 수 있는 경우만을 합산했을 것이다. 기록에 올리지 않거나 모호한 숫자로 말해진 것까지 감안하면 호랑이 피해는 이보다 훨씬 컸을 것이다. 물론 야담에서 말하는 전라도에서 1만 명의 피해는 과장된 것이겠지만.

호랑이를 사냥하는 모습을 그린 「격호도」이다. 활과 창을 든 무사들의 협력작업과 용기가 필요한 대목이다.

조선의 9급 관원들, 하찮으나 존엄한

1402년(태종 2) 충청, 경상, 전라도로 파견갔던 관리는 호랑이 피해를 이렇게 보고하고 있다.

"경상도에 호랑이가 많아서 지난해 겨울부터 금년 봄까지 호랑이에게 죽은 사람이 거의 100명입니다. 연해지역은 피해가 더욱 많아 사람들이 길을 갈 수 없으니, 하물며 밭을 갈고 김을 맬 수 있겠습니까?"

—『태종실록』권3, 태종 2년 5월 을유

화가 난 태종은 삼도의 관찰사들에게 이후부터 한 사람이라도 피해를 입으면 죄를 묻겠다고 호령했지만, 무언가 대책이 필요한 상황이었다. 심지어 호랑이는 경복궁 근정전 뜰에까지 나타나고 있었다.[2] 호랑이를 잡는 전문 사냥꾼이 필요했다.

1416년(태종 16) 호랑이 전문 사냥꾼 착호갑사가 처음으로 기록에 등장한다.[3] 주인기(朱仁奇)와 공계손(孔繼孫) 등이 그들이다. 그런데 이들은 사기꾼이었다. 이들은 경상도 감영에 도착해 자신들이 착호갑사라며, 호랑이를 잡아야 하니 군인들과 말을 내달라고 했다. 그렇다고 이들이 말을 가지고 도망친 것은 아니다. 실제로 이들은 경상도 성주에서 호랑이를 잡았다.

그런데 이들이 가짜 착호갑사라는 게 문제였다. 조정에서는 난리가 났다. 경상도 관찰사와 서리들이 이 일로 파면되었다. 가짜 착호갑사인 주인기 등이 병조의 문서를 위조해 가지고 갔던 모양이다. 그런데 관찰사 등이 문서를 자세히 보지 않은 것이다. 주인기 등도 의금부에 체포되어 몽둥이 100대를 맞았다.

좋은 일을 했는데도 왜 처벌을 받았을까? 군사를 동원하는 일은 잘못하면 반란으로 이어질 소지가 있었다. 그래서 군대 동원은 병조의 발병부(發兵符)가 있어야만 가능했다. 관찰사는 이를 소홀히 한 것이다.

그런데 관찰사가 속은 것도 나름의 이유가 있었다. 앞서 보았듯이 정부에서는 호랑이의 피해가 있으면 관찰사에게 죄를 묻겠다고 했다. 게다가 지방에는 이때까지 호랑이를 전문으로 잡던 착호갑사가 없었다. 관찰사의 입장에서는 서울에서부터 호랑이 전문 사냥꾼이 왔으니 마다할 이유가 없었다.

그렇다면 주인기 등은 왜 착호갑사라고 사기를 쳤을까? 그들은 실제 호랑이 사냥을 한 경험이 있었을지 모른다. 경상도 성주에서 실제 호랑이 사냥을 했으니까 말이다. 아마도 그들은 착호갑사라는 직업을 갖고 싶어했던 것 같다. 이를 통해 상을 받고 출세를 할 수 있는 길이 있었기 때문이다.

어떻게 착호갑사가 될 수 있을까?

원래 착호갑사는 갑사라는 중앙의 직업군인의 한 종류였다. 갑사는 서양의 기사와 비슷한 존재였는데, 무예가 있는 이들 중에서 호랑이를 잡기 위한 군인을 따로 뽑았다. 그들이 바로 착호갑사였다. 처음엔 정원 40명이 20명씩 교대로 근무를 하다가 『경국대전』에는 정원이 440명으로 늘어난다. 전체 갑사는 14,800명이었다.[4]

착호갑사는 그냥 되는 것이 아니었다. 무예 실력 이상으로 호랑이를 잡을 수 있는 담력과 용기가 필요했다. 1425년(세종 7) 병조는 지금

『북새선은도권』에 그려진 함경도 길주에서 본 무과시험 장면이다. 무과 시험은 무경(武經, 병법에 대한 글이나 책) 이외 다양한 무예를 시험 보았다.

까지 활을 잘 쏘는 사람을 착호갑사로 배속한 것을 문제 삼았다.[5] 용감하지 않으면 무예는 사냥에 아무런 도움이 되지 않았기 때문이다. 그래서 착호갑사는 호랑이 사냥을 하는 중에 먼저 활을 쏘거나 창을 던진 사람으로 보충하게 하였다. 원래 호랑이 사냥은 착호갑사만 동원되는 것이 아니었기에 의미가 있었다.

중앙의 착호갑사는 무조건 뽑는 것이 아니고, 자원해서 먼저 호랑이와 표범을 잡게 했다. 그리고 누가 먼저 창이나 활을 쏘아 호랑이를 맞추었는지, 잡은 숫자는 얼마인지를 기록하였다. 병조는 이 보고서를 보고 인원을 보충해야 할 경우에 성적순으로 임명하도록 했다.[6] 그야말로 능력에 따른 채용이었다.

결국에는 무과의 5가지 시험 중에서 한 가지에 합격한 사람이나 먼저 화살이나 창질을 하여 호랑이 2마리를 잡은 사람을 뽑도록 법으로 정했다.[7] 5가지 시험은 ① 180보에서 화살 하나 이상 적중, ② 말 타고 쏘아 2발 이상 적중, ③ 말타고 창 던져 하나 이상 적중, ④ 달리기, ⑤ 양손에 50근씩 들고 100보(步) 가기이다. 먼저 화살이나 창을 던질 수 있는 용감성을 시험하는 것이다.

착호갑사가 되면 국왕이 강무(講武, 사냥을 통한 군사연습)를 할 때 어가 행렬의 가운데와 바로 앞에서 수행할 수 있었다.[8] 영광스러운 일이 었다. 반면에 지방의 착호갑사는 중앙과 좀 다르게 뽑았다. 아무래도 호랑이 사냥은 힘도 들고 목숨을 걸어야 하는 일이다보니 지원자가 많지 않았던 모양이다. 그래서 절도사가 군인과 향리, 역리(驛吏), 노비 중에서 자원자를 우선 받았고, 없을 경우에는 힘과 체격이 좋은 사람을 골랐다.

운이 나쁘면 사냥 중에 호랑이에게 물려 죽을 수도 있었다. 1466년(세조 12)에 그런 일이 있었다.[9] 세조는 군사들을 거느리고 서울 서쪽에 있는 의묘(懿墓, 성종의 아버지 의경세자의 무덤) 남쪽 산에서 호랑이를 포위했다. 이때 겸사복(兼司僕, 금군의 한 부대) 태호시내(太好時乃)가 달려가 호랑이를 활로 쏘려던 찰나, 호랑이가 말다리에 상처를 입혔다. 죽을 뻔한 것이다.

그때 갑사인 박타내(朴他乃)가 창을 들고 호랑이를 찔렀다. 그런데 잘못 찌르는 바람에 오히려 호랑이에게 물리고 말았다. 결국 박타내는 다음날 죽음의 길을 가야 했다. 세조는 부의를 내리고 아들에게 벼슬을 주라고 했다. 박타내에게 좀 위로가 되었을까?

위험한 일에는 포상이 따른다. 원래 고려왕조가 멸망하기 직전인

창으로 호랑이를 찌르려고
하고 있다. 착호갑사의
목숨이 왔다갔다하는
순간이다(「호렵도팔곡병풍」 부분).

1390년에 정해진 바가 있었다. 이때의 규정은 이러했다.

> 잡은 범 다섯 마리 중에서 모두 먼저 활쏘고 창 던진 사람은 1등으로
> 하여 품계를 올리고, 먼저 활쏘고 창 던진 것이 세 마리, 두 번째 쏘
> 고, 두 번째 창질을 한 것이 두 마리인 사람은 2등으로 하여 차례를 건
> 너뛰어 올리고, 먼저 활쏘고 창 던진 경우가 한두 마리, 두 번째 활과
> 창 던지기 한 것이 서너 마리인 사람은 3등으로 해서 벼슬을 더한다.
>
> ─『성종실록』권16, 성종 3년 3월 병진

1472년(성종 3)엔 이 규정에 더하여 세 번째까지 활을 쏘거나 창으로 찌른 사람도 상을 주도록 했다. 세종 때 정해진 군사적 공로를 포상하는 법에 따르면 1등은 3계급, 2등은 2계급, 3등은 1계급을 뛰어넘어 등용하도록 하였다.[10] 그만큼 출세할 기회가 주어졌던 일이다. 목숨이 때로 위태롭다는 점이 문제였지만.

호랑이 가죽을 얻어라

호랑이 사냥은 단지 맹수를 없애는 것뿐 아니라 그 이상으로 필요한 일이었다. 조선초기에는 기우제에 호랑이 머리를 사용했다. 세종은 중국에서 기우제를 지낼 때 호랑이 머리를 용이 사는 연못에 담근다는 점에 의문을 가지고 있었다.[11] 그렇지만 그의 시대에도 가뭄으로 인해 양화진(양화대교 근처), 박연폭포 등에 호랑이 머리를 넣는 일이 있었다.[12] 지푸라기라도 잡고 싶어하는 사람들의 마음을 위로하기 위해서였을 것이다.

또한 호랑이 가죽을 얻기 위해 사냥을 하기도 했다. 호랑이 가죽은 지방 수령이 나라에 바쳐야 할 중요한 품목이었기 때문이다. 물론 명목은 호랑이를 잡기 위한 것이었지만 어느 사이엔가 호랑이 가죽은 수령들의 이익 수단이 되었다. 수령들은 사냥한 호랑이 가죽을 개인적으로 선물하고, 백성들에게는 그 값을 받아냈다. 16세기경 수령들은 산에서 잡은 것을 모두 자기가 갖고, 가죽 공물은 시중에서 사서 바쳤다. 당시 호랑이 가죽 한 장의 납품가격은 쌀로 30여 석, 면포로 350~400필이었다.[13] 정부가 받은 호랑이 가죽은 명이나 일본

조선의 9급 관원들, 하찮으나 존엄한

강세황이 그린 개경의 박연폭포로 고려시대부터 신령스러운 힘이 있다고 믿어졌다. 이 박연폭포에 기우제를 지낼 때, 호랑이가 머리를 넣었다.

에 보내졌다. 명은 매년 32장의 호랑이 가죽을 받았다. 일본의 경우는 호랑이가 살지 않았기에 수요가 많았다.

호랑이를 잡는 방법은 두 가지였다. 첫 번째는 '타위(打圍)'라는 방식이었다. 타위란 말 그대로 나팔, 북, 징 등으로 소리를 내어 짐승을 포위해 잡는 것을 말한다. 몰이꾼들이 소리를 내서 사냥감을 포획할 사람들이 있는 곳으로 몰아가는 사냥 방법이다. 이때 창과 활뿐만 아니라 호랑이를 잡는 그물을 이용하기도 했다. 그물은 호랑이가 사람을 공격하지 못하게 만들 뿐만 아니라, 부족한 몰이꾼을 대신할수 있었다. 또한 몰이를 하는 곳이 험한 지형일 때는 몰이꾼의 안전을 도와주는 역할도 했다. 무엇보다 그물로 잡을 경우에는 창과 화살에 의한 상처가 없어 온전한 호랑이 가죽을 얻을 수 있었다.

두 번째 호랑이 잡는 법은 함정과 궁노(弓弩)였다. 함정은 말 그대로 호랑이가 다니는 길목에 함정을 설치하는 방법인데, 좀 잔인하지만 미끼로 개를 이용했다. 이때도 포상을 했다. 호랑이 한 마리는 상으로 면포 3필이나 근무점수 20점 내지 1년간 세금을 면제해 주었다. 작은 호랑이나 표범은 그보다 적게 포상했다. 이것은 관가에서 설치한 포획틀의 경우이고, 개인이 설치한 것은 3년간 세금을 면제해 주거나 차등해서 상을 주었다.[14] 그렇다보니 호랑이가 많은 곳에는 포상을 노리는 민간 사냥꾼들이 늘어나게 마련이었다. 또 조선정부도 민간이 함정을 설치하는 것을 권장했다.

궁노는 쇠뇌를 이용한 사냥 방법이었다. 원래는 쇠뇌를 설치하고 미끼를 달아 잡는 방법이었다. 그런데 전라도 창평의 호랑이 사냥꾼인 노적(老積)은 단신으로 범의 발자국을 쫓아가 쇠뇌를 쏘아서 잡았다. 이런 전문 사냥꾼은 일반백성들을 몰이꾼으로 동원할 필요가 없다는 점에서 나라에서 그 효과를 인정받았다. 점차 국가의 착호갑사보다는 전문 사냥꾼의 시대로 가고 있었던 것이다.

사냥은 하루에 끝나지 않는 경우도 있었다. 사림의 영수 김종직은 지방관으로 있을 당시 10월 18일에 호랑이 사냥을 했다. 그런데 호랑이가 화살을 3대나 맞고도 도망을 갔다. 날이 저물자 김종직은 사졸들에게 호랑이가 도망친 산을 포위하여 지키도록 했다. 그때 쓴 시가 이러했다.[15]

> 람람히 노리는 남림(南林)의 호랑이가 / 마을들 사이에서 고기를 찾는다고
> 밤마다 제멋대로 날뛰어 다니고 / 낮이면 덤불 속에서 잠을 자네

조선의 9급 관원들, 하찮으나 존엄한

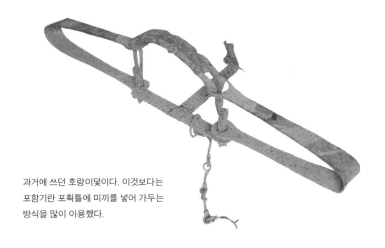

과거에 쓰던 호랑이덫이다. 이것보다는
포함기란 포획틀에 미끼를 넣어 가두는
방식을 많이 이용했다.

내 그 말 듣고 소매 떨쳐 일어나 / 그 호랑이 무늬를 찢어버리려고
마침내 부하 사졸들을 시켜 / 어둑한 언덕 떠들썩하게 고각을 울리고
석양에 빽빽한 숲을 사격하니 / 놀라워라 백우전에 붉은 피 흥건하네
다시 횃불로 어둔 곳 포위했는데 / 하늘이 흉하고 간악한 놈을 보호
했는지
닭이 울자 있던 곳을 잃었느니 / 돌이켜보니 걱정이 산처럼 무겁네
유학을 익힌 장수는 옛날부터 드물어 / 결국 철수하여 돌아가노라

— 김종직, 『점필재집』 권12

　사냥의 장면을 잘 보여주는 시다. 그렇게 밤새도록 횃불 켜고 지켰
는데 호랑이는 포위망을 뚫고 유유히 도망갔다. 호랑이를 잡아서 민
폐를 없애려는 지방관의 안타까운 마음 역시 잘 드러나 있다.

「상대계첩」(1633~34년)은 사헌부 감찰 관원들의 계모임을 기념해 그렸다. 가운데 앉은 주인공이 의자에 호랑이 가죽을 깔고 앉아있다. 호랑이 가죽은 이런 용도로 쓰여졌다.

호랑이 사냥 때문에 문제가 생기는 경우도 있었다. 1475년(성종 6) 충청도 절도사인 김서형(金瑞衡)은 군대의 진(陣)을 연습한다는 핑계로 많은 사람들을 데리고 사냥을 했다. 그러면서 이들이 먹고 마시는 비용을 주변 고을에 요청했다. 당연히 민폐가 되었다. 심지어 청주에서는 호랑이 사냥을 하면서 청안현감(淸安縣監)이 제대로 몰지 못해 호랑이가 빠져나갔다고 화를 냈다. 화만 낸 것이 아니라 수령

조선의 9급 관원들, 하찮으나 존엄한

인 현감의 목에 칼을 씌웠다. 칼을 씌우는 것은 중죄인(重罪人)에게만 해당하는 일이다.[16] 이런 일로 수령을 처벌하지는 않는다.

김서형이 저지른 더 큰 사고는 충청도 서산에서 사냥을 하면서 금산(禁山)에 불을 놓은 것이다. 금산은 풍수 차원에서, 또 나라에 필요한 재목을 기르기 위해 벌목을 금지한 곳이다. 운이 좋았다면 슬쩍 넘어갈 수도 있는 문제였는데 하필 개심사(開心寺)까지 불이 번져버렸다.[17] 개심사는 요즘 아름다운 절로 유명해진 곳이다. 그는 원래 몽둥이 100대와 도형(노역형) 3년에 처해져야 했는데, 성종이 봐주어 직위해제의 처벌로 끝났다.

호랑이 사냥이 계속되면서 새로운 문제가 대두되었다. 호랑이의 수가 점차 줄어들었던 것이다. 특히 개간으로 인해 농토가 늘어갈수록 호랑이의 숫자는 줄어만 갔다. 그에 따라 호랑이 가죽의 가격이 점점 치솟았고, 여진으로부터 밀수까지 감행하는 사람들도 생겨났다. 15세기 말에 면포 30여 필 했던 호랑이 가죽의 가격은 80여 필이 되었고, 16세기 중엽에는 400여 필에 이르게 되었다. 이제 착호갑사는 거의 필요 없어지고 전문 사냥꾼만이 남게 되는 시대로 바뀌게 된 것이다.

착호갑사는 호랑이의 피해를 줄이기 위해 만든 직업군인이었다. 그래서 착호갑사가 되기 위해서는 무예만이 아닌 담력과 용기가 필수였다. 때로 목숨이 위태로운 이 직업은 누구나 원하는 것은 아니었다. 그래도 착호갑사가 되는 것은 일반 백성 중에서 신분을 조금이라도 올릴 수 있는 길이었다. ◉

목숨을 걸고 뛴다

간첩(間諜)

적의 진영에서 공작하라

1624년(인조 2) 1월, 평안도에 파견된 이괄(李适)이 반란을 일으켰다. 조선정부는 발칵 뒤집어졌다. 부랴부랴 반란에 동조한 세력이 어느 정도인가를 파악한 뒤 토벌군을 모았다. 총사령관은 도원수 장만(張晩). 그는 자신의 참모인 김기종(金起宗)을 불렀다.[1] 김기종은 작년에 도원수 장만이 평양에 부임해왔을 때 같이 왔다. 장만은 김기종이 평안도 영변 지역의 지휘관들과 논의를 해보았을 것이니, 앞으로 누가 정부군 편에 설 수 있는지를 물었다.

김기종은 지휘관 세 사람이 그럴 것 같다고 대답했다. 장만은 그들에게 계책을 주면 역적 진영 안에서 협조할 것이라고 보았다. 그러면 어떻게 해야 할까? 방법은 간첩을 보내는 것이었다. 그렇다면 누가 적임자인지 고민해야 했다.

때마침 별장이던 박진영(朴震英)이 병졸 한 명을 잡아왔다.

"이놈은 바로 역적 이괄의 중군으로 있는 이윤서(李胤緖)의 종으로, 이름은 효생(孝生)입니다. 만약 계책을 쓰시려면 이 자가 가장 적임자입니다."

김기종은 효생을 조용한 방으로 데려가 술과 고기를 먹이고 이렇게 약속했다.

"네가 만약 돌아가 이 편지 한 장을 주인인 중군에게 전달해서, 그가 군사를 거느리고 의리에 항복해 오면 마땅히 너에게 천금의 상을 주겠다. 그리고 임금께 아뢰어 중군에게 계급을 따지지 않고 벼슬을 내리도록 하겠다."

김기종은 여러 사람의 이름을 적고, 현재의 상황에서 역적이 되는 길과 충성을 다 하는 길, 그리고 이익과 손해에 대해 자세히 따져 적은 편지를 써서 효생에게 주었다. 효생은 이 편지를 옷 안에 넣어 꿰매 입었다. 김기종은 서둘러 효생을 데리고 도원수 장만을 만나러 갔다. 장만은 효생에게 무명베 50필을 주려고 했다. 그러나 효생은 한사코 사양하며 받지 않았다.

"우리 주인이 현재 적의 진중에 있으니 죽지 않았으면 포로가 되었을 것입니다. 이는 병졸로 부끄러운 일입니다. 마땅히 만번 죽음을 무릅쓰고 적진에 들어가서 이 편지를 우리 주인에게 전달해서 살 길을 찾도록 해야 합니다. 이것으로 돈벌이를 한다는 것은 차마 못할 일입니다."

「평양감사향연도」의 부분으로, 평양성의 모습을 이해할 수 있다.

이때 이괄의 부대는 이미 자산(慈山)에 도착해 있었다. 효생은 부리나케 자산으로 가서 그 편지를 주인인 이윤서에게 전달했다. 이윤서 등은 이보다 앞서서 탈출할 모의를 해오던 터였다. 그는 편지를 보고 비밀리에 부하 지휘관들과 약속을 하고 한밤중에 대포를 쏘아서 진을 해산했다. 뜻밖의 상황에 이괄의 부대가 매우 놀라 동요하였음은 말할 나위 없다. 이들은 부하들을 데리고 적진을 탈출했다.

이후 이윤서는 역적에게 무릎을 꿇은 것을 수치로 여겨 여러 날 동안 먹지도 않다가 끝내 자결했다. 그가 평양에 데리고 온 부하들

조선의 9급 관원들, 하찮으나 존엄한

이 6백 명이었다. 그러나 첫날 탈출한 전체 인원은 3천 명이나 되었다. 이괄의 부대에 타격이 되고도 남을 인원이었다. 이것이 바로 간첩, 즉 스파이의 역할 중 하나다. 인류가 국가를 만든 이래 간첩은 늘 있어왔다. 조선시대에 이들은 어떤 존재였을까?

간첩은 임금의 보배다

조선후기 실학자 이익은 『정탐(偵探)』이란 글에서 이렇게 말하였다. [2]

> "병법(兵法)에는 '나를 알고 상대를 알면 백 번 싸워서 백 번 이긴다' 하였다. 그러나 자기 힘을 아는 것도 어려운데, 하물며 상대의 힘을 아는 것이랴? 늘 상대하는 백성조차도 거짓과 간사한 짓을 숨기고 있는데, 비밀히 조사하지 않으면 어찌 다 알 수 있겠는가?"
>
> —『성호사설』권10 인사문

이렇게 그는 간첩과 정보 수집의 필요성을 강조하였다. 계속해서 그는 "일을 도모하는 데는 간첩보다 더 가까이할 것이 없고, 상을 주는 것도 간첩보다 더 후하게 할 것이 없다"는 『손자병법』의 말을 인용하면서 벼슬과 돈을 아껴서 적의 실정을 탐지하지 않는 것이 오히려 어질지 못한 일이라고 했다.

그가 역사적 사례로 꼽은 것은 임경업(林慶業)이었다. 병자호란 당시 임경업은 평안도 의주를 지키고 있었다. 그는 적의 동정을 탐지하여 출동하는 날짜까지 알게 되었다. 그러나 조정에서는 이를 몰랐다.

당시 청(淸)에 사신이 갈 때에 임경업은, "여기서 얼마쯤 가면 대병(大兵)을 만나게 될 것이다. 그들이 묻거든 너는 '의주 성 안에는 지금 10만 명의 군사가 진을 치고 군량도 산더미처럼 쌓아놓았다'고 하라"고 부탁했다. 이후 임경업은 흰 베로 온 성을 둘러싸서 마치 분첩(粉堞, 석회를 바른 성가퀴)처럼 만들었다. 얼마 후에 청의 대병력이 지나갔으나 침범하지 않았다. 그때 의주만이 적에게 함몰당하지 않은 것은 이런 반간술(反間術)을 썼기 때문이라고, 이익은 주장했다. 원래 반간술이란 적의 간첩을 역으로 이용하는 방법이다. 여기서는 조선 사신을 이용했기 때문에, 역정보를 흘리는 것을 뜻한다.

이 이야기가 어디까지 사실인지는 정확치 않다. 그러나 1636년(인조 14) 임경업이 정찰하는 사람들에게 상으로 금군(禁軍) 등과 같은 중앙

임경업 장군은 후일 의주를 지킨 탓에
전설의 주인공이 되었다.

조선의 9급 관원들, 하찮으나 존엄한

근위부대의 벼슬을 내려주기를 중앙에 요청했다는 기록이 남아 있다.[3] 이로 미루어보아 최소한 임경업이 간첩활동을 중시했던 것은 분명해 보인다.

6개월 후에 조선정부는 통역관 두 사람을 만주의 심양으로 파견했다. 간첩을 보내 여진 내부의 분열을 일으켜야 한다는 순찰지휘관의 건의에 따른 것이었다.[4] 이 또한 임경업의 이야기와 같은 맥락에서 이루어진 활동이다. 그럼에도 불구하고 이해 12월에 병자호란이 일어났다.

원래 성호 이익이 제기한 문제는 조선후기 정보수집체계에 대한 것이었다. 사신으로 나간 사람들이 재물을 아껴 정보수집을 제대로 못하거나 사기꾼에게 속는다는 것이다. 그는 자신이 들었던 이야기를 이렇게 전했다. 어느 민씨(閔氏) 재상이 북경에서 중국인 주씨(朱氏)를 만났다는 것이다. 그런데 주씨는 자신이 명나라의 후예라고 하면서 청에 대한 정보를 주겠다고 하였다. 이에 재상은 노자를 털어서 대접을 잘했다. 이후 재상은 청에 가는 사신에게 편지와 물건들을 보냈는데, 알고보니 그는 사기꾼이었다는 것이다.

또다른 사례로 든 것은 변방에 경계령이 내려졌을 때의 일이다. 조선사람이 여진 쪽 사람에게 정보를 알아오면 쌀 7석을 준다고 약속했다. 그러나 정보를 얻고 나자 쌀 2석을 덜 주려 했다. 상대방은 웃으면서 다음부터는 정탐을 못할 것이라고 말했다. 소탐대실의 전형인 셈이다.

성호 이익은 이런 일을 비판했다. 그러나 이런 문제는 오래전부터 있어왔다. 임경업의 경우도 정찰했던 간첩들에게 포상을 내려줄 것을 중앙에 요구했지만, 인조는 처음에 이를 거절했다.

앞서 1491년(성종 22)에도 비슷한 상황이 있었다. 평안도의 군사지휘관인 이극균은 여진 문제와 관련해 병력증원 이외에 간첩의 중요성을 역설하면서 김주성가(金主成可)의 공로를 포상해야 한다고 보고했다.[5] 김주성가는 온하위(溫下衛)라는 여진 부락 출신이다. 그는 조선측에 자주 여진의 동향에 대해 알려주었다. 그러나 조선정부는 그런 김주성가의 공로에 대해 포상을 하지 않았다. 이후 이극균의 보고를 받고 정부는 목면 10여 필을 주도록 하였다. 그런데 이 일이 잘 이루어지지 않았던 모양이다.

이극균은 다음달에 중앙정부에 다시 포상을 요구했다. 그는 이렇게 말한다.

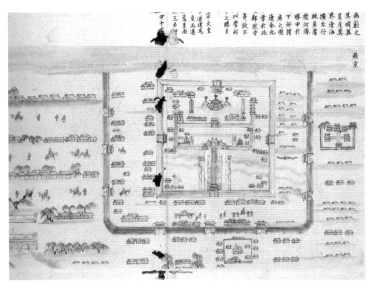

조선후기 인조대에 사신을 중국에 파견했을 때 그린 「항해조천도」 중에 북경의 모습이다. 이후 사신을 가는 경우에 대비해서 그림을 그렸다. 간첩행위는 아니지만, 지역정보라는 점은 분명하다.

조선의 9급 관원들, 하찮으나 존엄한

적의 사정(事情)은 귀신에게서 찾아낼 수 없고 일에서 본보기로 할 수도 없습니다. 반드시 사람에게서 찾아야만 알 수 있습니다. 적 사정을 모르는 사람은 남의 장수가 될 수 없습니다. 또한 군주의 보좌(補佐)도 될 수가 없으며, 이기는 장수가 될 수 없습니다. 간첩이란 것은 신기한 기율(紀律)이니 군주의 보배인 것입니다.

—『성종실록』권254, 성종 22년 6월 기유

간첩은 바로 군주의 보배라는 것이다. 따라서 군대 일에서는 간첩이 중요하고, 포상 역시 후하게 해야 한다고 주장했다. 그의 주장은 『손자병법』을 인용한 것이다. 『손자병법』에 등장하는 간첩의 종류는 모두 5가지다. '인간(因間)' '내간(內間)' '반간(反間)' '사간(死間)' '생간(生間)'이 그것이다. 이를 모두 활용하여 적이 눈치채지 못하게 하면 그것이 바로 신기한 기율이고 군주의 보배라고 보았다.

첫째, 인간(因間)은 적의 주민을 활용하는 것이다. 두 번째 내간(內間)은 적의 관리를 매수하여 이용하는 것이다. 세 번째 반간(反間)은 적의 간첩 등을 역이용하는 것이다. 네 번째 사간(死間)은 우리 첩자에게 거짓정보를 주어 적에게 이를 제공하는 것을 말한다. 마지막으로 생간(生間)은 적을 정탐한 후에 살아 돌아와 적정을 보고하는 것이다.

그러나 조선정부는 간첩보다 척후활동 쪽에 비중을 두었다.[6] 정부 역시 간첩의 중요성에는 동감하지만, 사람을 가리지 않으면 반대로 군사기밀이 누설될 것을 두려워하였기 때문이다.

앞서 말한 김주성가의 경우에도 조선정부는 계속해서 그의 말을 의심했다. 그래서 김주성가의 귀순 역시 의심의 대상이 되었다. 김주성가가 평안도로 오는 곧바른 길을 택하려 한다는 것이 의심의 실마리가 되었다. 김주성가는 자신이 늙어 험한 길로 오기 어렵다는 뜻을 조선정부에 전했으나 조선정부는 그가 평안도의 길을 정탐하려는 것이 아닌가 의심했던 것이다. 결국 정부는 김주성가가 혼자 온다는 것을 알고 허락하기로 결정했다.[7] 나중에 정부는 그의 공로를 나름대로 인정하여 고위 품계인 당상관을 주기로 하였다.[8] 정보의 가치가 얼마나 큰 것인가를 보여준 일이다. 하지만 상대방의 간첩이 되는 경우는 어떠했을까?

적의 간첩이 되다

조선왕조의 설계자 정도전은 전라도 나주 출신의 호장(戶長) 정침(鄭沉)의 사례를 말한다. 정침은 1371년(공민왕 20) 제주로 가는 길에 왜적과 만났다. 그는 배에 탄 사람들이 항복하자는 걸 물리치고, 왜적을 향해 활을 쏘았다. 그러나 혼자서 왜적을 막아내기엔 역부족이었다. 화살이 떨어져 왜적이 배에 올라오자 그는 스스로 물에 빠져 죽었다.

정도전이 이 얘기를 쓴 이유는 간단하다. 당시 왜구가 극성을 부려, 많은 양반집 남녀들이 포로가 되었다. 그런데 이들은 지배층이면서도 목숨을 부지하기 위해 왜적의 노예 노릇을 즐겁게 여기고 사양하지 않았다. 심지어 일부는 조국을 배신하는 간첩 노릇을 하여 왜구에게 길을 인도하기도 했다. 정도전은 정침과 이들의 행위를 비교해 도덕적 교훈을 주려 했다.[9] 그들이 목숨 때문에 그렇게 되었다는 것을 아쉬워하면서 말이다.

역시 간첩의 활동은 전쟁 중에 제일 활발하다. 임진왜란 당시 왜군의 간첩 노릇을 한 성여해(成汝諧)도 그런 경우였다. 임진왜란이 벌어지자 경기감사였던 심대(沈岱)는 선조의 명령에 따라 호남지역으로 내려가 군대를 모아 한양으로 향했다. 그러나 왜군이 한양을 점령하자, 그는 삭녕군(경기도 연천)에 주둔했다. 이후 그는 한양 백성들을 불러모아 힘을 합쳐서 왜군을 공격할 계획을 세웠다. 이때 불러온 사람 중에 성여해가 있었다. 성여해는 왜군의 간첩으로 심대의 계획을 적에게 알려주었다. 결국 심대의 부대는 전멸하게 되었다.* 이후에도 성여해는 명나라 군대의 움직임까지 왜군에게 알려주었다.[10]

임진왜란 당시 한 관리는 당시 사정을 이렇게 보고할 정도였다.

> "도성 백성만이 간첩의 일을 할 뿐 아니라, 남쪽 사람들도 왜적이 원수임을 알지 못하고 개인적으로 서로 왕래하면서 마치 이웃처럼 지내는 자가 있습니다. 향리들도 한 달에 반은 관가에서 일하고 반은 왜적에게서 일을 합니다. 이들은 세금을 독촉하고 공사에 동원하는 것을 왜적에게도 제공하고 있습니다. 이렇게 서로 내통함에 거리낄 것이 뭐가 있겠습니까?"
>
> —『선조실록 권』권 83, 선조 29년 12월 계미

그는 왜군 점령지의 사정이 심각하다고 토로했다. 지방 행정력이

• 『정조실록』 권32, 정조 15년 5월 신축. 그런데 임진왜란 당시 기록은 이와 약간의 차이가 있다. 심대가 경기도 철원을 공격하려고 했는데, 왜적이 갑자기 밤에 습격하여 전멸하게 되었다는 것이다. 아울러 사신(史臣)의 평은 심대가 재략이 없고 성품이 오활했다고 하였다(『선조실록』 권31, 선조 25년 10월 을묘). 두 기록을 놓고 보면, 정조대의 기록이 당시 사실과 부합되지 않는 면이 있다. 그 이유는 심대의 사당에 대한 논의이기 때문이다. 그래도 왜군 간첩의 활약은 사실일 것이다. 왜적이 밤에 기습한 것은 조선군 주둔지에 대한 정보가 있었기에 가능한 일이었다.

왜군을 위해 쓰이고 있고, 이때 향리와 같이 관아에서 일하는 자들조차 그들의 간첩이 될 수 있다고 했다. 심지어 중앙정부의 군사기밀까지 지켜지지 않고 있었다. 1596년(선조 29) 사헌부는 군사계획이 새어나갔다고 보고한다.[11] 사헌부 관리는 자기들도 듣지 못한 군사계획이 시장 바닥에 파다하게 퍼져 있다고 했다.

사헌부는 그 원인을 주변에 간첩이 포진한 것에서 찾았다. 책임은 비변사와 승정원으로 돌아갔다. 왜냐하면 군사계획 논의에 참석한 사람들만이 알 수 있는 비밀이었기 때문이다. 그래서 비변사의 비밀을 맡은 낭청을 체포하고, 그밖의 다른 관리들은 파면되었다.

때로는 왜군의 간첩이 체포되는 경우도 있었다. 체포된 간첩을 심문하자, 재미있는 사실을 털어놓았다.[12] 1598년(선조 31) 명과 조선군은 울산성을 공략해 들어갔다. 그곳에는 왜의 가토 기요마사(加藤淸正)가 있다고 알려져 있었다. 많은 인원을 동원해 공략했지만, 왜군의 저항은 만만치 않았다. 결국 연합군은 10여 일을 공략하다가 왜군을 구원하러 온 선단을 목격하고 경주로 철수하였다.

그런데 잡힌 간첩은 당시 구원병이 진짜 왜군이 아니라고 했다. 구원병은 '고려인(高麗人)' 즉 조선사람 수천 명이 왜군 수백 명과 협동하여 깃발을 세우고 기세를 올렸다는 것이다. 당시 배에 있던 왜군의 경우도 큰 배의 경우는 왜군이 5~6명이고, 나머지는 모두 조선인이라는 주장이었다. 그의 주장은 당시 사람들에게 충격을 주기에 충분했다.

당시 조선사람만이 왜군의 간첩 노릇을 했던 것은 아니다. 1598년(선조 31) 선조는 명으로 떠나는 형군문(邢軍門, 명나라 장수 형개邢玠)을 전송하기 위해 홍제원(弘濟院)에 거둥하였다.[13] 그 자리에서 형군문은 가토 기요마사가 포로가 된 명나라 사람들을 꾀어서 자신의 표첩(票帖,

임진왜란 당시 일본의 지휘관 중에 하나인
가토 기요마사의 초상화이다.

증명서)을 위조해 조선을 정탐시키고 있는 사실을 아느냐고 물었다.
그래서 형군문은 그 방지책으로 백성들에게 허리에 나무로 된 팻말
을 차도록 해야 한다고 했다. 팻말은 신분 증명서인데, 이를 통해 간
첩 여부를 확인하겠다는 뜻이다. 특히 간첩들은 도성 안팎에서 정보
수집뿐만 아니라 창고, 무기고 등에 불을 지르는 일까지 하기 때문
에 각별히 신경써 줄 것을 선조에게 당부했다.

　물론 명나라 사람들도 왜군에 간첩을 보냈다. 선조가 지금의 동작
동에서 명군의 진법 연습을 지켜볼 때였다.[14] 지휘관의 명령에 따라
북소리와 함께 명의 깃발이 일제히 올라간 순간, 왜군 수십 명이 갑
자기 선조 앞에 등장했다. 난데없는 상황에 크게 놀란 선조가 이들
에 대해 묻자 명나라 지휘관은 왜군으로 꾸미고 기밀을 탐색하는 일
을 하는 간첩들이라고 했다.

　전쟁 시기였기에 모든 나라가 간첩을 활용했다. 그렇다면 거꾸로
간첩은 어떻게 막아야 했을까?

간첩을 막아라

간첩을 식별하는 일은 쉬운 일이 아니다. 1970년대의 초등학생들은 북한 간첩 식별법을 외어야 했다. 새벽에 산에서 내려온다든가, 담배값이나 버스 요금을 모르는 사람은 일단 간첩으로 의심하고 신고하도록 교육받았다. 당시에는 등산 인구가 많지 않았기에 등산복 차림도 간첩으로 의심될 수 있었다. 이렇게 간첩을 구별하는 일은 의심으로부터 출발한다.

임진왜란 당시 이순신 장군은 경상도 진주가 위급하다는 소식을 들었다.[15] 당장 구원할 형편이 안 된 이순신은 우선 전투의 형세를 알아보기로 했다. 성 안에 소식을 전할 필요도 있었다. 문제는 적의 포위망을 뚫고 소식을 전할 사람을 찾아야 한다는 데 있었다. 다행히 지원자가 한 사람 있었다. 그러나 그는 적의 포위를 뚫고 들어가지 못하고 다시 돌아왔다. 아마도 그는 잡힐까봐 두려웠을 것이다.

이때 진무성(陳武晟)이란 장교가 나섰다. 그는 며칠 동안 험한 길을 걸어서 진주성에 접근했다. 왜군의 옷으로 갈아입은 그는 풀숲에 숨어서 적의 암호를 알아내 무사히 진주성까지 갈 수 있었다. 진주성 옆 남강은 헤엄쳐 건넜다. 그는 성을 지키던 조선군을 불렀다. 그러나 조선군은 진무성이 왜군의 간첩이 아닌가 의심했다. 진무성은 품속에 간직하고 있던 공문서를 내보이고, 간신히 줄을 타고 올라갈 수 있었다.

임진왜란 당시 영의정이던 유성룡은 간첩을 구별하기 위해 허리에 신분증명서를 차고 다닐 것을 제안했다.[16] 앞서 명의 형군문이 강력하게 실시를 요구했던 사안이다. 허리에 차는 요패(腰牌)라는 신분증

조선의 9급 관원들, 하찮으나 존엄한

경상도 진주 지역의 성동일 일가가 받은 호패 꾸러미로, 호패 주인의 이름, 발급연도와 기관 등이 기록되어 있다.

명서는 안쪽에 이름과 생긴 모습을 새기고, 겉에는 주소와 하는 일을 표시했다. 이 요패는 과거의 신분증명서인 호패보다 더 자세한 사항을 적도록 한 것이다.

전시에 군대는 많은 물건을 필요로 했고 이를 대주는 사람들이 장사꾼이다. 조선정부는 이들이 간첩 노릇을 할 수 있으니 군대 내에 장사치들의 출입을 막자고 제안했다. 하지만 이것이 잘 지켜졌는지는 의문이다. 또한 적들이 출입하는 곳에는 따로 지휘관을 보내서 감시하도록 하였다.

이러한 노력에도 불구하고 왜측의 간첩이 많이 활약했던 것은 사실이다. 1598년(선조 31) 명나라군에서 조선에 통보를 보내왔다. 자신들은 계속 간첩을 잡고 있는데 조선은 한 명도 잡지 못하고 있다는 불평이었다.[17] 확인을 해보니, 복건성 출신의 명나라 사람이 조선을 정탐하다 발각된 것이었다. 왜군의 포로가 되었다가 간첩으로 나서게 된 그는 가짜 신분증까지 지참하고 있었다. 더욱 충격적인 사실은 간첩들이 한양 주변까지 자유롭게 오가고 있다는 것이었다. 이후 조선정부는 지방의 역(驛)을 관할하는 찰방을 파견해, 길을 오가는 사람들 중 특이한 사람들을 사찰하도록 했다. 한양의 경우는 간첩을 구별할 수 있는 사람을 뽑아서 성문을 지키게 했다. 또한 포도군관을 이전보다 많이 뽑아서 순찰을 돌리는 방법을 택했다.[18]

그러나 이런 일은 포상이 뒤따르지 않으면 제대로 실행이 안 되는 법. 이 점을 잘 알고 있던 조선정부는 간첩 1명을 적발하면 적 2명을 목 베어 죽인 것과 같다고 포상 규정을 정했다. 물론 적발하지 못한 사람은 오히려 군법으로 처리한다고 했다. 군법은 일반법보다 엄해서 어지간하면 사형이다.

이렇게 간첩문제는 국방에 있어서 계속 정부 관계자들을 괴롭히는 사안이었다. 물론 임진왜란이 끝난 이후에도 일본의 동정을 살피기 위한 간첩의 필요성이 논의되기도 했다. 그러나 이를 운용할 정보기관이 따로 만들어지지는 않았다. 전쟁과 같은 큰 사태가 벌어져야지만 간첩문제가 다시 대두될 뿐이었다.

조선시대에 간첩은 결코 군주의 보배가 아니었던 것이다. 반드시 필요하다는 주장이 있었지만 조선이라는 나라는 간첩을 쓰는 것을 별로 좋아하지 않았다. 외국과의 관계를 최소화하는 것이 조선이란 나라가 걸어가려 한 방향이었기 때문이다. ◉

말을 바쳐라

목자(牧子)

수령을 고소하다

1415년(문종 1) 1월, 문종은 대신들과 머리를 맞대고 심각한 얼굴로 논의를 하고 있었다. 한 백성이 두 명의 수령을 고발해 온 것이다. 그의 이름은 강석(姜石), 직업은 목자(牧子), 즉 말 기르는 일을 했다.

사건의 발단은 양수(楊隋)가 강화도의 수령이 되었을 때로 거슬러 올라간다. 양수의 아들이 사복시(司僕寺)에 말을 바쳤다. 사복시는 말을 관리하는 곳이다. 얼마 뒤 그는 아버지가 수령으로 있는 강화도의 목장을 찾아가 말을 기르는 목자들의 두목을 만났다. 그는 자신이 목자들을 대신하여 말을 바쳤으니 말 값을 내라고 했다. 대신 납부하는 대납(代納)인 셈이다. 그런데 그 가격이 터무니없었다. 목자들은 기가 막혔다.

강화도에서 말을 기르기 시작한 것은 조선왕조가 건립되고 20여 년이 흐른 1413년(태종 13)부터이다.[1] 이때 조선정부는 강화도 길상산

江華府全圖
東西四十里南北九十里單周一百七十里

19세기 강화도의 전체 모습을 그린 지도다. 육지 사이의 염하가 좁아 보인다. 원래 강화도는 두
개의 섬이었지만, 고려시대 이래 개간으로 하나가 되었다.

에 말 100여 필을 풀어놓았다. 그리고 사복시의 요청에 따라 목자
2명을 두어 관리하게 했다. 그러나 1년 반 뒤에 강화도에 새로 목장
을 만들었다.[2] 둘레가 약 2킬로미터가 넘는 거대한 목장이었다. 바다

조선의 9급 관원들, 하찮으나 존엄한

건너 제주에만 목장을 두면 급한 경우에 말을 사용할 수 없다는 것이 그 이유였다. 게다가 강화도는 땅이 기름지고 풀이 풍부하다는 장점이 있었다. 이보다 앞서 정부는 제주도의 말을 황해도에 있는 용매도로 보내 제주 이외의 지역에서도 말 사육이 가능한지 시험을 해보았다. 용매도는 돌과 자갈이 많았지만 말은 제주도보다 우수하다는 결과가 나왔다.

결과를 보고받은 태종은 강화도에 대대적인 목장 건설을 결심하게 되었고, 강화부사에게 목장의 관리 책임을 맡겼다.[3] 이후 목장의 규모는 점점 더 커졌다. 강화도의 길상산 이외에도 2군데, 그리고 주변 섬 2군데를 합쳐 모두 5곳의 말목장이 생겨났다.

규모가 커진 만큼 말의 숫자도 늘어나 1200여 필에 달했다. 목자 1명당 암말 5필, 수말 1필씩을 기르도록 했으니, 계산해 보면 목자가 200명을 넘었을 성싶다.

이쯤 되면 강화부사 양수와 같이 제 잇속을 챙기려고 농간 부리는 자들이 나오게 마련이다. 양수는 자기 아들에게 말을 대신 바치게 하고, 목자들에게 그 값으로 터무니없는 돈을 받아냈다. 그 다음으로 수령이 된 김경(金俓)은 사복시에 말 값을 바치고, 자기 마음대로 목장에서 망아지를 가져갔다.

그러자 목자인 강석은 두 수령이 목장의 말을 도둑질했다고 정부에 고발하고 나선 것이다. 정부는 이 사건을 어떻게 처리했을까? 의금부는 양수와 김경을 잡아와 조사했다. 수령이 목장의 망아지를 바꾸어갈 수 없다는 것은 법으로 정해진 일이다. 두 사람의 죄는 각기 몽둥이 100대와 80대에 해당했다.

하지만 고소한 강석 역시 무사하지는 못했다. 그 역시 법을 위반

했기 때문이다. 그는 수령을 고소할 수 없다는 법을 위반한 것이다. 이 법은 1420년(세종 2)에 처음 정해졌다.* 억울해 보이지만 엄연히 법이 존재하는 이상 처벌은 피할 수 없었다. 수령을 고소한 죄는 몽둥이 100대와 유배 3천리에 처하도록 정해져 있었다. 그런데 강석의 경우는 현재 수령의 일이 아니기 때문에 수령을 고소한 죄에 해당되는지가 문제가 되었다. 논의 끝에 강석은 무고죄로 몽둥이 100대를 맞았다.

그럼 고발된 두 수령은 어떻게 되었을까? 당시 사면령이 있기 전에 벌어진 일이었다는 점을 감안해, 두 사람에게는 죄를 묻지 않았다.

처벌받은 목자, 강석만 억울할 뿐이다. 그렇다면 어떤 사람들이 목자 일을 했을까?

목자로 말을 키우다

목자는 말 그대로 말이나 소를 키우는 사람이다. 요즘 말로 목동(牧童)과 같으나 나라의 말을 주로 관리한다는 점에서 차이가 있다. 목자라고 특별한 사람을 뽑은 것은 아니다. 대개는 양민 내지 관청에서 일하는 노비들이 이 일을 맡았다. 조선후기 숙종대의 기록에 따르면, 목자는 강원도를 제외하고 전국적으로 총 5178명에 이르렀다.[4]

---

* 임용한, 『조선전기 수령제와 지방통치』, 혜안 2002, 317~319쪽. 이 법은 조선왕조 이후 수령 파견이 늘면서 수령에게 전면적인 통치를 맡기려는 의도에서 나왔다.

조영석이 그린 말발굽을 달고 있는
그림이다.

아무래도 말을 기르는 일에는 기술이 필요하지 않았을까 한다. 말
이 예민한 동물이기 때문이다. 지금도 경마장에는 말발굽을 다는 마
제사(馬蹄師)가 있다. 그들의 말에 의하면, 말은 쇠로 된 말발굽이 조
금만 닳아도 달리지 않는다고 한다. 또한 말을 사육하고 번식시키는
일도 쉽지는 않았다. 이렇게 기술은 전수받아야 알 수 있다. 그래서
인지 이들은 대대로 목자인 경우가 많았다.

문제는 목자가 되면 죽을 때까지 그 일을 해야 한다는 거였다. 원
래는 목자도 다른 일들처럼 16세에 일을 맡았다가 60세가 되면 면하
도록 했으나[5] 실제로는 지켜지지 않았고, 한번 목자로 정해지면 대물
림이 되었다. 게다가 자손까지 천하게 여겼기 때문에, 태종대에 강화
도 목장에서는 40여 가구나 도망을 갔다.[6] 그래서 목자들을 감독하

는 감목관(監牧官)을 두었다. 그러나 관리대상인 목자들의 명단이 없었다. 따로 역이 없는 백성 중에 목자가 된 사람만 '목마군(木馬軍)'이라고 하여 명단을 만든 다음 호적처럼 3년에 한번씩 고치도록 했다.

한편 오늘날 인천공항이 있는 영종도에는 목자에 얽힌 다음과 같은 이야기가 전해 온다.[7] 고려말 익령군(翼靈君) 왕기(王琦)는 고려왕조가 망할 것을 알았다. 왕실사람인 그는 이름을 고친 다음 가족을 데리고 자연도(紫燕島, 영종도의 옛 이름)로 도망을 쳐 신분을 숨기고 살았다. 그래서 왕기 일가는 고려가 망한 뒤에 죽는 일은 면할 수 있었다. 당시 조선왕조는 왕씨 일가를 모아 강화도 앞 바다에 수장시켰기 때문이다. 이후 그 자손들은 목자가 되었다고 한다.

그런데 왕기가 살던 집 3칸은 엄하게 봉쇄되어 사람들이 그 안을 보지 못했다. 집 안에는 책과 그릇이 보관되어 있다는 소문만 전할 뿐 아무도 들어가 본 사람이 없었다. 어느 날 한 관리가 유람하다가 자연도에 들렀다. 섬을 한바퀴 돌아보던 관리가 그 집 문을 열려고 하자 여러 명의 목자들이 달려와 애걸을 했다. 그들은 "이것을 열면 자손들이 갑자기 죽는 재앙이 있을 것이라서 3백 년 동안이나 감히 열지 못했다"고 했다. 결국 그 관리는 목자들을 불쌍히 여겨 문 여는 것을 그만두었다는 이야기다.

왕가에서 목자로 떨어진 신분, 그럴듯한 전설이 아닌가? 천시받았던 목자들의 보상심리가 빚어낸 전설일 수도 있겠지만 그만큼 강화도 주변 섬들에는 목장이 많았다.

원래 말은 일상 생활뿐만 아니라 국방에 필수품이었다. 그러나 가격이 만만치 않았다. 어떤 사람이 경강(京江, 마포)에 살았다.[8] 그의 집값은 400냥이었고 호남의 두 농장에서는 해마다 100석의 추수를 보

조선의 9급 관원들, 하찮으나 존엄한

내왔다. 이 정도면 상당한 중산층 수준이다.

그런데 불행이 찾아왔다. 3년 동안 계속해서 농장에서 보낸 수확물이 운반 도중에 바다에 빠져 버린 것이다. 부부는 두 농장을 팔았는데, 갑자기 부인마저 죽고 말았다. 장례비용은 집을 팔아 마련했다.

남편은 말을 좋아했다. 그는 장례비용에서 남았던 20냥을 주고 제주산 말을 샀다. 1년을 키우자 말은 탈 수 있을 만큼 건장해졌다. 누가 100금을 주고 사겠다고 했지만 남편은 팔지 않았다. 남편은 이 말을 친구에게 맡겼고, 친구는 더욱 살찌게 키웠다. 남편인 말주인이 말을 찾아 떠날 때 친구가 노잣돈 20냥을 주었다. 말주인은 종 하나를 딸려보내려는 친구의 호의를 거절했다. 폐를 끼치고 싶지 않아서였다. 그리고 노잣돈은 종이로 주머니를 만들어 말에 걸었다.

말 주인이 나루터에 도착했을 때, 건널 수단은 배 한 척뿐이었다. 여름 장마로 강물이 불어 있어 말을 타고 건널 수는 없었다. 배에는 이미 돼지 두 마리와 돼지장수가 타고 있었다. 말 주인은 배가 건너편에 갔다 오면 타려 했다. 그러나 뱃사공은 물이 불어서 다시 못 온다고 했다. 말주인이 난감해하자 돼지 장수가 자기 돼지들은 매우 유순하다고 말한다. 그리고 적삼을 벗어 돼지를 감싸 말을 보지 못하게 하면 염려가 없을 것이라고 덧붙였다.

말 주인은 이를 믿고 배에 올랐다. 하지만 노 젓는 소리가 삐걱거리고 배가 돌기 시작하자 돼지들이 놀라 꽥꽥 소리를 질러댔다. 덩달아 말도 놀라서 날뛰다가 물에 빠지고 말았다. 사람들이 놀랐지만 말 주인은 말이 건장하기 때문에 강을 건널 것이라고 믿었다. 물살을 헤치며 강가에 도착한 말은 언덕으로 오르기 시작했다. 그러나 턱이 너무 높아서 여러 차례 오르려다 실패했다. 그러다가 말은 종

나룻배가 강을 건너고 있다. 배에는 남성, 여성이 같이 탔다. 또 사람들 사이에는 짐을 실은 나귀나 노새가 같이 서있다(이형록 그림, 19세기).

이 주머니에 발이 걸려 미끄러져 다시 강에 빠지고 말았다. 찢어진 종이 사이로 쏟아져 나온 돈은 물에 빠져 버렸다. 말을 너무 사랑했던 사람의 불행한 이야기다. 그러나 말을 키우는 것이 얼마나 부가가치를 높이는 일인지도 알 수 있다.

　말은 국방 등에 꼭 필요했기에 조선정부는 말 기르기에 신경쓰지 않을 수 없었다. 그래서 전국에 말목장을 두었다. 조선후기에는 강원도를 제외한 전국 123곳에 목장이 있었다. 그중에서 폐쇄된 곳이 73곳이고, 말을 기르는 곳이 50곳이었다. 단연 경기도가 가장 많았다.[9]

　말목장은 한양 근방에도 있었다. 지금 서울의 아차산 아래에 망올

　　　　　　　　　　조선의 9급 관원들, 하찮으나 존엄한

리(芒兀里)라는 마을이 있었다. 이곳을 중심으로 평구역(平丘驛, 남양주) 서쪽에서 한강변과 광진나루까지 담을 쌓아 목장을 만들었다. 규모는 말 4,5백 필 정도다.[10]

　물론 대표적인 목장은 제주도였다. 제주도가 목장이 된 것은 고려 후기 때였다. 몽골족이 세운 원(元)이 제주도를 직접 다스리면서 그곳에 목장이 들어선 것이다. 실학자 이익은 대완(大宛)의 말종자를 제주에서 길렀다고 했다.[11] 좋았던 이 종자가 점점 작아지고 힘도 약해진 이유를 그는 풍토와 기후에서 찾았다. 그러나 실제로는 조선초기 명(明)의 요구에 따라 좋은 말을 많이 보낸데다 말종자 개량에 신경을 쓰지 않았기 때문이었다. 조선정부는 명에 바쳐야 하는 말의 숫자에만 신경을 썼던 것이다.

　또한 이익은 말의 숫자가 크게 늘었음에도 말 값은 폭등하고 있는 문제를 지적했다. 그는 몇 십 년 전에는 정부가 기르던 말이 9천 필 정도에 불과했는데, 지금은 3700필이나 늘었다고 주장한다. 그런데 오히려 말 값은 과거보다 두 배로 뛰었다. 우선 타고 다닐만한 쓸만한 말이 없었기 때문이다. 더구나 한라산이 험해서 말이 한 해에만 백여 필씩 떨어져 죽어 나갔다. 말이 죽으면 목자들은 가죽을 구하거나, 개인 말을 구해서라도 숫자를 채워야 했다. 이러다 보니 목자들이 바치는 말은 숫자 채우기에 급급해 개인이 기르는 말보다 못하게 되었다. 말하자면 납품분량에만 신경을 쓰고, 말의 질을 높이는 일은 하지 않았다는 뜻이다. 그런 가운데 말을 관리들에게 나누어 주는 일이 많아지니, 공급이 모자라게 되었다. 수요가 늘어나자 제주도의 경우에는 돈 많은 백성이 말을 수백 필까지 길러서 팔 정도였다.

원래 조선정부는 포상으로 말을 나누어 주었다. 이때 말을 받을 수 있는 증명서, 즉 마첩(馬帖)을 준다. 마첩은 사복시의 첨정(僉正, 종4품)이 만들어 주었다. 마첩을 주고 안 주고는 순전히 첨정의 손에 달려 있었던 것이다.[12] 운좋게 마첩을 받았다 해도 관청에서 내주는 말은 시원치 않아 탈 수 없는 수준이었다. 그러나 사람들은 말을 필요로 했다. 말이 곧 양반 신분의 상징이기 때문이었다. 이렇게 민간의 수요까지 몰리면서 자연히 말 값이 뛰어오르게 되었다. 시장의 원리인 수요와 공급이 맞지 않아서 생기는 문제였다.

목자들이 살아가는 길

말을 돌보는 일이 쉽지 않다보니 목자 입장에서는 말의 숫자가 늘어나도 골칫거리였다. 비나 추위를 피할 수 있는 마굿간이 없으면 많이 죽어 나갔다.[13] 더구나 겨울에는 먹일 풀이 없다. 가을에 풀을 베어 쌓아놓아야 겨울을 넘길 수 있다. 마굿간을 짓는 것도, 겨울에 먹일 건초를 만드는 것도 모두 목자들의 몫이었다.

이런 상황이니 목자는 말의 숫자가 느는 것이 반갑지 않았다. 그래서 좋은 말이 있어도 거세를 시켜버렸다. 이런 일이 다반사로 일어나자 병으로 거세할 경우에도 병조와 수령에게 보고해서 말에게 낙인을 찍은 다음에 하도록 규정할 정도였다.

제주도 목자들은 이런 일도 했다. 곡식을 파종할 때 땅이 들뜨게 된다. 이때 말과 소를 모아서 땅을 밟아주면 단단해진다. 목자들은 땅주인과 짜고서 말을 이곳으로 몰아 땅을 다지게 했다. 물론 법에

1709년에 만든 제주지도. 이 지도는 한양에서 바라보는 시각으로 만들어져 남쪽이 지도의 윗부분이 되었다. 지도에는 특히 목장이 자세하게 그려져 있어, 목장의 돌담과 출입문까지 표기되어 있다.

는 금지된 일이었다.[14] 아마도 목자는 땅주인에게 그 대가로 무언가를 받았을 것이다.

　말을 관리하는 최종책임자인 사복시 관리도 부정에서 자유롭지 못했다. 이들은 말의 조상인 천사성(天駟星)에게 제사지내는 마조제 (馬祖祭)를 핑계로 살곶이[箭串]에 모였다.[15] 지금의 한양대 근처다. 사복시 관리들은 기생까지 불러 거하게 잔치를 벌였다. 그들이 저지른 죄는 소를 잡아 먹은 것이었다. 소는 농사에 반드시 필요했기 때문에 함부로 잡을 수 없었다. 그뿐 아니라 이들은 종이돈인 저화를 목자들에게 나누어 보냈다. 당시에는 세금을 저화로 받았기 때문에 목자들은　대가로 저화 1장에 소금 한 가마니를 사복시 관리에게 지불했다. 이렇게 거둔 소금이 모두 98가마니다. 이 소금은 다시 쌀과 교환되고, 쌀은 술의 원료가 되었다. 한 마디로 자신들의 술값을 이렇게 마련한 것이다. 심지어 사복시 최고위 관리인 판사까지 구사를 목장에 보내 풀을 베어 들여왔다. 개인적으로 쓰기 위해서였다. 이런 일로 판사 등은 벼슬을 빼앗기고 돈을 내야 하는 속장(贖杖, 몽둥이로 맞는 대신에 벌금을 무는 것) 60대를 선고받았다. 운이 나빠 발각이 돼서 그렇지, 이 정도 일은 그후에도 항상 있었을 것이다.

목자의 일은 고되고 힘들었다. 특히 겨울에 대비해서 풀을 베어놓거나 곡물을 먹이는 일이 쉽지 않았다. 수고를 들이고 비용을 부담해야 했기 때문이다. 큰 말 한 마리가 하루에 4, 5되의 먹이를 먹었다.[16]

그러나 가장 괴로운 것은 역시 말을 바치는 일이었다. 처음에는 10필당 한 마리를 바치게 되어 있었다. 그러다가 세종대에 암말 100필을 한 단위로 해서 80필 이상을 상, 60필 이상을 중, 그 아래를 하로 정해서 감목관의 인사고과에 반영하고 목자들의 죄를 따지도록 했다.[17]

제주도의 목자들은 말이 병으로 죽었다고 보고하고 몰래 말을 죽이는 일도 있었다.[18] 고기와 가죽 때문이었던 것으로 보인다. 이에 1431년(세종 13) 정부에서는 죽은 말 대신에 말 값을 징수하거나, 가죽을 바치도록 하였다. 말의 손실율이 높다고 판단한 정부에서 목자들의 관리 소홀에 경고를 한 것이다.[19] 내용인즉, 목장에서 놓아 기르는 말이 죽거나 다치면 나라의 말을 다치게 한 수령의 예에 따라 2필마다 1필을 목자가 변상하도록 하였다. 매우 가혹한 징수를 한 것이다. 물론 이 법은 조금 완화되어 강화도 목장처럼 항상 목자들이 돌볼 수 있는 곳은 3필당 1필, 그리고 섬에 방목한 곳이면 4필에 1필을 변상하도록 했다.

1694년부터 2년간 제주목사를 지낸
이익태의 초상화이다. 그는 제주목사
시절의 업무와 제주 역사 등에 대한
『지영록』이란 책을 남겼다.

그런데 말 값이 점점 올라가자 목자들은 기르고 있는 말을 팔고
싶은 유혹에 빠졌다. 16세기 말 값이 천정부지로 오르자, 목자들은
말을 훔쳐서 팔았다.[20] 그리고 이들은 말을 도둑맞았다고 변명했다.
이 무렵에는 손상된 말 값으로 면포를 받았기 때문에 면포를 내더라
도 말을 훔쳐 파는 것이 더 이익이었다. 왜냐하면 면포로 받는 양은
고정되어 있는 데 반해 말의 가격은 그 이상으로 올라 있었기 때문
이다.

그러자 정부는 이를 막기 위해 말 값을 면포로 받지 않고, 4살에
서 8살 이하의 좋은 말로 받는 것으로 규정을 바꾸었다. 재산을 털
어서 말을 사 바치게되니 목자들의 부담이 커진 셈이다. 사실 말이
병으로 죽거나 실제로 도둑맞는 경우도 많았다. 15세기 중반 제주도

에는 말도둑이 성행했다. 주로 강도짓을 하다 유배 온 사람들이 도둑이 되었다.[21] 그중에서 장오을미(張吳乙未)란 강도는 사람들을 모아 조직적으로 움직였다. 섬의 동서에 각기 기지를 두고, 훔친 말을 숨겨두었다. 번번이 말을 도둑 맞자 목자들은 도둑을 염려해 수십 보의 작은 목장을 만들었다. 그러나 목장이 작아지자 말을 지키기 쉬워진 대신 풀이 많지 않아 말들이 번식을 못하게 되었다.

육지에서는 승려들과 도적들이 장사를 핑계로 배를 포구에 숨겨 놓고 목장의 좋은 말을 도둑질하였다. 심지어 목자들을 살피러 온 감목관을 꽁꽁 묶어서 무인도에 두고 가버린 일도 있었다. 이렇게 도둑이 설치는데, 정부가 무조건 말 값을 물리는 것도 쉽지 않았다.

목자들은 일반 백성들과 이해관계로 충돌하기도 했다. 1625년(인조 3) 강화도 진강장(鎭江場)이란 목장에서 있었던 일이다.[22] 원래 이곳은 땅이 기름져 농사를 짓는 것으로 결정이 되었다. 그리하여 목장의 말들을 울타리 안으로 옮기고, 사람들은 울타리 바깥쪽에서 농사를 짓게 되었다. 그런데 이 무렵에는 목자들이 말을 길러서 팔고 있었기 때문에 번식을 위해 땅이 더 필요했다. 꾀를 낸 목자들은 몰래 말을 죽인 뒤 땅이 좁아서 말들이 쓰러져 죽는다고 거짓 보고를 올렸다. 이에 사복시가 국왕에게 보고하여 목장을 더 넓히도록 하였다. 당시 사람들은 이 일을 두고 "나라가 짐승은 귀하게 여기고 사람은 천하게 여긴다"고 비판했다. 농사짓는 사람들의 땅이 목장으로 바뀌어 살기 어려워졌기 때문이다.

감목관이나 수령 등이 목자를 수탈하는 경우도 많았다. 1595년(선조 28) 사헌부가 목장의 감목관을 없애자고 한 것은 수탈 때문이었다.[23] 임진왜란의 영향 때문이겠지만 당시 전쟁을 피해 떠도는 사람

성협이 그린 풍속화 중에 하나로, 당시 양반들은 여행 때문에 말이나 노새가 필요했다. 실학자인 박제가는 종자가 말고삐를 잡고 가는 일이 낭비라고 비판했다.

들이 정부에 연줄로 청탁을 넣어 감목관이 되었다. 이렇게 감목관이 된 사람들은 하는 일이 뻔했다. 목자들에게 물고기를 잡게 하거나, 소금을 굽게 하여 이익을 취했다. 그리고 군인들의 둔전(屯田)에 쓰는 종자곡을 훔친 뒤 목자들에게 이를 채워놓게 하였다. 이렇게 수탈이 심하자 결국 감목관을 없애고, 수령이 감독을 하는 것으로 바뀌었다. 이후 감목관은 첨사(僉使, 종3품 무관)가 겸임하기도 했지만, 조선후기 전문 감목관이 다시 생겼다.

조선후기에 경기도 남양쪽 목장의 감목관은 소금가마를 많이 설치했다.[24] 그리고 목장 안의 소와 말을 몰아내고 잡목을 길러서 소금을 굽는 재료로 썼다. 아마도 잡목 등을 소금가마의 땔감으로 쓴 모양이다. 그러자 먹을 것이 없어진 수백 마리의 소와 말이 목장을 빠져나와 백성들의 땅으로 향했다. 벼를 밟고 뜯어먹은 피해 지역이 모두 8개 면에 수십 리에 이르렀다.

목자는 말을 기르는 사람들이었다. 정부에 말을 조달하는 일은 그리 쉽지 않았다. 관리들도 끊임없이 이들을 괴롭혔다. 목자들은 말을 팔아 이익을 얻기도 했지만 그들의 평생 고역을 대대로 물러 주어야 했던 것이다. ◉

바다가 삶의 터전이다

염간(鹽干)

황당선(荒唐船)에 납치되다

1544년(중종 39) 여름, 전라수군의 조그마한 병선이 군산도(群山島) 앞바다를 지나고 있었다.¹ 배의 크기로 보아 병선은 수색선이 분명했다. 군산도는 전라도 변산 앞바다에 있었다. 일찍이 고려시대 가장 많은 글을 남겼던 이규보가 이곳에 나무 베는 작목사(斫木使)로 왔을 때, 바다 사람들로부터 이야기를 들었던 섬이다. 그들은 "순풍을 만나면 중국 가는 길도 멀지 않지요"라고 말했다.

원래 군산도는 중국으로 가는 길목에 자리잡고 있었다. 그래서 송에서 사신으로 왔던 서긍(徐兢) 역시 군산도에 들렀다. 그는 『고려도경』에서 이 섬에 자복사(資福寺)라는 절이 있다고 했다. 아마도 이 절은 주변 바다를 지나는 뱃사람들의 안식처인 동시에 안전한 항해와 풍어(豊漁)를 비는 기원처였을 것이다.

그런데 1544년 즈음 군산도에는 사람들이 별로 살지 않은 듯하다.

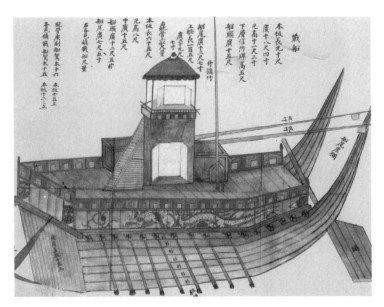

조선시대 수군이 탔던 주력함인 판옥선이다. 조운선과 유사한 구조 위에 지휘소인 함교를 달았다.

수색하던 수군 병사의 눈에 옷이 남루한 네 사람이 들어왔다. 수상히 여긴 병사들은 섬에 상륙하였다. 그런데 이 네 사람이 반갑다는 듯이 달려오는 것이 아닌가. 병사들은 그들을 붙잡아 조사에 들어갔다. 네 사람의 이야기는 이러했다.

이들의 고향은 한산(韓山, 충청도 서천), 직업은 염간(鹽干), 즉 소금 만드는 일을 하는 사람들이었다. 원래는 모두 여덟 사람이 소금을 배에 싣고 황해도로 가는 길이었다. 배가 충청도 남포 근처에 있는 마량(馬梁) 앞을 지날 때였다. 그들 앞에 큰 배 한 척이 다가왔다. 자세히 보니 그 배 주위에 작은 배가 따라왔다. 가까이 다가온 큰 배 위에는 붉은 수건을 머리에 둘렀거나 이상한 옷을 입은 사람들이 보였

　　　　　　　　　조선의 9급 관원들, 하찮으나 존엄한

다. 이른바 황당선(荒唐船). 요즘의 UFO처럼 정체불명의 배를 부르던 말이다.

큰 배에서 순식간에 백여 명의 사람들이 소금 실은 배에 올라타더니 약탈을 하기 시작했다. 두려움에 떨던 여덟 사람 중 네 사람은 물에 뛰어들었고 나머지 네 사람은 포로가 되었다. 큰 배의 무섭게 생긴 사람들은 이들에게 샘물이 있는 곳을 안내하라고 협박했다. 이들이 간 곳은 전라도 영암에 있는 횡간도(橫看島)였다. 물을 보충한 그들은 네 사람을 버려둔 채 쌍돛을 펴고 먼 바다로 멀어져갔다. 남겨진 이 네 사람이 어떻게 군산도까지 갔는지는 모른다. 어쩌면 이참에 힘겨운 염간 일에서 벗어나고 싶었을까? 소금 만드는 일이 그 만큼 힘들었을까?

소금 굽는 일을 하다

소금은 인간이 살아가는 데 없어서는 안 될 필수품이다. 그래서 소금은 일찍부터 지금의 돈처럼 이용되기도 했다. 소금을 얻는 방법은 여러 가지다. 산 속의 바위 소금이나 소금 광산에서 얻기도 하고, 소금이 들어 있는 염호라는 호수에서 얻기도 한다. 사하라사막의 타가자라는 도시 사람들은 소금을 90킬로그램짜리 덩어리로 캐내어 낙타 양옆에 하나씩 매달고 팀북투라는 곳까지 926킬로미터를 걸어서 소금을 날랐다.[2] 일종의 실크로드와 같은 소금길이다.

그러나 한반도에는 이런 소금 광산이 없다. 대신 삼면이 바다이기 때문에 염전(鹽田)에서 소금을 생산했다. 이곳에서 일하는 이들이 염간인데, 정부가 소금을 바치도록 정한 사람들이다. 고려시대 후반에 소금은 나라가 정한 전매품목이었다. 정부에서 소금 판매를 독점해 재정수입을 올렸던 것이다. 정부는 재정수입을 늘리기 위해 소금생산에 박차를 가했고, 이것은 소금 만드는 사람들에게 커다란 고통이었다. 고려시대 지식인이던 안축(安軸, 1282~1348)은 강원도에 파견나갔다가 소금 굽는 일을 보고 충격을 받았다. 그는 「관동와주」에서 당시 광경을 이렇게 묘사했다.

> 소금 전매하는 일 언제부터 생겼는지 / 오랜 세월 그대로 고치지 못하네
> 우리나라는 법이 가장 엄하여 / 해마다 내는 세금 일년 농사보다 많다네
> 나도 관동으로 나온 뒤에 / 해안을 다니며 몸소 독려했지
> 백성들 누추한 거처는 오두막집 / 쑥 엮어 만든 문에 자리조차 걸 수 없어
> 늙은이가 자식 손자 데리고 / 한 치의 시간도 쉴 수가 없지
> 혹한 때도 바닷물 길어오기에 / 짐 무거워 어깨 등이 다 빨개지고
> 뜨거운 열기와 연기 그을음 / 끓이는 훈기에 눈썹이 새까매졌지
> 문 앞의 열 수레나 되는 나무도 / 하루 저녁 땔감이 되지 못하네
> 하루 종일 백 말의 물을 끓여도 / 소금 한 섬 채울 수 없네
> 만약 기한 내에 대지 못하면 / 혹독한 관리는 성내고 꾸짖으며
> 운송하는 관리는 산처럼 쌓아놓고 / 전매하여 비단 베로 바꾸지
> 임금은 공신을 소중히 여겨 / 상으로 (이를) 주는 데 아끼지 않아
> 한 사람 몸에 입은 옷 / 만백성 괴로움 깊이 쌓인다.

햇볕에 물을 말려 소금을 만드는 천일염전이다. 지금도 염전 작업은 매우 고된 노동 중에 하나다.

슬프다, 저 소금 굽는 사람들이여! / 옷은 해어져 등도 못 가리고

이 괴로움 견디지 못하여 / 급히 도망하여 자취를 감추네

—『근재집』권1, 관동와주

　　이런 광경이 조선시대가 되었다고 해서 금방 바뀐 것은 아니었다. 안축이 지방관으로 나가서 본 것은 동해안에서 고생하던 소금 굽는 사람들이었다. 염간들은 바닷물을 솥에 넣고 끓여 소금을 만들었다. 자염법(煮鹽法)이다. 바닷물을 퍼 오는 것도 고된 일이었지만, 더 힘든 일은 산에서 나무를 베어 땔감을 만드는 것이었다. 염간들은 옷도 제대로 입지 못했다. 가족들 모두가 하루 종일 이 일에 매달려야 했다. 그것도 추운 겨울까지. 그래도 생산량은 하루에 한 섬을 채우기

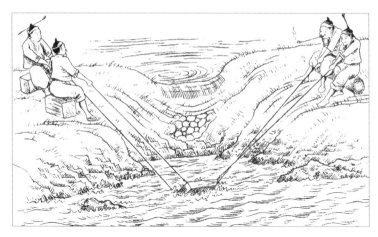

『한국수산지』에 실린 바닷물을 퍼올리는 작업 광경이다.

어려울 지경이었다.

강원도 지역의 소금 생산은 조선시대에도 이어졌다. 1427년(세종 9) 강원도 감사(지금의 도지사)의 보고에도 위와 비슷한 문제가 지적되고 있다.[3] 그는 강원도 염간 한 사람이 1년에 내야 할 소금량이 20섬이라고 했다. 그런데 당시에 연안지역의 소나무를 베지 못하는 금지령이 내려져 있었다. 강원도는 바닷물을 졸이는 자염법을 쓰기 때문에 땔감이 많이 필요하다. 어쩔 수 없이 염간들은 먼 곳에서 나무를 구해와야 했다. 이를 운반하는 중간에 소, 말이 죽거나 상하였다. 또한 소금 생산량 역시 적어져 염간들은 늘상 허덕여야 했다. 그래서 강원도 감사는 매년 염간 한 명당 10섬 이내에서 받자고 건의했던 것이다. 세종은 이 건의를 받아들였다.

소금 생산은 일 년에 두 번, 봄과 가을에 이루어졌다.[4] 우리나라의 연평균 강우량은 약 1,200밀리리터이고 대부분이 여름에 집중된다.

조선의 9급 관원들, 하찮으나 존엄한

햇빛이 부족한 장마 동안에는 소금을 생산할 수 없으니 비가 덜 오는 봄과 가을에 소금을 만들었다. 또한 서해안과 남해안에서도 햇빛만으로 소금이 되지 않았다. 동해안의 자염법처럼 졸이는 과정이 필요했던 것이다. 이런 광경에 대해

> 남포의 객관에서 지은 시에 차운하다
> 호서의 포구에 연달은 거대한 염전
> 동헌 문을 에워싼 푸르른 산봉우리
> 소금 굽는 연기로 한낮에도 어둑어둑
> 황혼녘 군막(軍幕)의 뿔피리 소리 애잔하네
> 논벼들 무럭무럭 세금 너끈히 바치겠고
>
> ─『계곡선생집』 권29, 화기암자 호행록 병인

라고 했다. 충청도 남포의 풍경이다. 그곳에 몰린 염전에서도 바닷물을 졸였다. 그 연기로 대낮에도 어둑할 정도였으니 얼마나 많은 가마가 있었는지 상상이 간다. 그래서 동해안처럼 이곳 염간들도 땔나무를 구해야 했다.

그러나 땔나무를 구하는 과정 역시 순조롭지 못했다. 가을 소금은 여름부터, 봄 소금은 겨울부터 배를 동원해 섬에 가서 땔나무를 해와야 했다. 옛날 배는 지금과 달라서 파도가 심하면 움직이기 어렵다. 동력이 없어 사람 손에 의지해야 하기 때문이다. 풍랑이 심하면 한번 왕래하는 데 한 달이 걸렸다. 배가 파도로 침몰하면 죽기도 했다. 또한 남해안과 서해안은 상현과 하현 때, 조수가 물러갈 때를 기다려 염전을 갈아야 했다. 소에 멍에를 걸고 하는 이 작업은 바닷

소금이나 곡식을 담는 가마니. 석과 섬은 한 가마니를 나타낸다.

물을 얻기 위한 것이었다.

조선정부는 소금의 가치를 잘 알고 있었다. 정부는 소금을 거두어 일부는 중앙에 비축하고, 나머지는 각 도의 지방재정으로 쓰게 했다. 그런데 각 도의 감사들이 이를 마음대로 쓰는 폐단이 있었다. 이 문제가 불거지자 차라리 소금을 곡식과 바꾸어 국방예산으로 돌리자고 하였다.[5]

남는 소금은 염간이 개인적으로 판매하도록 허용했지만 사실 염간에게 받는 소금량은 적지 않았다. 황해도의 경우에는 1년에 24섬의 소금을 받았다.[6] 24섬의 소금은 당시 노비가 일년에 내는 거친 베 1, 2단보다 훨씬 무거웠다. 그래서 세종대에는 나라에 바치는 소금은 10석, 개인 염전에서 일하는 사람은 4석으로 바뀌었다.[7] 이 소금들은 두목을 맡고 있는 염간이 모두 합쳐서 배에 실어 올려보냈다. 그 과정에서 불가피하게 손실되는 양이 적지 않았다. 소금이 곡식보다 손

조선의 9급 관원들, 하찮으나 존엄한

실량이 많자 정부는 운반할 때 생기는 손실분까지 더해서 받았다. 경기도의 경우는 소금 1석을 20말로 받았는데, 원래 1석은 15말이었다. 1석당 5말을 더 받았기 때문에, 한 해 10석을 바치면 50말을 더 내는 셈이다. 그외 지방에 나간 수령들이 염전을 조사한답시고 소금을 받아가는 일도 많았다. 그만큼 염간의 일은 괴로운 것 중에서 최고에 속했다. 하루 종일 불 때서 바닷물 졸이는 과정의 반복, 인생의 굴레였던 것이다.

그래도 가끔씩 즐거운 일도 생겼다. 이 지겨운 일에서 면하는 경우가 어쩌다 한번씩 벌어진 것이다. 무엇으로 가능했을까?

공을 세워 일을 면하다

1408년(태종 8) 2월, 왜구들이 탄 배 9척이 전라남도 암태도 앞바다에 나타났다. 왜구들은 섬에 상륙해 며칠째 머물면서 노략질을 하였다. 조선왕조가 들어섰지만 왜구는 여전히 골칫거리였다. 고려시대처럼 대규모는 아니었지만, 이들은 해안에 수시로 출몰하고 있었다. 수군이 일차적으로 막는다고는 하지만 모든 해변을 지킬 수는 없었다.

이때 섬에 있던 염간 김나진(金羅進)과 갈금(葛金)은 사람들을 모았다. 평소 힘이라면 자신 있었지만 상대는 해적질에 능숙한 깡패들이다. 이쪽은 20여 명, 왜구들은 오늘 빼앗아온 물건들을 앞에 두고 희희낙락 밥을 먹고 있었다. 와 하는 함성을 내지르며 일제히 돌진한 이들은 순식간에 왜구 3명을 쓰러뜨렸다. 당황한 왜구들은 걸음아 날 살려라 자신들의 배로 도망치기 바빴다. 그곳에는 잡혀갔던 우리

3부 | 나랏일에 공을 세워야

13세기 후반 일본무사들의 모습이 그려진 그림이다. 왜구들이 약탈하는 장면 역시
이와 비슷했을 것이다.

백성 2명이 있었다.[8]

이들에 대한 포상이 어떻게 이루어졌는지에 대한 기록은 없다. 그러나 이후로도 염간들이 왜구를 잡는 데 활약했다는 이야기가 여러 번 등장한다. 1423년(세종 5)에는 전라도 영암, 나주, 영광 등의 소금창고에서 일하는 염간들이 왜구를 잡았다.[9] 이런 활약이 쌓이면서 조선정부는 왜구 방어에 염간을 이용하게 된다. 왜구 잡는 공을 세운 염간에게는 공로패가 내려졌다. 평소 힘쓰는 일을 하는 탓에 염간들은 일반 농민보다 싸움을 잘했을 것이다. 그래서 정부는 아예 이들

조선의 9급 관원들, 하찮으나 존엄한

에게 방어를 맡기는 일도 생각했다. 물론 이들이 방비를 위해 동원된 날수를 계산해서 소금 바치는 것을 감해 주도록 했다.

나아가 정부는 공로를 1, 2등으로 나누어 1등은 군역, 2등은 맡은 사역을 면제시켜 주도록 하였다.[10] 고된 염간 일에서 벗어날 수 있는 길이 생긴 것이다. 그러면 다시 한번 공로를 세우면 어떻게 될까? 수군의 하급 벼슬을 주도록 규정했다. 염간 중에서 바닷길을 잘 아는 사람들은 수군의 뱃사공으로 발탁되기도 했다.[11] 이러면 역시 소금을 바치지 않아도 되었다.

그러나 수군이 되었다고 일이 과연 쉬워졌을까? 수군 역시 만만치 않은 고역이었다. 특히 수군들은 특별한 임무가 없을 때에는 소금을 굽고 밭일도 하고, 해산물을 채취하도록 법으로 정해져 있었다.[12] 군대의 재정수입과 흉년에 대비하기 위한 일들이라지만, 당사자들에게는 고통이었다.

염간들은 부족한 수군을 메우기 위해 동원될 때가 많았다. 정부는 추울 때를 제외한 8달 동안 이들에게 두 차례 전투 연습을 시켰다. 대신 이들이 출근한 날을 계산해서 소금 1석을 감해 주었다. 전투에 재능이 있는 사람은 아예 2석을 감해 주라고 했다.[13] 그뿐이었다. 대부분의 염간들은 평생을 소금 만드는 일로 보내야 했을 것이다. 하긴 중세 프랑스의 천일염을 만드는 곳에서는 여성들이 소금 거두는 일을 했다. 이 여성들은 긴 장대로 소금을 긁어내어 41킬로그램이나 되는 소금동이를 머리에 이고 옮겨야 했다.[14]

심지어 소금을 만들지 않는 겨울철에는 정부의 배를 만드는 일에 동원되기도 했다. 일 년에 경상도는 5척, 전라도는 2척을 만들어야 했는데, 이것이 어렵다고 세종대에 3년에 한 번 올리는 것으로 고쳤

목수들이 집을 짓고 있는데, 배를 만드는 일도 비슷했을 것이다(「경직도」 일부, 19세기)

다.[15] 배 만드는 일은 조선장(造船匠)이란 기술자가 맡았다. 그런데 조선장이 뇌물을 받고, 돈 있는 군인들의 부역을 면해 주고는 그 대신 해안지역 주민과 염간들을 이 일에 이용했다.[16]

　이렇게 일이 고되다 보니 염간들이 제주도 같은 곳으로 도망을 가기도 했다. 그러나 이 일조차도 쉽지 않았다. 도망가는 데 성공한다 해도 무엇을 하여 벌어먹고 살 것인가? 농사를 지으려면 땅이 있어야 한다. 또 평생 소금 굽는 일에만 전념한 터라 농사짓는 법을 제대

　　　　　조선의 9급 관원들, 하찮으나 존엄한

로 알 리 없었다. 오히려 섬 등에 들어가 고기잡이를 하거나, 소금을
구워 개인적으로 파는 일을 하는 것이 이들에게는 쉬운 선택이었다.
이렇게 살기 힘들었기에 때로는 끔찍한 살인사건에 연루되기도 했다.

　1486년(성종 17) 11월, 조정에서는 살인사건 용의자에 대한 최종판
결을 내리기 위한 논의가 벌어졌다.[17] 범인은 충청도 당진에 살던 염
간 유중생(劉衆生) · 유막이(劉莫伊) · 이흔산(李欣山) · 이눌금(李訥金) 등 네
사람이었다. 사건의 경위는 이러했다. 네 사람은 소금 굽는 데 필요
한 땔나무를 얻기 위해 대산곶이란 곳에 갔다. 그곳에서 곡식을 싣
고 한양으로 향하던 배 한 척이 펄밭에 박혀 있는 광경을 목격했다.
순간적으로 곡식이 탐 난 이들은 배를 지키고 있던 네 사람을 낫으
로 찔러 죽여 바다에 던졌다.

　사건의 시말이 적힌 보고서를 검토한 성종은 이들이 진짜 범인인
지 의심했다. 지금도 그렇지만 살인사건은 반드시 시체를 검시하는
것이 필요하고, 또 살인흉기가 어떤 것인지를 밝혀내는 것이 필수다.
문제는 시신이 바다에 던져졌기에 없다는 점, 흉기 역시 불분명했다.
게다가 아무리 조사해도 배가 부서졌다거나, 죽었다는 사람을 찾을
수 없었다.

　그럼 그들이 본 것은 대체 무엇이란 말인가? 또한 배를 지켰다는
사람이 네 사람. 강도짓을 한 염간 역시 네 사람. 일대일의 관계인데,
한순간에 모두 죽였다는 것 역시 믿기 어렵다는 점이 지적되었다.
남은 것은 자백뿐이다. 그러나 자백은 고문을 통해 받을 수 있다는
것을 조정의 관계자들도 잘 알고 있다. 그렇다고 전혀 없는 사실은
아니었을 것이다. 적어도 배에서 곡식을 가져왔다는 것은 분명하니
까. 결국 성종은 사형에서 한 등급을 내리라고 결정했다.

염간은 임진왜란 이후 기록에는 잘 등장하지 않는다. 소금은 점차 국가보다 개인의 이익과 관계된 상품이 되었을 것이다. 국가에 소금을 바치는 염간이 점차 줄어들면서, 국가 역시 소금을 직접 징수하는 일이 어려워지고 있음을 느꼈다. 염간들은 권력가에게 소금을 바치는 것이 더 유리하다는 것도 알게 되었다. 그렇다고 이들의 힘든 노동이 크게 줄어든 것은 아니었다. 소금일은 지금도 힘들고 어려운 일이니까.

소금은 인간이 살아가는 데 반드시 필요한 물건이다. 소금 만드는 일이 고된 만큼, 조선은 염간을 지정해서 생산해야 했다. 혹 운이 좋아 왜구라도 막으면, 이 고역에서 벗어날 수 있었다. 그러나 그런 행운이 몇 사람에게나 올 수 있었을까? ◉

조운선을 운행하다

조졸(漕卒)

목숨을 걸고 무역을 하다.

1533년(중종 28) 겨울 바다의 바람은 몹시 찼다. 바다 한가운데 배한 척이 힘겹게 물살을 가르고 있었다. 배에 탄 사람은 모두 9명. 이들은 노를 젓고 있었다. 노를 젓는 이들을 격군(格軍)이라고 불렀다. 배가 어디로 향하는지는 오직 한 사람만이 알고 있었다. 그는 관청의 심부름을 하던 조례(皁隸) 이산송(李山松)이었다. 그는 한양의 용산에 살고 있었다.[1]

나머지 사람들은 그의 말을 듣고 이 배에 올랐다. 돈 좀 벌어 보자는 것이었다. 배에 탄 나머지 사람은 종인 오십근(伍十斤), 그리고 왕의 행차 등을 위해 길을 청소하는 청로대(淸路隊)에 있던 유천년(劉千年), 강화섬의 김거재(金車載), 용산의 문리(文里)와 동묵석(同墨石), 남대문 밖의 박씨, 남소문동 근처에 사는 유씨 등이었다. 이름과 하는 일로 보아서는 당시 서민 내지 하류층임이 분명했다.

이산송 이하 9명이 타고 갔던 배는 중앙에 보이는 배와 같았을 것이다(작자 미상).

이산송은 장사를 하자고 했다. 우선 배 한 척에 목면을 싣고 충청도 홍주(지금의 홍성)에 가서 사기 그릇과 바꾸었다. 그러고는 제주도로 가자고 했다. 그는 제주도에서 사기 그릇을 팔면 이익이 많을 것이라고 다른 사람들을 유혹했다. 그래서 용산에 살던 송두을언(宋豆乙彦)의 배에 모두 같이 탄 것이다.

그런데 금방 도착할 것 같았던 배는 벌써 2주째 가고 있었다. 차가운 겨울 바다 바람에 시달리고, 물도 떨어질 무렵에 배는 어떤 섬에 도착했다. 섬은 크지 않았다. 육지도 가까이에 보였다. 이곳이 제주도인가?

이산송은 이곳에 와본듯했다. 그는 섬에 있는 마을로 곧장 들어가 어떤 집에서 한 사람을 데리고 돌아왔다. 그 사람은 중국어로 말했다. 발음이 약간 어눌했지만 조선말도 상당히 잘했다. 이산송도 중국말을 할 줄 알았다. 두 사람은 조선말과 중국말을 섞어가면서 이야기했다.

저녁이 되어갔다. 파도가 치는 것을 보니 만조였다. 이들은 배를 끌어다가 해안가에 대놓았다. 이산송은 배에서 사기 그릇과 다른 잡스러운 물건들을 꺼내어 중국의 쌀을 비롯한 여러 가지 곡식과 바꾸었다. 이때까지는 별문제가 없었다.

한창 거래가 이루어지고 있는데, 난데없이 어떤 사람이 이들 앞에 나타났다. 관청사람 같아 보였다. 누군가 신고를 한 모양이었다. 모두 체포되어 관청으로 끌려갔다. 그곳에 있던 관리가 이들에게 어디서 왔냐고 물었다. 취조를 위해 이름을 물은 것이다.

오십근과 유천년은 마른침을 삼키며 박동(朴同)과 정회(鄭回)라고 대답했다. 이산송이 시킨대로 다른 이름을 댄 것이다. 다행히 취조는

조선후기 인조 때 중국 사신단이 만든 「항해 조천도」 중에서 중국 등주항의 모습이다. 등주는 조선에서 항해하여 건널 때 거쳐야 할 중국의 관문이었다.

심하지 않아 몽둥이로 얻어맞지는 않았다. 취조를 마친 중국 관리는 이들에게 밥을 주라고 했다. 두 명의 군졸이 이들을 데리고 간 곳은 타고 온 배였다. 결정이 날 때까지 그곳에 있으라고 했다.

이산송은 머리회전이 빨랐다. 그는 이들에게 친근하게 말을 붙이기 시작했다. 무언가 말이 오고 가더니, 이산송은 배에서 옷감 2필과 사기 그릇 40개를 꺼냈다. 두 병졸은 웃으면서 이를 받았고, 마침 썰물이었다. 뇌물을 준 셈이었다. 배는 재빨리 해안선에서 멀어져갔다. 가물가물해진 육지를 보면서 모두 안도의 숨을 내쉬었다.

그러나 이산송을 뺀 나머지 사람들은 머리가 복잡했다. 중국에 가서 밀수를 하다니, 이것이 발각되면 큰일이었다. 드디어 조선땅, 무사히 한양에 도착했다. 이산송은 이익 본 것을 나누어줄 것처럼 하

조선의 9급 관원들, 하찮으나 존엄한

더니, 차일피일 미루고 있었다. 나머지 사람들은 겁이 났다. 어디에 하소연할 수도 없었다. 결국 이들이 택한 길은 관아로 가는 것이었다. 그리고 그동안 있었던 일을 모두 털어놓았다.

모두가 감옥에 갇혔고, 넉 달이란 시간이 흘렀다. 조정에서 최종적으로 처벌을 결정해야 할 시점이 된 것이다.[2] 중종은 고민이 되었다. 원래 중국인과 몰래 장사를 하는 경우에는 가을을 기다려 사형에 처하도록 법으로 정해져 있었다.

문제는 스스로 자수한 사람들의 처벌이었다. 이들을 똑같이 사형에 처한다면 다음부터는 고발이 없을 것이라는 점이 염려되었다. 동묵석은 17살밖에 안 된 나이 어린 소년이었다. 그의 경우에는 중국 땅에서 몰래 장사하는 것이 죽을죄인지도 모른 청소년이라는 점을 고려해야 했다. 문득 지난번에 해랑도(海浪島)의 격군이 중국땅까지 갔다 온 일이 떠올랐다. 그때에도 사형을 감해서 처벌하지 않았던가.

물론 강경하게 처벌하자는 주장도 있었다. 이 사람들이 중국뿐만 아니라 왜와도 몰래 무역했을 것이라는 점이 근거였다. 그러나 증거가 없었다. 더구나 이산송 이외의 사람들은 중국에 가는 줄도 모르고 따라갔다는 점을 참작해야 했다. 결국 나머지 사람들은 사형을 면해 주는 것으로 결정했다. 하지만 실제로 어떤 형벌을 받았는지는 기록에 남아 있지 않다.

위 사례에도 나오듯이 배에서 노를 젓는 일을 하는 사람들을 격군 또는 조졸(漕卒)이라고 했다. 험난한 파도와 싸웠던 이 사람들의 삶으로 들어가 보자.

배를 타는 험난한 일

　조졸의 일은 험난하다. 허나 꼭 필요한 일이었다. 누군가 배를 타야 물류가 생기기 때문이다. 더구나 해군 일은 누가 하겠는가? 한반도의 삼면이 바다인 것은 바꿀 수 없는 사실이다. 조선왕조가 만들어지기 직전, 바다는 백성들에게 고통을 주었다. 삼면의 바다를 통해 끊임없이 노략질하는 왜구가 고통을 주는 이유였다. 이들을 막기 위해서는 해군 양성이 필요했다. 그런데 배는 아무나 태울 수 없다. 훈련이 필요하기 때문이다. 노를 젓는 격군, 배를 이끄는 사공, 활을 쏘는 사수 등과 같이 각자 역할을 익혀야 했다.

　우리가 여기서 보려는 것은 이런 해군이 아니고, 평소 물류를 담

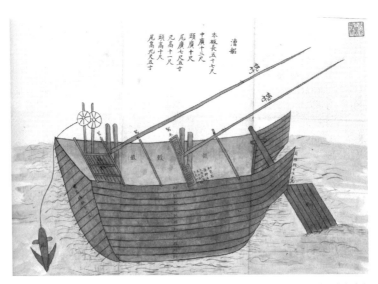

조선시대 「각선도본」 중에 실려 있는 조운선의 모습이다. 앞 모양이 요즘 배와 달리 네모지게 되어 있고, 키가 배의 뒷면에 달렸다.

　　　　　　　　　　　　　조선의 9급 관원들, 하찮으나 존엄한

당했던 선원들이다. 가을에 추수가 끝나면 곡식들은 강변에 있는 창고로 모인다. 지금의 세금이다. 이 세금을 운반하는 일이 조운(漕運)이다. 물론 조운선은 평소에 다른 화물을 옮기기도 했다. 그러나 조세를 운반하는 일이 가장 중요한 일이었다. 조졸은 이 일을 맡아 하던 사람들이다.

원래 해군은 선군(船軍)이라고 불렀다. 조정은 이들이 경제활동도 못하고 오랫동안 배를 타는 사정을 잘 알고 있었다. 일년의 반을 해상에서 지내야 했기 때문이다. 그래서 해령(海領)이란 벼슬을 주고, 40개월을 근무하면 한 계급씩 승진하도록 했다.[3] 특히 활을 쏘는 사관(射官)이 여기에 해당되었던 것 같다. 그러다가 1399년(정종 1)에는 격군까지 그 범위를 확대했다. 확대의 명분은 간단했다. 격군이 소금을 만드는 염간(鹽干)과 같은 천한 사람이 아니라는 거였다.[4] 평소에 소금을 굽는 일에 동원되어 겉으로는 구분되지 않았지만 염간과는 다르다고 하였다.

그러나 조선왕조가 달리 조선인가? 조정은 힘든 일에 대한 대가 이상으로 관직을 받는 사람이 너무 많다는 점이 신경이 쓰였다. 누구나 받기 때문에 관직이 가볍고 천해지며, 평민이 적어져 명분이 문란하게 된다는 것이다.[5] 여기에는 왜구를 막는 데 공적이 없이 관직을 받는 것도 포함되었다. 그래서 활쏘는 사관(射官)의 관직 규정을 고쳤다. 우선 근무 일수가 가장 긴 사람을 뽑는데, 큰 배에는 두 사람, 작은 배에는 한 사람을 추천하도록 했다.

그렇다면 활쏘는 일을 하지 않는 격군이나 사공 등은 관직을 거의 받을 수 없게 된다. 이들의 일이 더욱 천시되고 기피대상이 될 것은 뻔한 일이었다. 조운선만을 담당하면 좋겠지만, 이들은 조선초기 왜구와의 전투에도 동원되었다. 1406년(태종 6) 왜구였다가 귀화한 일본사람 오문(嗚文) 등이 전라도 수군을 데리고 왜적을 잡았다. 그의 배는 작았는데 모두 55명이 타고 있었다. 불행하게도 이들은 전라도 갈도(葛島)라는 섬에서 세찬 바람을 만났다. 배는 풍랑으로 뒤집혔고, 많은 사람들이 물에 빠져 죽었다.[6]

조선정부는 죽은 사람들에게 쌀, 콩, 종이 등을 부의(賻儀)로 주었다. 그러나 이 사건은 그것으로 끝나지 않았다. 원래 배에는 선장 격인 영선(領船), 사람들을 조직하고 동원하는 두목(頭目), 그리고 배를 조종하는 사공, 활쏘는 사관(射官), 선원 격인 격군 등이 타도록 되어 있었다. 그런데 이를 무시하고 뱃일에 익숙치 않은 사람들을 태웠고, 그것이 침몰의 원인이었다. 이 때문에 살아남은 사람들은 처벌을 받기도 했다.

배를 타는 일은 당시의 선박 조건에 목숨을 걸어야 했다. 조졸이 힘들고 천시받았던 이유는 무엇보다 위험부담이 크다는 점 때문이었다. 1412년(태종 12)에도 제주 출신의 하급지휘관인 안방현(安邦顯)이 배가 뒤집혔다는 이유로 처벌의 대상이 되었다.[7] 그는 제주에 파견된 지방관이 해임되어 올 때 말과 지역산물을 너무 많이 배에 실었다. 이 때문에 배가 풍랑으로 뒤집어졌다.

배가 동력선이 아니고 작기 때문에 풍랑이 심하면 바다생활을 오래 했어도 뱃멀미를 심하게 했다. 조선후기 일본으로 돌아가는 사신단이 부산 태종대에서 출발했다가 풍랑이 심해져 다시 돌아올 수밖에 없었던 일이 있다. 당시 배에 탔던 사람들은 격군까지 모두 구토하고 쓰러져 인사불성이 되었다.[8] 처음에 날씨가 좋았다가 바뀐 것이다. 이런 고생을 누가 하려 하겠는가?

강세황의 『송도기행첩』에
그려진 창고이다. 세금으로
걷은 쌀은 이런 창고에 모아서
보관하였다. 이 창고는
개성에 있는 태안창이다.

그래서 성종대 즈음이면 사람들은 조졸이라는 이름조차도 천하
게 생각했다.[9] 해군인 수군과 달리 조운선만을 타는 존재로 인식되
었기 때문이다. 이렇게 되자 정부는 조졸이라는 이름을 수군으로 바
꾸고, 전라도 법성포 등에 교대로 근무하도록 했다.

일찍이 세종대부터 배를 타는 선군(船軍)은 다른 사람으로 대신하
지 못하게 했다.[10] 배 타는 기술이 필요했기 때문인데 본인임을 확인
할 수 있는 장치가 필요했다. 그래서 정부는 검은 칠을 한 둥그런 나
무패를 만들어서 한쪽에 이름, 나이, 모습, 키, 부모의 이름 등을 쓰
고, 다른 쪽 면에는 속해 있는 포구 등을 새겨 항상 가지고 다니도록
했다. 혹시 다른 사람을 대리로 보낸 사람은 자신의 당번기간 외에
두 달을 더 계속해서 근무하도록 했다. 일이 힘든 만큼 다른 사람을

보내는 일이 많아졌던 것이다. 그래도 남을 보내는 일이 줄지 않자, 대신 보낸 경우에는 집안 전체를 국경으로 옮기는 형벌을 주도록 아예 법으로 정했다.[11]

이 일이 힘든 것은 경제적 이유도 있었다. 조운선은 세금으로 걷은 쌀을 실어 운반한다. 이것이 배를 모는 사람들에게는 유혹이 되었다. 유혹을 못 이긴 사람들은 배를 일부러 암초에 부딪쳐 침몰시켰다. 그러고서는 물에 빠진 쌀을 건져 말린 후에 내다 팔았다.

정부가 이런 일을 방치할 리 없었다. 고의로 배를 부순 게 밝혀진 경우에는 선장과 선원들에게 화물 가격 전액을 배상하도록 했다. 그런데 고의 여부가 분명치 않은 경우도 있었다. 이 경우는 없어진 화물의 70%를 배상하도록 법으로 정했다.[12] 배상책임이 있는 사람은 세금 운반 책임을 맡은 아전, 배의 선장인 영선(領船), 그리고 뱃사람인 격군이었다.

하지만 격군은 가난하니까 똑같이 배상을 하도록 하면 불리했다. 그래서 아전과 영선이 50%, 나머지 50%를 격군 몫으로 했다. 그런데 나중에는 침몰한 배를 새로 만드는 가격까지 물도록 했다. 정부의 논리는 단순했다. 조졸들이 배를 만드는 작업을 하는데, 배가 침몰한 것은 소홀하게 만들거나 관리했기 때문이므로 그 책임을 묻는다는 거였다.

1573년(선조 6)에는 이런 문제가 제기되었다.[13] 당시 배가 침몰했다는 이유로 조졸들이 빈번하게 형벌을 받았다. 그뿐 아니라 배상금까지 물어내야 했다. 그런데 전라도 부안에서 세금 운반선을 자주 만들었다. 이 지역 양반들이 수령에게 간청해서 배를 만들라는 명령서를 받아냈던 것이다. 자진해서 배를 만들어 바치겠다는 기특한 생

조선의 9급 관원들, 하찮으나 존엄한

각이 아니다.

이 지역 양반들이 나선 이유는 따로 있었다. 그들은 배를 만드는 비용의 일부를 자기 주머니에 챙기고, 배는 적은 비용으로 허술하게 만들었다. 요즘의 하도급 공사처럼 말이다.

이러니 배가 제대로 만들어질 리 있겠는가. 배가 침몰될 것은 명백한 일이었다. 그들도 이걸 잘 알고 있었지만 전혀 개의치 않았다. 배가 침몰되면 죄는 배를 운행하는 조졸들이 받고, 수령이 파면되거나 세금 걷는 아전이 역을 지키는 아전으로 바뀌었다. 그러나 배를 만들자고한 양반들에게는 아무런 책임도 없었던 것이다. 이를 노리고 악

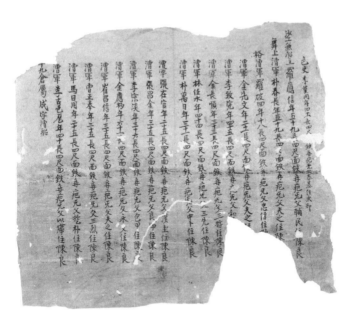

전라도 영광에 있던 조운창고인 법성창에 관련된 문서이다. 문서에는 조운선에 타는 사람들과 곡식 납부 현황 등이 적혀 있다. 법성창은 39척의 조운선을 두고 15개 고을에서 세금으로 낸 곡식을 거두었다. 조선후기에는 조졸 1344명이 이곳에 소속되었다.

용한 양반들을 처벌하자는 주장이 나왔다. 아마 이전에도 이런 재미를 계속 보았을 터이다.

『경국대전』에 뒤이은 『대전속록』이란 법전에는 이런 조운 문제에 대해 자세하게 법조항을 규정하기도 했다. 운반책임자인 천호(千戶), 선장인 영선 중 조졸들을 괴롭혀 쌀과 포를 많이 거둔 자에 대해 처벌한다든가, 조운선에 개인 물건을 운반한 경우는 책임자들의 집안을 변방으로 옮기게 하는 법이 정해졌다.

그리고 배가 침몰할 경우에 대한 정확한 추징액을 정하기도 했다. 쌀 한 말이 물에 빠지면 4승 5합이 불어나고, 이를 불에 쪄서 말리면 3승 9합 2작이 줄어든다고 했다. 어떻게 얻어진 수치인지는 모르겠지만, 무척이나 신경을 쓴 것은 분명해 보인다. 당연히 이 수치는 배가 침몰한 곳에서 실제로 적용되었다. 침몰 지역의 수령은 배에서 쌀을 건져 쓰는 대신 이 환산법에 따라 반납하도록 정한 것이다.

결국 없어진 쌀은 배에 탔던 사람들의 몫이 되었다. 가난한 격군들은 가산을 탕진했고, 그것도 모자라서 친척들에게까지 피해를 주었다. 배상책임이 친척까지 무한대로 넓혀졌기 때문이다. 수령은 심지어 이웃집에까지 배상책임을 넘겼다. 양심 없는 수령은 이 기회를 틈타 정해진 배상액보다 더 많이 걷는 일도 흔했다.[14]

이렇게 조졸의 일은 국가가 정한 가장 어려운 직업이 되었다. 본인이 배를 타지 않으면 그 대가로 쌀을 바쳤는데, 많게는 수백 가마니까지 내야 했다.[15] 이 규정을 바꾸자는 논의가 있었지만, '전통'이란 이름으로 계속되었다.

김동(金同) 살인 사건

1490년(성종 21) 8월 7일, 성종은 살인사건에 대한 보고를 받았다.[16] 이미 보고서는 작성되어 있었고, 최종심판만이 남아 있었다. 사건의 개요는 간단했다. 충청도 충주에 살던 석귀근(石貴根)이 면포를 내지 않았다는 이유로 김동이란 격군을 살해한 것이었다. 석귀근이 격군이었는지는 분명치 않다. 다만 그가 격군으로 나가지 않는 대신 그 대가로 바치는 면포를 걷는 일을 맡았던 것 같다. 아마 김동이 석귀근에게 도움이 되어야 하는 보인(保人), 즉 격군으로 나가는 대신에 경제적 도움을 주도록 정해진 사람이었을 수 있다. 이 경우에 면포는 당연히 주어야 할 경제적 대가였다.

면포를 내라는 석귀근과 김동 사이에 시비가 붙었다. 석귀근은 화가 나서 김동을 때렸고, 결국 죽음에 이르게 되었다. 문제는 과연 고의적으로 살인을 했는가였다. 지금도 그렇지만 살인의도 여부는 형벌에서 큰 차이를 낳는다. 이날 논쟁의 초점이 여기에 있었다.

물론 조선시대에 살인에 해당하는 형벌에 큰 차이가 있었던 것은 아니다. 싸움질하다가 죽인 경우에는 교수형이다. 그래서 처음에는 가을을 기다려서 교수형을 시킨다는 안건이 올라왔다. 만약 고의적으로 죽였다면 목을 베어 죽이는 형벌에 처해야 한다.[17]

처음에 고의적인 살인이 아닌 것으로 본 것은 석귀근이 화가 나서 때렸음을 중시하였기 때문이다. 그러나 검시 보고서를 보니 실상은 매우 잔혹했다. 무려 39군데나 상처가 있었던 것이다. 그중에서 급소가 9곳이나 되었다. 그뿐만이 아니라 때린 후에 말굴레를 목에 매서 풀 속으로 끌고 다녔음이 확실했다. 결국 처음에는 죽일 의도가 없었다 해도, 살해수법으로 볼 때 용서할 수 없는 범죄로 결론지었다. 당시 격군에게 주는 무명을 걷는 과정에서 생긴 살인이었다.

힘들었던 격군에 대해서는 이런 노래가 지어지기도 했다.

한숨 짓고 또다시 한숨 짓네 / 격군은 마땅히 배에서 잠자야 하는데
코 고는 소리는 들리지 않고 / 오직 번뇌와 원망의 소리 들린다
묻겠다. 너는 어째서 원망을 하며 / 묻겠다. 너는 어째서 번뇌하느냐
…(중략)
가까운 바다의 격군을 모았는데 / 사신은 큰 녹봉을 다하였고
문안을 들어와도 부모가 없고 / 문밖을 나가도 형제가 없네
재산을 털어서 행장 꾸리고 / 세간을 팔아서 화려한 옷 갖추고
각궁(角弓)은 서쪽 집에 팔고 / 송아지는 동쪽 집에 팔아넘겼네
등에는 범무늬의 포를 걸치고 / 허리에는 사슴가죽 조롱을 띠었네
아침에 통영을 떠나가 / 저녁엔 부산항에 배를 매니
젊은 아내 이별의 소리 들리지 않고 / 오직 오경(五更)의 나팔소리만 요
란하네
…(중략)
소원이란 배 한번 불러봤으면 / 우리들은 좋은 음식 바라지도 않네
소원이란 배부르게 먹자는 것 / 우리들은 곡식 주고 은(銀) 바꾸자는
것 아니오
우리들은 스스로 고달픔을 말할 뿐 / 어찌 감히 원망이나 비방을 하
오리까

—『해행총재』차상록

조선의 9급 관원들, 하찮으나 존엄한

조선후기 통신사 일행이 일본 오사카의 요도가와(淀川)를 지나는 장면이다. 부산을 출발한 통신사 일행은 이곳에서 일본배로 갈아탄다. 일본배에서 노를 젓는 사람들이 보이고 있다. 조선의 조졸들만큼 피곤한 인생이었는지는 알 수 없다.

이 시는 격군들과 함께 일본에 사신으로 간 김세렴이 그들의 처지를 토로한 것이다. 비록 조운선에 탔던 격군들은 아니지만, 비슷한 처지가 아니었을까. 사신단을 따라가는 격군은 비용을 마련하기 위해 재산을 털어냈다. 그들의 소원은 배부르게 한번 먹는 것, 소박한 꿈이었다. 가족들까지 모두 도망갔기에 부모와 형제가 없는 것일 수 있다.

조졸은 조선시대 힘든 직업이었다. 배를 타는 일은 목숨을 담보로 했고, 노젓는 일은 고된 노동의 연속이었다. 그래서 조졸들은 끝까지 천시받고, 어려운 삶의 굴레에서 벗어나지 못했을 것이다. 대대로 이어가는 직업이기에, 자손들까지 고달픔의 멍에가 기다리고 있었다. ◉

4부 나는 백성이 아니옵니다

18세기에 그려진 풍속도에는 승려 모습의 점쟁이가 등장한다. 그러면서도 어딘가 승려답지 않게 어설픈 모습이다. 머리가 길기 때문이다. 길거리에서 점을 쳐서 하루하루 살아가는 사람들의 모습이다. 승려복장은 점괘에 권위를 더하기 위한 장치가 아닌가 싶다. 이런 떠돌이 인생, 소외된 인생이 조선사회에도 많았다.

조선시대는 유교사회였다. 유학자들은 사람들이 무엇인가 분명한 사회적 역할이 있어야 한다고 생각한다. 그래서 이익이나 개인의 욕심을 추구하는 사람들을 비판적인 시각으로 보았고 도덕을 기준으로 다른 사람을 재단하려 했다.

또한 조선정부는 먹고 노는 사람들을 싫어했다. 이들을 유수라고 했다. 때로는 승려들을 가리키는 경우도 있었다. 먹고 노는 것은 농업생산력이 낮은 사회에서 정의롭지 못한 일이라고 보았다. 그래서 정부는 이들을 가능한 없애려 했다. 이런 사람들의 삶은 어떠했을까?

비구니는 여자 승려다. 조선은 이들을 여성이라는 이유만으로 더욱 엄격한 도덕적 잣대를 들이댔다. 그만큼 여러 가지 제한과 규제가 많았다.

광대에 대한 시선은 어떠했을까? 고려시대에는 잦은 궁궐 잔치에 탈을 쓰고 등장한 존재들이었다. 그러나 조선시대에는 떠돌아다녀야 하는 인생이다. 농업 위주의 사회에서 이들이 정착할 곳은 많지 않았다.

지금도 그렇지만 장애가 있는 사람들은 활동하기가 쉽지 않았다. 사회 복지가 없지는 않았지만 충분하지 않았다. 여기서는 그중 맹인(시각장애인)들을 통해 그들이 사회적으로 받은 대우와 했던 일을 보려고 한다.

오작인은 관청에서 일했다. 주로 시체를 검시하는 특이한 일을 했던 사람들이다. 아울러 사형을 집행하는 망나니 역시 죽음을 다룬 존재였다. 기록이 많지 않지만, 이들의 삶을 재구성해 보자.

무엇보다 사회적으로 천시를 받았던 존재가 거골장이다. 이들은 백정이라는 이름으로 잘 알려져 있지만, 특히 소를 잡는 전문 도살꾼들이었다.

서럽고 서러워라

비구니(比丘尼)

사랑에 눈멀어 목숨을 잃다

1423년(세종 5) 10월 8일, 서울 종로 거리에서 한 여인이 말뚝에 묶이고 있었다.[1] 복장을 보아하니 양반집 마나님이 분명했다. 그녀는 얼마나 큰 죄를 지었길래 이런 험한 꼴을 당하고 있을까? 그녀는 관찰사를 지냈던 이귀산(李貴山)의 아내였다.

그녀의 성은 유(柳)씨. 이름은 알려지지 않았다. 일찍 아버지를 여의고 불우한 어린 시절을 보낸 그녀는 인생의 허무함을 느꼈는지, 아니면 집이 어려워서인지 비구니(比丘尼, 여승)가 되었다. 그런 그녀가 한양에서 가끔 찾아가는 곳이 있었다. 먼 친척인 조서로(趙瑞老)의 집이었다. 당시 조서로는 아직 나이가 어렸는데, 아마도 비구니인 유씨가 연상이었던 듯하다. 두 사람은 어린 나이였지만 서로 좋아하게 되었다.

일찍 결혼하던 시대라서 그런지, 성(性)에 대해 조숙했다. 조서로가

승무복을 입은 비구니의 모습이다.
비구니의 경우는 고깔을 썼는데, 비구에
비해서 지켜야 할 계율이 더 많았다.

14살이 되면서 두 사람은 관계를 갖는 사이로 발전했다. 그러나 두 사람의 밀회는 오래가지 못했다. 조서로의 어머니가 이를 알게 된 것이다. 비구니 유씨는 출입이 금지되었다.

그런데 유씨가 비구니 생활을 그만두고 환속하였다. 그리고 이귀산과 혼인을 했다. 두 사람의 밀회가 다시 시작된 것은 이 무렵이다. 밀회장소는 이귀산의 집. 이귀산과 유씨는 나이 차이가 꽤 났다. 이귀산은 젊은 아내를 사랑했는데, 조서로가 친척이라고 하니까 대접을 잘 해주었다. 같이 술자리도 하고, 조서로에게 좋은 말을 주기도 했다. 하긴 조서로도 촉망 받는 엘리트 관리였으니까, 손해 볼 일은 없었을 것이다. 결국에는 세종의 비서실장인 도승지가 되었기에 말이다.

남편의 눈을 피하기 위해 유씨는 이귀산과 쪽지를 주고받았다. 다행히 그녀는 한문을 좀 읽을 줄 알았다. 쪽지에는 "목복(木卜)의 집에서 만나 울울하게 맺은 정을 풀기 바란다"고 적혀 있었다. 목복(木卜)은 곧 박(朴)자인데, 조서로의 누이동생의 아들인 박동문(朴東文)을 뜻했다. 다시 말해 그의 집에서 보자는 일종의 암호문이다.

아슬아슬한 밀회는 약 1년 정도 이어졌다. 하지만 꼬리가 길면 잡히는 법. 어떻게 발각이 났는지는 모르나 사헌부가 이 일을 세종에게 보고했다. 세종은 무척이나 화가 났다. 세종이 아직 젊은 시절이었기에 더 그러했을 것이다. 세종은 다음과 같이 지시했다.

> "우리나라가 동방예의지국의 역사가 길지만 이런 일이 없었다. 특히 도능지가 강상죄(유교의 충효를 어긋나게 하는 큰 죄)를 지었다. 그러나 그는 공신의 아들이기 때문에 형벌을 가할 수 없다. 유씨는 대신의 아내로 음탕한 짓을 했기에 크게 징계하여 본보기를 보이도록 하라."

이렇게 두 사람의 사랑은 비극으로 끝이 났다. 유씨는 3일 동안이나 저자 거리에 세워져 있다가 사형을 당했고, 조서로는 경상북도 영일로 유배길을 떠나야 했다. 유씨가 잠시 동안이나마 몸담았던 비구니의 삶, 비구니로 살았다면 행복했을까?

비구니가 되다

조선시대에 여성이 불가에 귀의하는 일은 쉽지 않았다. 남성의 경우에는 면포 100필을 내고 허가증인 도첩(度牒)을 받았다. 그러나 나라에서 정한 역(役)이 있거나, 아들만 하나인 경우와 처녀는 이것조차 허락하지 않았다. 법적으로 안 된다는 뜻이다.

그런데 처녀가 아닌 유부녀인 경우는 좀 달랐다. 주로 남편이 없는 경우에 비구니가 되곤 했는데, 특히 왕실이 그러했다. 그 시작은 태조 이성계의 딸인 경순궁주(敬順宮主)였다. 경순궁주의 남편인 이제(李濟)는 중앙 군부대 지휘관이었다가 1398년(태조 7) 1차 왕자의 난 당시 죽임을 당했다. 그때 동생들도 같이 죽어 경순궁주는 의지할 곳이 없어졌고, 자의 반 타의 반으로 비구니가 되었다. 그녀가 머리를 깎을 때 이성계는 비통하여 울었다고 한다. 그녀는 9년을 더 살다가 세상을 떠났다. 인생의 허무함에서 오는 스트레스를 견디기 어려웠는지도 모른다.

세조때 적개공신이 된 손소라는 사람의 초상화. 공신은 땅과 노비를 받는 경제적인 것 이외에 자손들이 충효와 관련된 범죄를 저지르지 않으면 면책이 될 수 있는 특권까지 있었다.

조선의 9급 관원들, 하찮으나 존엄한

이후로도 왕실에서는 한동안 비구니가 되는 일이 드물지 않았다. 세종 사후에도 그의 후궁 10여 명이 비구니가 되었다. 이 경우는 정치적 이유가 아닌 신앙심 때문이었다. 이들은 궁궐 내에서 수를 잘 놓는 사람을 모아 부처를 수놓게 하거나, 또는 기술자들에게 불상을 만들도록 했기에, 유교 사회인 조선에서는 관리들의 비판을 받기도 했다.[2]

한편 양반집의 경우에도 생계가 어려우면 비구니가 되곤 하였다. 1410년(태종 10) 병마사였던 한흥보(韓興寶)가 여진족과의 전투에서 사망하였다. 그에게는 네 명의 딸이 있었는데, 모두 시집을 가지 못한 상태였다. 그중 맏딸은 집안에 돈이 없어서 비구니가 되려 하였다. 당시에 경제력이 없으면 결혼하기 어려웠던 이유는 신부의 호화혼수 때문이었다. 이런 폐단을 해결하기 위해 세종은 중국에서 만들어진 비단으로 이불이나 요, 옷 등을 해오는 것을 금지시키고, 국산품으로 쓰도록 했을 정도였다.[3]

또한 과부가 된 이후에 절개를 지키기 위해 비구니가 된 여성들도 있었다. 그래서 세종은 비구니들이 삿갓을 쓰고 얼굴을 드러내고 다니는 것을 문제 삼았다.[4] 얼굴을 드러내면 남녀간의 정(情)이 날 수 있기 때문이다.

비구니들은 정업원(淨業院)에 모여 살았다. 태조대 만들어진 이 절은 조선초기부터 폐지 여부를 놓고 논란이 계속 되었다. 당시엔 승려들이 절에만 살지 않고 서울 인근에 간단한 초막(草幕)을 짓고 살았다. 주로 지금의 남산, 안암동, 정릉 골짜기에 이런 곳들이 있었다. 도성하고 멀지 않아, 사람들이 찾아와 불교의 재(齋)를 지내기 좋았기 때문이다. 이중에는 비구니들이 사는 곳도 있었다. 태종은 정업원

정업원의 옛터로 알려진 곳에는 영조가 세운 정업원구기(淨業院舊基)라는 비석이 있다. 이곳은 단종의 왕비였던 송씨가 궁궐에서 나온 뒤에 단종이 유배를 간 강원도 영월을 매일 바라보았다는 동망봉 근처에 있다. 현재는 지하철 창신역 부근의 청룡사라는 절이 자리를 잡고 있다.

만을 남기고 다른 곳들은 모두 철거하도록 했다.[5]

　그러나 관리들은 계속해서 정업원의 철거를 주장하였다. 이후 세종 때에는 유학(儒學)에 입각하여 이런 이야기까지 나왔다. '부부의 음양이 화합되는 것이 중요하다. 그런데 지금 나이 어린 비구니들이 마음속으로 정욕(情慾)을 쌓으면서 밖으로는 절의(節義)를 가장하고 있다. 따라서 이들은 혼인을 하고 싶지만 말을 못해서 원망이 크기에, 30세 이하 비구니는 환속시켜서 결혼을 하도록 하자'는 주장이다.[6] 이 주장은 사간원이 해마다 계속된 가뭄을 해결하기 위한 방안으로 제안한 것이다. 전형적인 유교 관리들의 시각이 반영된 제안이다. 결국 세종대 말년에는 정업원을 없애는 방향으로 논의가 흘러간다. 정업원이 가진 땅과 노비가 적지 않았던 터인지, 관리들은 이곳

　　　　　조선의 9급 관원들, 하찮으나 존엄한

을 학교로 만들라고 강하게 주장했다.

그러나 불교신앙이 깊었던 세조는 정업원을 다시 부활시킨다. 유교를 근본으로 여기는 조선에서 신앙을 내세울 수는 없으니까, 과부들의 구제기관이라는 사회복지를 명분으로 내세웠다. 정업원에는 다시 노비 30명, 땅 100결이 자본금으로 내려졌다.[7] 이후 노비 70명이 추가되면서, 정업원은 완벽하게 부활하였다.

비구니들을 문제삼다

16세기 성종대가 되면 성리학이 사회이념으로 굳건해져 비구니에 대한 비판이 더욱 거세진다. 원래 조선법에는 부녀자들이 절에 올라가는 것을 금지하고 있었다. 그런 가운데 정업원의 비구니들이 양반집 여성들과 어울린다는 점이 문제가 되었다.[8] 또한 비구니들이 승려들과 만나는 것 역시 문제였다. 문제가 된 절은 왕실이 세운 수종사(水鍾寺)와 정인사(正因寺)였다. 수종사는 남한강과 북한강이 만나는 두물머리가 한눈에 내려다보이는 수려한 경관 때문에 요즘에도 인기가 높은 절이다. 그리고 정인사는 성종 초반 인수대비가 크게 넓힌 절로, 경기도 고양 신도읍의 경릉(성종의 아버지 무덤)에 자리잡고 있다.

문제가 된 것은 어찌 보면 사소한 것이었다. 수종사의 문제는 두 비구니가 삼재(三齋)가 끝난 후에도 돌아가지 않고 그곳에 머물렀다는 것이며, 정인사는 주지인 설준(雪俊)이 경릉이 있는 신성한 곳인데도 불구하고 비구니를 절에 묵게 했다는 거였다. 물론 그외에도 설준이 과부와 비구니를 머물게 하면서, 승려들을 시켜 그들의 종이 절을 출입하는 것을 막았다는 사실까지 첨부했다.

그런데 다른 절에 간 비구니를 어떤 법에 따라 처벌하느냐가 문제였다. 법전에는 부녀자가 절에 올라가는 것만이 금지되어 있고, 비구니에 대한 규정은 없어 결국 처벌할 수 없었다. 더구나 절에 올라간 부녀자들 대부분이 고위 관리의 부인이었고 훈구대신들이기에 대부분 공신이기도 하였다.

하지만 유학자들은 끈질겼다. 이들은 유교적 시선에서 비구니가 되려하는 것이 음란함을 위해서라고 보았다. 『동문선』을 지은 서거정은 이렇게 주장한다. 비구니가 되는 여성들은 주로 '남자를 알게된 처녀들과 남편을 버린 사납고 모진 부인'이라고. 따라서 이들 중에서 신앙을 위한 사람은 100명에 한두 사람이고, 비구니가 되면 승려와 비슷해져서 음행을 저지르기 쉽다는 것이다.[9]

그렇다면 어떻게 처벌할 것인가? 이 문제는 부녀자가 절에 올라가는 것을 금지하는 법조항의 해석을 확대하는 것으로 의견이 모아졌다. 즉 비구니도 여성이기 때문에 '부녀(婦女)'라는 개념에 넣기로 한 것이다. 그 결과 『경국대전』에는 '유생(儒生), 부녀로 절에 올라가는 자'라는 구절 아래에 작은 글씨로 '여승[尼]도 같다'라는 각주를 달게 되었다.[10] 아울러 비구니들이 일반 여염집에 드나드는 것도 문제로 삼았다. 양식을 구하거나 가족을 만나는 것 이외에는 금지시켰던 것이다.[11]

비구니에 대한 유교적 시선은 새로운 사건으로 더욱 힘을 얻는다. 이른바 '홍씨 독살사건'이 그것이다. 사건은 한참을 거슬러 올라간다. 승려인 학윤(學潤)은 15년 전부터 양반가의 부인인 홍씨를 만나러 다녔다. 그러는 사이 홍씨가 데리고 있던 여종을 좋아하게 되었

현재 비구니들이 모여서 수행하는 운문사(경북 청도)의 옛 모습이다.

다. 이 여종은 당시 비구니였다. 그녀의 이름은 정인(正因). 학윤과 정
인은 좋아하는 사이가 되었고, 두 사람 사이에는 아들이 생겼다.

그런데 또 다른 아이가 생기면서 문제가 터졌다. 갑자기 홍씨가
죽은 것이다. 검시를 해보니 비상을 먹고 죽은 독살이었다. 누가 범
인일까? 학윤을 조사했으나 그는 아니었다. 범인은 바로 비구니인 정
인. 그녀는 홍씨가 자신이 임신한 사실을 알고 죄를 물을 것 같아서
독살했다고 고백했다.[12] 노비가 주인을 죽인 죄이기에 더 큰 문제가
되었다. 학윤 역시 무사할 수 없었다. 그는 몽둥이 100대를 맞고 군
인으로 보충되었다가 얼마 후에 풀려났다.[13] 비구니 정인은 비록 살
인죄를 지었지만 임신하고 있는 상태여서, 아이를 낳은 후에 조사를
받았다. 법적으로 여성이 임신한 경우는 아이를 낳은 이후 100일을
기다려서 고문하거나 판결하도록 되어 있었다.*

인왕산 서쪽 면에 있는 인왕사. 조선초기 울창했던 인왕산 주변은 현재 아파트와 주택들로 차있다. 이 절은 지하철 독립문역에서 인왕산으로 올라가는 중간에 자리잡고 있다.

이 사건의 파장은 컸다. 정부는 한양과 인근 비구니들의 집을 23 군데나 철거했다.[14] 민가와 가까워 문란해질 수 있다는 것이 그 이유였다. 단, 한양의 반석방(盤石坊, 서부에 속하는 곳으로 인왕산 주변)에 있던 두 곳과 인왕동(仁王洞)의 한 곳만은 예외로 남겨두었다. 반석방의 절은 민가에서 멀리 떨어져 있고, 인왕동의 것은 세조 때 만들어졌다는 이유로 무사할 수 있었다.

이와 비슷한 사건은 중종 때에도 있었다. 승려 각령(覺靈)이 일반사

---

* 조선의 형벌은 명나라의 『대명률』을 따랐다. 즉 "부인이 임신하였는데, 범죄를 고신·판결하여 야 할 경우에는 위 조문과 같이 관리하며, 모두 산후 100일을 기다려 고신·판결한다. 출산하 지 않았는데 고신·판결하여 낙태된 경우에는, 관리를 '범투상'죄에서 3등을 감하고, 죽은 경우 에는 장 100대, 도형 3년에 처하며, 산후의 기한이 되지 않았는데 고신·판결한 경우에는 1등을 감한다"(『대명률직해』 권28, 단옥 부인범죄).

　　　　　　　　　　　조선의 9급 관원들, 하찮으나 존엄한

람의 복장으로 말을 타고 도성 안을 돌아다니면서, 정업원의 비구니 원일(元一), 종지(宗知), 묘심(妙心)과 관계를 맺어 문제가 되었다.[15] 각령의 경우는 비구니와의 관계도 문제이지만, 승려가 말을 타고 도성 안을 돌아다녔다는 점에서 논란의 여지조차 없었다. 조선시대에는 고려와 달리 승려가 말을 타는 것을 허용하지 않았기 때문에 명백한 현행법 위반이었다. 승려의 사회적 신분이 그만큼 낮아졌던 것이다.

이 사건이 벌어지자 사헌부는 중종에게 비구니인 원일 등을 잡아들이는 일에 대해 허락을 구했다. 정업원의 주지가 전대 연산군의 후궁인 곽씨였던 까닭에 조심스러웠던 것이다. 그런 점에서 정업원은 나름의 지위는 가지고 있었던 셈이다. 실제 정업원은 단순히 비구니들이 머무는 장소가 아니었을 것이다. 이곳은 갈 곳이 없는 여성들이 머무르는 일종의 사회복지기관이었다.

사랑을 위해 수절하려 했다

1449년(세종 31) 꽃들이 경쟁하듯 피어나는 봄날. 세종은 경상도 관찰사가 올린 보고서를 살펴보고 있었다.[16] 그중 하나가 세종의 눈에 들어왔다. 만호(萬戶, 종4품의 군장교) 최완(崔浣)의 첩인 도야지(都也之)를 표창하자는 내용이었다. 도야지가 무슨 일을 했기에 상을 내리자고 한 것일까?

이야기의 시작은 7년 전으로 거슬러 올라간다. 전라도 고흥 부근의 금음모도(今音毛島)에 왜인(倭人)들이 상륙했다. 당시 최완은 이들을 추격하여 격투 끝에 11명을 죽이고, 그들의 무기 등을 얻었다고 보

고했다.[17]

왜적을 처치했다는 보고에 조정의 반응은 뜻밖이었다. 심지어 병조는 굶주려 피곤한 왜적을 한 명도 사로잡지 않고 다 죽였다는 걸 의심했다. 곧 사건에 대한 조사가 시작되었다. 병조가 의심한 데는 나름의 이유가 있었다. 보고서를 보면, 노획한 물품에 무기류는 별로 없고 주로 물고기를 낚는 기구가 많았다. 또 죽은 왜적들은 나흘 동안 산속에 숨어 지내고 있었다. 따라서 이들은 싸울 힘도 없었을 터이다.[18] 중앙정부는 조사관을 파견했다.

조사결과는 예상대로였다. 최완이 공을 세우기 위해 물고기를 잡던 왜인(倭人)들을 죽인 것이다. 그 왜인들은 통행증명서까지 있었다. 결국 최완은 감옥에 갇히게 되었다.

최완에게 내려진 형벌은 사형. 단, 가을에 집행하기 때문에 그때를 기다려야 했다. 도야지는 사형당할 날만 기다리며 감옥에 갇혀 있는 최완에게 유일한 희망이었다. 최완은 장흥부(長興府)에서 조사를 받고 다음해에 경상도 김해로 옮겨간 뒤 다시 한양으로 옮겨져 의금부에서 감옥 생활을 했다. 도야지는 최완의 옥바라지를 열심히 했다. 김해로 옮기자 그녀는 자신의 옷을 쌀로 바꾸어 식사를 대주었다. 그 시절에 감옥은 원칙적으로 가족이 식사를 공급해야 했다. 그렇게 시간이 흘렀다.

하루는 도야지가 감옥을 지키는 옥졸에게 한 번만 안에 들어가자고 애걸복걸했다. 옥졸은 불쌍한 생각도 들고 해서 이를 허락했다. 이때 최완의 대탈출이 시작된다. 도야지가 최완의 수갑과 차꼬를 벗겨자신이 찼다. 그리고 자신이 입고 있던 옷을 벗어 최완에게 입혔다.

이런 황당한 속임수가 오래갈 리 없었다. 최완은 이내 붙잡혔고,

이후로는 면회가 금지되었다. 도야지는 또다시 이마을 저마을 다니면서 구걸을 하여 최완의 옥바라지를 했다. 어느덧 가을이 되어 최완의 사형이 집행되었다. 도야지는 깨끗하게 옷을 빨아 염습을 하고, 이틀 동안 통곡하면서 먹지도 않고 기절까지 했다. 풀로 덮는 초빈(草殯)을 한 후에도 반년 동안 무덤을 지켰다. 그리고 유골을 화장해 함에 담아 최완의 고향으로 가지고 가서 묻어주었다. 그리고 무덤 옆 여막에서 다시 3년을 지냈다.

사형당하던 날 최완은 도야지에게 죽어서도 은혜를 잊지 않겠다고 하면서 볼을 문질러주었다. 도야지는 이 볼을 3년 동안이나 씻지 않았다. 3년간의 시묘살이를 마친 후 도야지는 머리를 깎고 비구니

감옥 안에서 차꼬를 차고 있는 모습. 중죄인의 경우는 도망을 막기 위해 수갑이나 차꼬를 채웠다. 이런 경우에 생리적인 해결을 어떻게 했는지 궁금하다.

가 되었다. 자신의 절개를 지키기 위해서였다.

그렇다면 과연 도야지는 정부로부터 상을 받았을까? 답은 '아니다'였다. 다시 조사를 해보니 도야지는 재혼을 한 상태였다. 그러나 정부도 최완에 대한 도야지의 사랑은 인정했다.[19] 당시 수절이 가능한 사람들은 경제적으로 여유가 있는 사람들뿐이었다. 그녀도 역시 살기 어려워서 환속을 했을까? 아니면 또 다른 사랑 때문에?

조선의 비구니는 서러운 존재였다. 형편이 어려워서든 아니면 수절을 위해서든 힘든 길이었다. 신앙을 따르는 일조차 묘한 시각에서 보았기에 비구니의 삶은 항상 감시의 눈 속에서 지내야 했던 것이다. ◉

조선의 9급 관원들, 하찮으나 존엄한

사람들을 즐겁게 하라

광대

광대가 왜적을 막다

1555년(명종 10) 음력 5월, 초여름 날씨였다.[1] 전라감사 김주(金澍)는 긴급히 영암으로 향했다. 왜구였다. 앞서 11일에 70여 척의 왜선이 달량(達梁, 전라남도 해남) 포구 앞에 나타나 달량성을 함락한 후 기세를 몰아 영암으로 향하고 있었다. 그는 영암을 지킬 방법을 찾아야 했다. 영암이 무너지면 그 위의 나주 등이 모두 위태로울 것이 뻔했다. 왜구들이 코앞까지 들이닥친 이때에 영암성의 방비를 누구에게 맡길 것인가? 김주는 전주부윤 이윤경(李潤慶)이 지휘관으로 적합한 인물이라는 이야기를 듣고, 급하게 그에게 영암의 방위를 맡겼다.*

이윤경은 잘 훈련된 군사들을 이끌고 영암으로 출발했다. 그 뒤를 알록달록한 색깔옷을 입은 사람들이 무리지어 따르고 있었다. 족히 사오백 명은 되어 보이는 이들은 이윤경이 뽑은 광대들이었다. 왜구를 토벌하러 가면서 광대를 데리고 간다? 희한한 일이 아닐 수 없었다.

청나라 사신으로 온 아극돈이 그린 봉사도 중의 일부이다. 광대들이 사신들 앞에서 산대놀이를
하고 있다. 옆에서는 줄타기 놀이가 벌어지고 있다.

　5월 24일, 긴장감이 감돌던 영암에 마침내 왜적이 나타났다. 왜적
들은 한밤중에 소리 없이 영암을 포위했다. 성이 포위당하자 백성들
은 어찌할 바를 모르고 우왕좌왕하며 여기저기 서성거렸다.

　이윤경은 촛불을 켠 후에 관아 대청에 나와 앉아 침착하게 말했다.

• 이 사건이 이른바 을묘왜변이다. 원래 조선정부는 일본과 교린을 원칙으로 관계를 맺고 있었
다. 그러나 1510년 삼포왜란 등과 같은 왜구들의 소란으로 조선정부는 일본측과의 교류를 더
욱 제한하기 시작했다. 이런 통제에 대한 불만으로 왜구는 1555년에 70여 척의 배를 이끌고 전
라도 연안 지방을 습격했다. 조선정부는 중앙군을 파견하여 전라도 영암에서 왜구를 무찔렀
다. 이후 쓰시마 도주(島主)는 사죄하였고, 이후 조선정부와 제한된 무역을 하였다.

　　　　　　　　　　　　　조선의 9급 관원들, 하찮으나 존엄한

"쓸데없이 움직이지 마라."

성안의 분위기는 차츰 안정을 찾아갔다. 이때 지휘부의 편지가 도착했다. 성을 버리라는 지시였다. 그러나 이윤경은 단호했다.

"편지를 갖고 오는 사자를 성안에 들이지 마라. 사자가 다시 오거든 활을 쏘아 쫓아보내라."

이미 성안 백성들에게 편지 내용이 다 돈 터였다. 겁에 질린 백성들은 허둥지둥 짐을 꾸리고 세간을 챙기기 시작했다. 아수라장이 따로 없었으나 이윤경은 조금도 동요하지 않았다. 이윤경의 단호한 태도는 이들을 다시 안정시켰다.

성밖에 구원군으로 와 있던 남치근(南致根)이 군관들에게 적진을 향해 돌격하라는 명령을 내렸다. 그러나 적진을 향해 달려나가던 군관들이 탄 말이 고꾸라지면서 사상자만 내고 물러나고 말았다. 군관은 전문 무사다. 전문 무사들이 어이없이 퇴각하는 광경을 보고 모두들 두려움에 떨었다.

마침내 이윤경이 나섰다. 이윤경은 왜구가 추격해 올 길목에 쇠뇌를 설치하도록 명하고, 길 위에는 마름쇠를 뿌려놓았다. 그리고는 광대들을 불러 은밀히 지시를 내렸다. 잠시 후, 광대들은 마름쇠를 사뿐사뿐 건너뛰며 길 위에서 재주를 부리기 시작했다. 이를 본 왜구가 이들을 쫓기 시작했다. 왜구를 유인하는 데 성공한 광대들은 방향을 돌려 향교로 향한 뒤 향교 앞뜰에서 신명나는 놀이판을 벌였다. 광대를 쫓던 왜구들은 얼마 못 가 쇠뇌와 마름쇠에 걸려들었다. 결국 추격을 중단하고 향교에 들어가 광대의 공연을 지켜보기로 한다. 이 틈에 남치근 등은 총출격을 명령했다. 결과는 대성공이었다. 실록에는 전주 군인들을 동원해 향교에서 왜구 104명의 머리를 베었다고 나온다.[2] 다만 실록에 기록된 전투가 영암에서 벌어진 것인지, 또 광대가 동원되었는지는 분명치 않다. 그러나 이 아야기 자체가 거짓이라고 볼 수는 없다. 이렇게 을묘왜변에서 맹활약한 광대는, 어떤 포상을 받았을까?

광대는 어떤 사람들일까?

광대는 공연을 하는 사람들이다. 인간은 먹고 자는 것을 해결하고 나면 볼거리를 찾는다. 조선시대에도 공연은 대표적인 볼거리였고, 광대는 공연으로 생계를 해결했다.

고려시대에는 광대라는 말이 '가면을 쓰고 놀이하는 사람'을 뜻했는데, 특히 후반기에는 광대가 궁궐에 자주 등장했다. 고려 후반기 몽골이 세운 원의 정치적 간섭으로 국왕이 바뀌던 시절이 있었다. 충숙왕이 원에 머물고 있을 때, 당시 심왕(瀋王) 왕고(王暠)가 왕위를 빼앗으려고 했다. 이를 눈치챈 충숙왕은 고려에 사람을 보내 이런 메시지를 전달했다.

> "옛날에 작은 광대가 큰 광대를 따라서 강을 건너가려는데 나룻배가 없었지. 그때에 작은 광대가 여러 큰 광대들에게 '나는 키가 작아서 물의 깊이를 알기 어려워. 당신들은 키가 크니 앞에 가서 물깊이를 좀 재보지'라고 제안했어. 큰 광대들은 모두 그러자고 했어. 그런데 모두들 물에서 다 빠져 죽고 작은 광대만 남았거든. 지금 우리나라에 작은 광대 두 사람이 있어. 그들이 바로 전영보와 박허중이야. 이놈들이 나

를 위험한 곳에 두고 태연하게 앉아서 구경하고 있으니 말이야."

— 『고려사』 권 124, 열전37, 폐행2, 전영보

충숙왕은 광대 이야기에 빗대어 자기 처지를 토로했다. 그만큼 광대는 주변에서 흔히 접할 수 있는 사람들이었다. 광대들은 각종 잔치에서 벌이는 공연 이외에 국가행사에도 동원되었다. 대표적인 것이 음력 12월에 하는 큰 나례(儺禮)다. 나례는 귀신을 쫓는 액막이굿이자 일종의 축제이기도 했다. 조선시대에도 나례는 계속되었는데 그 형식이 고려시대와 크게 바뀌지 않았을 것이다.

나례 행사에 필요한 사람은 12~16세 중에서 뽑았다.[3] 모두 24명이 필요했다. 이들은 가면을 쓰고 붉은 베바지를 입었다. 또 눈이 넷 달린 황금빛 탈을 쓰고 곰가죽으로 만든 검정 옷과 붉은 치마를 입은

「조선풍속화보」에 그려진 가면놀이를
하고 있는 광대의 모습이다.

방상씨(方相氏)가 등장한다. 이런 역할들이 광대로 이어진다. 행사 자체가 공연이기 때문이다. 그래서 나례는 12월 동지 때 이외에 중국 사신을 맞이하거나, 왕이 길에 나서거나, 또는 국왕 장례행렬에도 공연되었다.

광대는 우인(虞人, 優人), 재인(才人), 영인(伶人) 등으로 불리기도 했다. 조선시대에 나례는 행사 2개월 전부터 연습을 해야 했다. 연산군은 나례에 필요한 재인이 부족하니 먼저 선발하자는 건의를 받았다. 그러나 그는 나례가 오래된 관습이라 고치지 않고 있을 뿐이라면서, 공연 인원이 부족해도 그냥 하라고 지시했다. 우리가 알고 있는 놀기 좋아하는 연산군의 이미지와 좀 상반된 얘기다. 당시 나례에 참여하는 재인은 한양뿐만이 아니라 지방에서도 올라왔다. 그들은 스스로 먹을 것을 해결하면서 한양까지 와야 했다. 그래서 흉년이 있을 경우에 이들의 한양길은 곤란을 겪어야 했다.[4]

광대가 탈을 쓴 것은 초란(俏亂)이라고 한다.[5] 연암 박지원은 청에 사신으로 가면서 같이 갔던 사람을 초란공(炒卵公)이라고 불렀다는 이야기를 소개하고 있다. 그 사람은 치아가 별로 없어서 달걀볶음을 좋아했는데, 중국어로 달걀볶음이 초란(炒卵)이다. 중국어에 서툴렀던 그도 초란(俏亂)과 발음이 비슷한 이 말만은 항상 잘 외우고 다녀서 초란공이란 별명을 붙여주었다는 이야기다.

광대들은 유럽의 집시처럼 모여 살기도 했다. 재인(才人)으로 불린 이들은 조선정부의 입장에서 보면 골칫거리였다. 이들은 세금도 내지 않고, 농사도 짓지 않았기 때문이다. 태종은 이들에게 저화(楮貨, 종이돈) 50장을 내도록 했다. 일종의 세금을 부과한 셈인데, 저화 한 장이 쌀 두 말이니까 적은 비용은 아니었다. 그러나 조선조에 들어

연광정연회도 세부

김홍도가 그렸다고 전해지는「평양감사 향연도」의 일부이다. 공연을 하는 기생들과 함께, 계단과
공연장에 사자탈을 쓴 광대가 보인다. 아래쪽 학의 탈을 쓴 사람도 광대일 것이다.

오면서 재인들이 농민들과 섞여 살면서 군역까지 맡기도 하여, 저화 부과를 없애자는 의견이 있었다.[6]

물론 모든 재인들이 농사짓기로 돌아선 것은 아니었다. 떠돌면서 공연을 하는 자유로운 영혼을 억지로 붙잡아둘 수는 없는 터, 그들은 15세기 후반에도 여전히 떠돌고 있었다. 정부는 이들을 군대에 편입시키고, 부역을 매기면 오히려 도망쳐 도적이 될 수 있다고 염려했다. 그래서 살림이 좀 넉넉해 군대에 들어가려 하는 사람은 받아주고, 생계가 없는 사람에게는 노는 땅을 나누어 주자고 했다.[7] 일찍이 세종대에는 재인들의 간음과 도적질을 막기 위해 이들을 군대에 편입시키자는 방안이 있었다. 여행증까지 만들어 다른 지역으로의 이동도 통제한다는 계획이었는데, 이것이 제대로 안 되었던 모양이다.[8]

물론 집단이 아닌 개인으로 관청 등에 소속된 광대들도 있었다. 이들의 존재는 기생과 비슷했다. 비록 천인은 아니었지만 사회적 처지로는 그들과 다를 바 없었다. 이들은 궁궐에서, 때로는 관청에서 그리고 길거리에서 공연을 벌였다. 잔치가 있는 곳에 빠지지 않은 약방의 감초들이다. 과거 의정부에서 업무를 처리하는 날에는 문서작성과 분류, 기록 등의 일을 할 실무 관원을 뽑아서 처리했다. 주로 이조(吏曹)의 낭관(郎官, 정5품과 정6품 관리)이나 홍문관 등에서 뽑아 이 일을 맡겼는데 이들이 처리해야 할 일은 산더미 같았다. 이조, 호조, 예조, 병조, 형조, 공조의 6개 분야로 나누어진 일을 하루 종일 처리해야 했기 때문이다.[9] 이는 법과 제도로 정해져 있었다.

이럴 때 무엇으로 이들을 위로할까? 기생, 광대들과 음악이 그것이었다. 문제는 의정부가 일을 처리하는 것이 폐지된 뒤에도, 이 풍속이 계속되었다는 점이다. 그래서 이 일을 하는 중간관리가 있는

근대 초기에 찍은 조선의 옛 군인의 모습이다. 손에는 언월도를 들었고, 갑옷과 투구를 썼다. 포즈를 취한 사람의 어색한 자세로 보아 실제 군인이었는지는 알 수 없다.

곳에서는 노랫소리와 풍악소리가 하늘을 울렸다.

더 큰 문제는 잔치비용이었다. 이들은 회계를 맡은 서리를 불러 억지로 술을 마시게 했다. 그리고 술값을 받아내거나, 또는 한양의 부자를 잡아들여 비용을 내게 했다. 이 돈들이 광대나 기생의 화대로 쓰였다. 이같은 관례는 선조대에 와서야 겨우 없어졌다. 그러면 이들은 어떤 내용을 공연했을까?

광대는 어떤 것을 공연했을까

1464년(세조10) 늦가을, 세조는 세자, 왕실 사람들, 재상들과 함께 나희(儺戱)를 구경하고 있었다. 나희는 나례에서 공연이나 서커스 형태로 발전된 것이다. 이때 광대들은 민간에서 일어난 일을 공연했다.

세조는 이들의 공연으로 당시 관청의 횡포를 알 수 있었다. 세조는 공연을 재미있게 보고 난 후에 광대들에게 상으로 포목 50필을 주었다.[10] 광대들에게 적지 않은 포상이었다.

관청의 횡포를 고발하는 공연은 이런 내용이었다. 이전에 관청이 무당에게 세금으로 포를 너무 많이 거둬들이던 때가 있었다. 관리들이 세포를 받으러 오면, 무당집은 술과 음식으로 대접하면서 기한을 연기해 달라고 빌었다. 당연히 무당들은 너무 괴로워했다. 설이 되자 광대들은 이 내용을 대궐에서 공연했다. 이를 본 세조가 무당의 괴로움을 알고 세금으로 내는 포를 면제해 주었다는 이야기이다.[11]

중종 때에는 정평부사(定平府使) 구세장(具世璋)이 민간에서 너무 심하게 횡렴을 거두어 악명이 높았다. 한번은 구세장이 말안장을 사려고 관아에서 직접 흥정을 했다. 흥정은 끝나지 않아 며칠을 끌었다. 그러다가 구세장은 관청의 돈으로 이를 샀다. 얼마 후 광대가 이 상황을 놀이로 공연했고, 중종은 어떤 장면인지를 물었다. 광대들의 답을 들은 중종은 정평부사를 잡아와 신문을 하고 장물죄로 처벌했다. 이 일을 쓴 어숙권은 광대 같은 사람도 탐관오리를 규탄할 수 있음을 매우 긍정적으로 보았다.

실제로 구세장은 1523년(중종 18)에 장물죄로 처벌받은 기록이 확인된다. 그러나 광대의 공연 때문에 죄상이 드러난 건지는 분명치 않다. 조사결과 그는 벼 30석과 콩 70석을 관청 장부에 적어놓았지만, 물건이 없었다. 이 일은 구세장이 정평부사의 임기를 마치고 함경도 종성으로 옮기면서 장부의 인수인계가 이루어지지 않은 일을 조사하다가 나왔다.[12] 조사를 더 해보니, 구세장은 벼 30석과 콩 70석으로 말안장 세 개를 사들인 것으로 밝혀졌다. 이로 인해 그는 몽둥이

100대와 유배 3천리, 그리고 탐오죄를 지은 관리들의 명부에 적히게 되었다.[13] 이러면 자손들도 벼슬을 할 수 없게 된다. 아무래도 구세장은 본보기 차원에서 처벌되었을 것이다. 그가 좋은 집안 출신이었다면, 그런 정도까지 처벌받지는 않았을 터이다.

광대들은 세상을 풍자하는 내용 이외에 일상적인 것들도 공연하였다. 광대 한봉련(韓奉連)은 활을 잘 쏘아서 세조가 알 정도였다.[14] 그러나 그는 활쏘는 힘이 약했다. 호랑이 사냥을 나가면, 그는 겁 없이 가까이 가서 화살 하나로 호랑이를 죽였다.

어느 날 궁궐에서 나례가 벌어졌다. 공연이 시작되자 광대들이 호랑이 가죽을 쓰고 앞으로 달려나왔다. 세조는 광대 출신인 한봉련에게 호랑이를 쏘는 시늉을 하라고 했다. 그가 작은 활과 쑥대로 만든 화살을 가지고 뛰어나오는 순간, 그만 발을 헛디뎠다. 계단에서 떨어진 그는 팔까지 부러지고 말았다. 웃음이 폭발했다. 사람들은 그가 진짜 호랑이에게는 용감하지만, 가짜 호랑이를 겁낸다고 웃었다. 당시 한봉련은 광대에서 출세해 겸사복(兼司僕)으로 있었기에 도적 잡는 일이 전문분야였다.[15] 그는 괜시리 광대들의 공연에 끼여서 흥을 돋구려다가 웃음거리가 된 셈이다.

광대가 궁궐에서 주로 나례와 같은 행사에 동원되었다면, 민간에서는 좀 다른 공연을 했다. 예를 들면 공중에서 줄을 타는 답색놀이를 들 수 있다. 답색놀이는 요즘 남사당패의 외줄타기와 비슷한 놀이다. 양쪽 기둥에 밧줄을 매고, 두 광대가 밧줄 위에 올라타 마주 서서 춤을 추면서 오가는 묘기를 보여준다. 이것이 조선후기에는 더 발전된 모양이다.[16] 광대가 줄 위에서 재주를 넘고, 손으로 해금을 타기도 했다 한다. 또 장대 위에서 온갖 재주를 부리는 연당놀이[緣橦

戲]라는 것도 있었다. 광대들의 이같은 재주는 중국 사신도 감탄할
정도였다.

당연히 광대는 오늘날 배우들처럼 재능이 필요했다. 『용재총화』를
쓴 성현은 이웃에 살던 함북간(咸北間)이란 사람의 재능을 이렇게 말
한다.

> 그는 피리도 좀 불고, 농담과 광대 놀이를 잘했다. 그가 다른 사람의
> 행동을 흉내내면, 진짜 여부를 구별하기 어려울 정도였다. 비파, 거문
> 고 소리 같은 것을 성대모사해서 궁궐에서 상도 많이 받았다. 또한 대
> 모지(大毛知)는 성대모사에 탁월한 재주를 보여 거위, 오리, 닭, 꿩 등
> 의 소리 흉내를 잘냈다. 오죽했으면, 그가 소리만 내면 이웃 닭들이 날
> 개를 치며 몰려왔다. 이런 사람들이 광대의 재능이 있는 사람들이다.
>
> —『용재총화』권5

그럼에도 이들이 훌륭하다고 여긴 사람들은 별로 없었을 것이다.
그런 재주는 타고난 것이지만, 하나의 잡스러운 기술일 뿐이라고 생
각했기 때문이다. 광대가 벌인 아래의 살인 사건은 그들의 처지를
짐작케 한다.

1781년(정조 5) 전주에 살던 주갑득(朱甲得)에 대한 최종판결이 이루
어졌다.[17] 그는 광대였던 조위기(趙位己)를 마구 두들겨패서 죽였다. 이
유는 간단했다. 조위기가 자기에게 절을 하지 않았다는 것이다. 주갑
득은 조위기가 광대 주제에 절을 하지 않고, 걸터앉았다고 화가 난
모양이었다. 그래서 조위기를 발로 걷어찼는데, 운이 나쁘게도 급소
에 맞았다. 물론 다른 곳도 구타했다. 나중에는 두 사람이 상투를 붙

광대들의 모습을 보여주는 조선시대 불화(감로탱) 중의 일부분이다. 마치 요즘의 서커스를 보는 듯하다.

잡고 싸우기까지 했다. 최종판결이 있던 날, 정조는 사형이 심하다고 보았다. 주갑득이 지금까지 이미 14년 동안이나 감옥에 갇혀 있었던 때문이다. 다만, 정조는 주갑득이 조위기를 광대라고 해서 천하게 여기고 멸시했다는 점을 문제로 삼았다. 광대의 천시가 불러온 살인이었다.

광대는 연예인이었다. 그들이 오늘날 살아있다면 사람들의 대우에 깜짝 놀랐을 터이다. 사람들을 즐겁게 하는 일을 했지만 정작 본인들은 조선사회에서 천대받았기 때문이다. 현재 우리도 남과 다른 일을 한다고 이상한 눈으로 쳐다 보지 않는지 생각해 볼 일이다. ◉

눈이 멀었으니 미래가 보인다

맹인과 점쟁이

한 맹인의 죽음

1453년(단종 1) 초겨울 어느 날, 파르스름하게 날이 선 칼날이 허공을 가르며 춤을 추기 시작했다. 망나니의 칼춤이 한 사형수 앞에서 펼쳐지고 있었다. 사형수의 귀에는 북소리가 더 크게 들려왔다. 늦가을도 지나 낙엽도 모두 떨어지고, 초겨울의 찬바람이 그의 옷깃 깊숙이 파고들었다. 눈을 들어 하늘을 보았지만 온통 암흑뿐. 그는 앞이 보이지 않는 맹인이었다. 한평생 호사도 누려보았지만, 모두가 일장춘몽일뿐. 이렇게 가는 것인가! 그는 지그시 눈을 내리감았다. 그의 이름은 지화(池和). 그는 왜 죽어야만 했을까.

그를 죽이라고 명한 사람은 수양대군, 훗날의 세조였다. 수양대군은 그의 라이벌이던 안평대군을 물리치고 왕위에 오를 준비를 해나가던 참이었다. 몇 달 전, 안평대군이 반란을 일으킬 것 같다는 첩보를 입수하고 김종서, 황보인 등을 이미 죽여 없앴다. 그렇다면 맹인

유명한 「몽유도원도」 옆에 쓰여진 안평대군의 글씨. 안평대군은 자신의 꿈을 안견에게 말해서 이를 그림으로 만들게 했다. 안평대군은 많은 문인, 화가들과 교류했으며, 자신 또한 알아주는 명필이었다.

인 지화는 왜? 그리고 무슨 죄로?

지화는 점을 잘 보는 것으로 유명했다. 태종 때부터 한양에서 이름을 날렸고, 그 덕분에 궁중에 출입할 수 있었다. 그의 죄목(?)은 안평대군에게 왕이 될 운명이라고 말한 것! 이 입방정이 수양대군의 심기를 건드려, 그 자신의 죽음을 불러왔다.

맹인들은 무엇을 하고 살았을까?

인간이 외부로부터 받아들이는 정보의 70%는 눈을 통해 얻는다고 한다. 조선시대 맹인들 역시 할 수 있는 일은 매우 한정적이었다. 그렇다면 맹인들은 무슨 일을 주로 했을까? 맹인들에게 농사일 같은 것은 불가능하니 주로 두 가지 일에 종사했다. 하나는 점을 보는 것, 그리고 다른 하나는 악기 연주였다. 이들은 왜 점을 쳤을까? 맹인은 세상을 보지 못하기 때문에 오히려 다른 감각이 발달해서 점을 잘 볼 것이라는 믿음이 있었다. 그리스에서도 맹인들이 예언을 맡아 했다. 비극 오이디푸스에서 주인공이 자신의 비극적 운명이 실현된 것을 알게 된 후에 했던 일도 자신의 두 눈을 멀게 한 것이었다. 그것은 눈에 보이는 인간 세계와 단절하고, 보이지 않는 운명의 세계로 들어감을 상징하는 것이 아닐까?

『죽창한화』에는 이런 이야기가 전한다. 광해군 당시 참판인 박이서(朴彝敍)는 평소 이덕형(李德泂)과 가까웠다. 1619년(광해군 11) 이덕형은 집에서 박이서를 만났다. 두 사람이 한참 이야기하는 도중에 때마침 맹인인 지억천(池億千)이 왔다. 박이서는 지억천이 점을 잘 본다는 소문을 들은 터라, 자신의 사주팔자를 써주고 다른 사람 것인 양 시치미를 떼면서 봐달라고 부탁했다. 지억천은 신유년(1621)이 불길하다고 했다. 불길한 정도가 커서 큰 화를 입을 것 같다고 했다. 큰 화란은 죽음을 의미하기에, 박이서는 초조했다. 그는 사주팔자가 자신의 운수라면서 다그쳐 물었다. 노련한 점쟁이 지억천은 슬그머니 말을 돌렸다.

과연 신유년에 박유서에게 어떤 일이 있었을까? 그해 5월 박이서는 중국에 사신으로 파견되었는데 요동길이 막혔다. 그래서 택한 것이 바닷길. 그런데 돌아오는 길에 박이서 일행은 폭풍을 만나 표류하다가 죽었다. 당시 실록에는 두어 번의 바닷길 사고가 있은 후부

조선의 9급 관원들, 하찮으나 존엄한

터 사람들이 뇌물을 써가면서 중국에 사신으로 가는 것을 피했다고 전한다.*

개인의 운명을 점치는 일은 왕위를 둘러싼 음모에 동원되기 쉬웠다. 1394년(태조 3) 나라 이름을 '조선'으로 바꾼 지 1년도 되지 않은 시점에 사건이 터졌다. 당시 참찬문하부사 박위(朴葳)는 경상도 밀양에 사는 맹인 이흥무(李興茂)에게 몰래 점을 치게 했다. 내용인즉 이성계와 공양왕, 그리고 다른 왕씨들 중에서 운명이 나은 사람을 알려달라는 것이었다.[1] 엄청난 사건임에도 불구하고 박위는 이성계의 비호로 풀려나왔으나, 일부 왕씨와 맹인 이흥무는 저세상 길에 올라야 했다.[2]

이와 반대로 왕실의 비호를 등에 업고 벼슬을 받는 맹인도 생겨났다. 물론 점을 잘 치는 덕분이었다. 유담(柳湛)이 그런 경우로, 맹인 승려였던 그는 점을 잘 쳐서 검교 호조전서(檢校戶曹典書)라는 벼슬까지 받았다. 검교직은 실제로는 일을 하지 않는 이름뿐인 직책이지만, 호조전서는 뒷날의 호조판서, 즉 호조의 최고책임자인 정2품 자리다. 이름뿐일지라도 그만큼 대우를 해주겠다는 뜻이다. 물론 이것 때문에 사간원은 그의 벼슬을 철회하라고 강력히 주장했고, 마침내 그들의 뜻은 관철되었다.[3] 법규정상으로 맹인은 무당, 승려, 장사치, 노비 등과 마찬가지로 나라의 땅을 받을 수 없는 존재였다.[4] 그만큼 차별대상이었지만, 맹인은 나라의 각종 역(役)에서 면제되는 대상이기도 했다.

때로 궁궐에서도 점쟁이가 필요했다. 태종은 마흔 살 가까이 얻은

• 『광해군일기』 권164, 광해군 13년 4월 갑신. 이때 박이서 등의 사망사실이 확인된다. 따라서 위 이덕형의 얘기는 사실에 근거한 것이다.

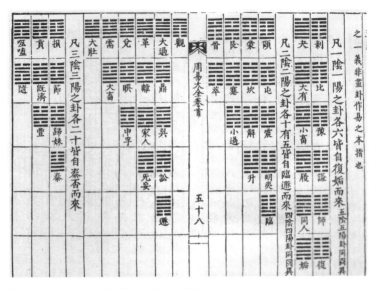

『주역』의 괘가 어떻게 변하는지를 보여주는 그림이다.

막내아들 성녕대군이 홍역을 앓아 죽을 지경이 되자 맹인 점쟁이들을 불러모았다. 그의 운명을 점칠 때 두 가지 방법이 쓰였다. 하나는 점쟁이들의 점, 그리고 다른 하나는 유교경전인 『주역』을 통한 점. 이때 『주역』의 점괘 풀이는 훗날 세종이 된 충녕대군이 맡아 사람들의 감탄을 샀다. 점쟁이들의 점괘는 모두가 '길(吉)', 회복된다는 뜻이었다.[5]

　그러나 점괘는 맞지 않았다. 태종이 그렇게 귀여워하던 성녕대군은 어린 나이에 불귀의 객이 되고 말았다. 그러자 조정에서는 점쟁이와 굿을 했던 무당들을 처벌하라고 난리가 났다. 다행히 점쟁이들은 처벌을 면했다. 혹 처벌을 했다면 이들을 부른 태종뿐만 아니라 『주역』 풀이를 한 충녕대군까지 난처해졌을 것이다.

　조선의 9급 관원들, 하찮으나 존엄한

맹인들은 점 치는 일 이외에 악기를 연주했다. 이들은 음악을 맡은 장악원(掌樂院)에서 일했다. 악사(樂師)·악공(樂工)·악생(樂生)·관현(管絃) 등이 이들의 일자리였다. 조정에서는 이들에게 봄가을로 쌀이나 콩을 주었다.[6] 하지만 이 일도 신분이 천인이면 하지 못했고, 세금이 적게 들어오는 경우에는 아무것도 받지 못했다.[7] 나라의 상(喪)이 났을 때도 생계가 어려워졌다. 장례기간 동안에는 음악을 쓰지 못하도록 했기 때문이다.

그외에 맹인들이 하는 중요한 일이 있었다. 하늘에 비를 내려달라고 비는 일이었다. 이른바 맹인 기우제다. 맹인들이 기우제를 지내던 곳은 명통사(明通寺)였다. 평소에도 맹인들은 초하루와 보름날에 명통사에 모여 불경을 외거나 다른 사람의 복을 빌어주는 일을 했다.[*] 그러다 가뭄이 심해지면 여자 무당은 사평부(太宗代 재정을 맡아보던 관청),

맹인이 불경을 읽는 모습을 그린 「맹인송경」이다. 맹인은 불경을 읽으면서 북 등으로 리듬을 주었다.

승려들은 연복사, 그리고 맹인들은 명통사로 모여 대대적으로 기우제를 지냈다.[8] 정부에서는 명통사를 다시 지어주고, 노비를 내려주는가 하면, 쌀과 콩을 주었다. 조선이 농업국가였던 만큼 기우제는 중요한 행사였다.

하지만 조선은 유교에 입각한 나라였다. 16세기 중종대부터는 무당, 맹인이 아닌 정부가 직접 종묘나 사직, 산천의 신들에게 빌기 시작했다. 그러다가 효종대에 이르러서는 맹인 기우제가 완전히 사라진 모양이다. 맹인들의 사회적 역할이 그만큼 줄어든 셈이었다.[**] 그래도 이 사람들은 점을 보는 일은 계속하였다.

지화, 출세했던 점쟁이

다시 죽을 지경에 이른 지화의 삶으로 돌아가 보자.

사람은 나이가 들수록 운명론자가 되기 쉽다. 세상일이 뜻대로 되지 않고, 자기 능력보다는 주변 환경이 더 크게 작용하는 것을 경험하기 때문이다. 한때 정치인치고 점 보지 않은 사람이 없다는 이야

- 성현, 『용재총화』 권5. 조선후기 이규경은 『오주연문장산고』에서 성현의 자료를 인용하면서 명통사를 명통시(明通寺), 즉 조선정부의 관청 중 하나로 보았다. 원래 하위관청 중에는 시(寺)라고 불리는 곳들이 있다. 그러나 이규경이 그렇게 본 것은 근거가 없다. 성현 역시 명통사를 관청처럼 서술하지 않았기 때문이다. 아울러 다른 기록에서도 명통사란 관청은 나오지 않는다. 따라서 필자는 명통사가 사찰 중의 하나였을 것으로 본다.
- 『숙종실록』 권14, 숙종 9년 6월 을유. 이때 숙종은 맹인 기우제를 시험삼아 하자는 건의에 대해서 이미 효종 때에 없앤 것이라고 하면서도 시험은 해보자고 한다. 그러나 이후로는 거의 시행되지 않았던 것으로 보인다.

조선의 9급 관원들, 하찮으나 존엄한

기가 돌아다녔다. 그러니 조선시대에는 오죽했을까?

지화는 젊은 시절부터 점을 잘 치는 것으로 소문이 나 태종대부터 궁궐에 출입하는 점쟁이가 되었다. 명종대에 점을 잘 쳤던 홍계관 (洪繼寬)은 얼마나 유명했으면, 그의 이름을 따서 마을 이름으로 삼았다. 지화 역시 유명해졌을 것이고, 그만큼 재산도 늘어갔음이 분명하다. 그는 주로 궁궐의 왕자나 왕녀들의 운명에 대한 점을 보았을 것이다. 그래서 태종대에는 왕실 사람들의 결혼 대상으로 올라 있는 총각이나 처녀들의 사주팔자를 보았다. 왕실에 혼인이 있으면 일정 나이 이상의 총각 또는 처녀는 혼인이 금지되었다. 지화는 왕명이라는 미명 아래 양반집에 드나들며 사주팔자를 물었다.[9]

지화가 궁궐 전속이라고 궁중 사람들의 사주만 보았을까? 그는 고위층 인사들에게 앞으로 닥칠 일을 예언해 주는 예언가이기도 했다. 사람들은 그의 말 한마디에 두려워하거나 기뻐했다.

이름값이 올라갈수록 그는 점점 거만해져갔다. 심지어 세종대에는 검교 한성소윤(지금의 서울시 부시장)이라는 명예직까지 받게 되었다.[10] 검교직이 없어졌지만 지화는 왕을 가까이서 모시는 내시에만 '검교'를 두자는 건의에 따라 중훈검교 첨지내시부사(中訓檢校僉知內侍府事)라는 긴 이름의 관작을 받게 되었다. 더하여 고위직만이 하는 사모와 관대를 할 수 있었다.[11]

그러나 인생에 오르막이 있으면 내리막도 있다는 평범한 진리를 몰라서였을까. 지화는 너무 커진 권력 앞에 취해 버렸던 모양이다. 세종이 어느 날 점을 치기 위해 그에게 환관을 보냈다. 그런데 마침 그가 집에 없었다. 환관은 그가 간 곳을 수소문한 끝에 김윤(金閏)이란 사람 집에서 술에 취해 있는 그를 발견했다. 환관이 왕명을 전하

서울 도봉구 쌍문동에 있는 정의공주의 묘. 연산군의 묘와 가까운 거리에 자리잡고 있다.

자 그는 거만하게 말했다. "오늘은 술이 취해 점을 칠 수가 없다." 세종은 화가 났고, 지화는 의금부에 갇혔다. 결국 그는 춥고 추운 함경도의 회령으로 유배를 가야 했다.[12]

그래도 점쟁이는 필요했다. 다시 돌아온 그는 안평대군의 집에 출입했다. 하루는 길가에서 수양대군을 만났다. 수양은 그에게 어디에서 오느냐고 물었고, 지화는 정의공주(세종의 둘째딸) 집에 다녀오는 길이라고 했다. 마침 수양은 그곳에 문병을 가는 길이었다. 공주가 어떠냐고 묻자, 지화는 오늘 사람 만나기를 꺼린다고 했다. 당연히 다음 물음은 공주의 길흉 여부다. 지화의 답변은 올해 7월에 액이 있다는 것이었다.

그러나 그의 말은 거짓이었다. 수양대군이 문병을 가 보니, 공주의

조선의 9급 관원들, 하찮으나 존엄한

병은 거의 나아가고 있었고 지화는 이곳에 오지도 않았다. 뒷조사
결과 지화는 안평대군의 집에서 오는 길이었다.[13] 이 이야기는 사실
이겠지만, 수양대군 측에서 자신들의 거사를 합리화하기 위한 의도
에서 기록으로 남겼음이 분명하다.

지화는 순식간에 안평대군의 반역에 중요한 역할을 할 인물이 되
어버렸다. 당시 많은 사람들은 안평대군의 반역 여부에 대해 의심했
다. 수양대군 측은 사람들에게 반역모의 실상을 여러 조목으로 만
들어 반포해야 했을 정도였다. 지화는 복잡하고 미묘한 정치현실 속
에서 자신의 몸을 지키지 못했다. 역시 중이 제머리 못깎고, 점쟁이
는 자신에 대해서는 점칠 수 없다는 말이 맞는지 모르겠다.

맹인, 차별과 보살핌

지체장애인은 사회적으로 보호가 필요하다. 이 점은 조선에서도
마찬가지였다. 더구나 맹인은 육체노동이 쉽지 않았기 때문에 더욱
보호받아야할 대상이었다. 흉년이 들어 굶주린 사람을 구제할 때에
도 맹인은 최후까지 나라가 돌보아야 할 대상이었다. 활인원(活人院)
이 이를 맡아하는 곳이었는데, 가을 곡식이 익어 사람들을 돌려보내
도 맹인은 계속 남아 있게 했다.[14]

맹인은 형벌을 내리거나, 판결을 할 때에도 먼저 고려했다. 1543년
(중종 38) 경기도 안성에서 살인사건이 벌어졌다.[15] 맹인 김철정(金哲貞)
이 여자무당 맵지[每邑之]의 남편 송산(松山)을 칼로 찔러 죽였다는 것
이다. 김철정과 맵지는 오래전부터 정을 통하던 사이라고 하는데, 문

제는 맵지가 이미 죽어 정황을 잘 모른다는 거였다. 그대로 처리하면 김철정은 가을을 기다려 사형에 처해지게 된다.

조선의 고위 관리들은 나름대로 추론을 전개했다. 그 논리는 이렇다. 김철정은 맹인이고 죽은 남편보다 나이가 훨씬 많다. 옆에서 맵지가 누군지를 가리켜주어야 찌를 수 있다는 것이다. 또한 더 큰 의문은 죽은 남편의 상처였다. 상처로 보아 같은 곳을 2번, 3번 찔린 것이 분명했다. 맹인이 한번은 찌를 수 있지만 같은 곳을 계속 찌르기는 불가능하다는 나름 예리한 지적이었다. 그래서 이 사건은 다시 논의하는 것으로 결론이 났다.

또한 사형에 해당하는 범죄를 저질러도 맹인은 형을 감해 주는 경우가 많았다. 세종 때 이 문제로 논란이 된 박생(朴生)이란 맹인이 있었다. 그는 충청도 공주 사람인데, 자신의 노비에 대한 송사에서 판결을 잘못했다고 사헌부에 고발한 인물이다.

박생은 사헌부의 조사가 끝나기도 전에 또다시 판결 당시의 지방관들을 고발하였다. 당시 지방관들은 박생이 무고(誣告)한 것으로 판단하고 무고죄로 판결했었다. 원래 무고죄는 상대방이 사형죄에 해당하면 사형까지 가는 중죄였다. 그런데 박생은 맹인이라는 이유로 벌금을 내는 것으로 처리되었다.[16]

그가 다시 고소를 해오자, 정부에서는 심각하게 논의를 했다. 특히 부민고소금지법이란 것이 있는 상황이어서 더욱 그러했을 것이다. 부민고소금지법은 백성들이 파견된 지방관을 고소하지 못하도록 한 법이다. 그런 상황이니 박생의 행동은 유교윤리인 강상을 어지럽히는 것인 동시에, 무고까지 포함된 셈이다.

그럼에도 정부 대신들은 그가 맹인이란 점을 감안했다. 세종은 변경으로 보내자는 의견에 대해, 전라도로 보내면서 그가 살게 될 고을의 땅을 주어 굶주리지 않게 배려했다. 단, 마을 밖으로 돌아다니는 것은 금지시켰다.[17] 끝까지 박생이 맹인이라는 점을 배려한 것이다.

그래도 신체장애는 은연중에 놀림의 대상이 되기도 했다. 맹인은 연극 공연에서 술취한 사람과 함께 단골로 흉내내던 전형적인 인물이었다.[18] 점을 보지도 못하고, 음악도 연주 못하는 많은 맹인들은 그나마 기록에도 등장하지 않는다. 그들의 생계는 주변인들에게 의지하거나, 구걸 이외에 달리 방법이 없었을 것이다. 정부에서 베풀었던 약간의 배려는 이들의 몸과 마음의 상처를 치유하기에는 너무 적은 것이 아니었을까 한다.

맹인은 시각장애인이다. 현재도 이 분들은 할 수 있는 직업이 거의 없다고 한다. 조선에서는 그래도 이들을 보호하려고 했다. 이러한 사회적 배려가 현재에도 잘 이루어지고 있는지 반성해 보아야 할 대목이다. ◉

놀고 먹는다

유수(遊手)와 걸인(乞人)

끔찍한 일을 당한 사람들

1566년(명종 21) 2월, 한양 거리는 한산하고 조용했다. 밥을 빌어먹던 걸인들이 거의 보이지 않았다.[1] 4, 5년 전부터 이 사람들이 한양에서 사라져 버린 것이다. 그들은 모두 어디로 간 것일까?

그나마 밥을 구걸하기에는 한양이 제일이었다. 아무래도 부자도 많고 나라에서도 이들에 대해 신경을 쓰고 있었기 때문이다. 이들은 사람들이 많이 지나다니는 곳, 그리고 걸인들을 구제하는 곳 근처에 모여 있었다. 동활인서(東活人署), 보제원(普濟院), 홍제원(弘濟院)은 굶주린 사람들을 위해 죽을 쑤어 나누어 주었다. 그리고 종루(鐘樓)는 사람들이 많이 지나다니는 곳이다. 그런데 바가지를 들고 걸식해야 하는 이들이 아무데도 보이지 않았다.

흉흉한 소문이 원인이었다. 조정에서도 알고 있었다. 당시 양반이나 돈 있는 사람들에게는 유흥이 넘치는 안정된 시기였다. 그들은

조선의 9급 관원들, 하찮으나 존엄한

종로에 있는 보신각으로, 원래 종루, 즉 종을 치는 누각이라고 불렀다. 종루는 1396년(태조 5)에 만들어졌으며, 도성 안의 통행금지와 해제를 알리는 종을 쳤다.

술과 여성을 곁에 두고 즐겼다. 성병(性病)의 유행은 자연스러운 결과 였다. 이때 돌팔이 의원이 나서서 사람의 쓸개로 치료하면 그 병이 곧바로 낫는다는 말을 퍼트렸다. 악질적인 민간요법이었다.

　여기에 돈이 흘러들었다. 쓸개를 얻기 위한 살인이 벌어졌다. 걸인 들은 사라져도 누군가 찾을 가능성이 별로 없으니 가장 좋은 표적 이 되었다. 얼마 안 가 소문이 퍼지면서 걸인들이 하나 둘씩 사라졌 다. 그리고 일반 백성들 집에서 아이들이 사라지는 일이 생겼다.

　사람 쓸개로 병이 낫는다는 소문은 한양에만 머물지 않았다. 경상 도에서도 이런 보고가 올라왔다.[2] 상주에 사는 정은춘(鄭銀春)은 같 은 동네에 사는 7, 8세 아이를 꾀어 야산으로 데리고 갔다. 끔찍한 살인이었다. 다행히 그는 현장에서 발각되어 체포된다. 그러나 드러나지 않은 사건까지 포함하면, 유사한 사건이 여러 건 있었다고 보아야 한다.

이 민간요법은 사라지지 않고 임진왜란이 있기 전인 선조대에도 끊임없이 불거졌다. 사람들은 인육과 간담(肝膽)을 치료약으로 찾았다. 어린애의 유괴가 이어졌다. 아니, 어린이뿐만 아니었다. 어른 역시 혼자서는 으슥한 산길을 갈 수 없었다. 그러다 보니 나무꾼들이 무서워서 나무를 하러 갈 수 없는 지경에 이르렀다. 정부는 현상금을 걸고 이들을 체포하려고 노력했다.[3] 이런 일은 임진왜란을 겪은 뒤에 흉흉한 인심 속에서 한동안 기승을 부렸다. 그러나 범인들은 쉽게 잡히지 않았다. 심지어 사람의 쓸개를 몰래 중국에 판다는 말까지 퍼질 정도였다.[4]

앞서 명종대에 끔찍한 일을 당한 사람들은 걸인들이었다. 역사 속에서 항상 있어왔던 존재들이다. 걸인과 같이 직업이 없는 사람들을 유수(遊手), 즉 노는 사람들이라고 했다. 일종의 실업자인 셈이다. 그렇다면 이들은 어떻게 살아갔을까? 이들의 생존을 어떻게 책임질 것인가? 조정의 고민은 여기에 있었다.

걸인을 살려라

어느 시대, 어떤 사회든 걸인은 존재한다. 특히 흉년이 들면 걸인의 숫자는 빠르게 늘어난다. 한양은 국왕이 사는 곳이고, 이곳은 왕도(王道)가 처음 시작하는 장소다. 유교이념인 왕도는 백성을 나라의

장의사는 현재 없어지고 절의 위치를 알 수 있는 당간지주만이 남아 있다. 당간지주란 가운데
깃발을 꽂는 당간을 지탱하기 위한 지지대를 말한다. 현재 세검정초등학교 내에 자리잡고 있다.

근본으로 삼는다. 따라서 백성들이 굶어죽는 일은 없어야 한다. 이것
이 걸인을 구제해야 할 이유다.

걸인도 먹어야 한다. 구걸하는 시간 이외에 이들은 먹을 곳이 있
는 곳을 찾아다닌다. 이들은 모여 살면서 먹을 수 있는 곳에 대한 정
보를 서로 교환했다. 특히 사찰에서 지내는 재는 먹을 거리가 많은
좋은 기회였다. 1446년(세종 28) 3월에 세종의 부인인 소헌왕후 심씨가
사망하자, 그 넋을 위로하는 재가 장의사(藏義寺)란 절에서 처음 베풀
어졌다.[5] 이후 한양 주변의 여러 절에서 돌아가면서 재를 베풀었다.

재에 쓰이는 비용은 왕실뿐만 아니라 몇 개의 관청이 돌아가면서
지불했다. 이때 절에서 밥을 먹인 승려가 8, 9천 명이었다. 여기에 더
해 구경 온 사람들이 수천 명이었다. 특히 걸인들은 만여 명이나 모여

들었다. 이들 모두가 절에서 식사를 했다. 인원이 많아 비용도 만만치 않았을 테지만, 이렇게 베푸는 것이 당연한 일이라고 보았다.

세종은 삼각산과 도봉산에 살고 있는 걸인들을 찾아내도록 했다.[6] 이들에게도 왕의 온정이 베풀어지도록 했던 것이다. 세종대뿐만 아니라 걸인들이 한양에서 죽는 일은 없어야 했다.

중종대에 승정원은 향교동(鄕校洞) 큰 길가에 떠돌던 4명의 어린아이에 대한 보고를 했다.[7] 향교동엔 한양 중부의 경리청(經理廳)이 있다. 길가에서 자면서 구걸하는 아이들이 넷 있는데, 겨울이라 얼어 죽을 염려가 있다는 거였다. 한양에서 이런 일은 없어야 한다는 것이 승정원의 논리였다. 이들을 구제하는 일은 지금의 서울시청 격인 한성부가 맡았다.

정부는 이들을 장부에 기록하여 구해 주려고 했다. 요즘의 복지정책과 유사한 것이다. 물론 이 장부에는 걸인만이 기재되는 것이 아니라, 흉년으로 갑자기 먹을 것이 없어진 농민들도 대상이 되었다. 한양만이 아니라, 지방에도 이런 명부가 만들어졌다.[8] 문제는 중간의 부정이었다. 실제로 일을 하는 향리들이 부자도 장부에 올려놓았기 때문이다.

원래 흉년으로 고통받는 사람들을 구제하는 데에는 배고픈 사람들에게 죽을 쑤어서 나누어주거나, 마른 양식을 나누어주는 두 가지 방법이 있었다. 두 가지 방법 중에서 주로 쓰였던 것은 죽을 쑤어 나누어주는 일이다.[9]

또한 먹을 것을 찾아 돌아다니는 걸인들을 고향으로 돌려보내는 일도 중요했다. 강제로 돌려보내기 어려운 사람들, 즉 노약자나 질병이 있는 사람들은 남겨두고, 건강한 사람들은 고향으로 돌려보내려

조선의 9급 관원들, 하찮으나 존엄한

했다. 농사를 지어야 했기 때문이다. 이것이 정책담당자들의 생각이었다.

그러나 굶주린 걸인들은 좀처럼 줄지 않았다. 1717년(숙종 43) 보고에 의하면 한양에 굶주린 사람들이 5천여 명이었다.[10] 이들의 상당수는 걸인이었을 것이다. 경기도 지역에서 흉작이 발생하면 이들은 한양으로 몰려들었다. 이런 사람들은 국왕이 행차하는 지역에 구걸하러 오기도 했다.

한번은 이런 일도 있었다. 숙종이 행차한 지역에 걸인들이 모여들어 진휼청(賑恤廳)*에서 쌀을 나누어주었는데, 국왕이 궁궐로 돌아간다는 소문을 듣고 다시 모여든 걸인들이 천여 명이나 되었다.[11] 진휼청은 이들에게 쌀을 나누어주기 위해 배로 다시 한번 쌀을 가져와야 했다.

영조는 자신의 어머니인 숙빈 최씨의 신주를 모신 육상궁(毓祥宮)에 참배하고 돌아오는 길에, 여경방(餘慶坊)에서 나이 60세 이상의 백성들에게 쌀을 나누어주었다.[12] 또 무슨 생각이 들었는지 종로 거리의 걸인들을 데려오도록 했다. 그날이 마침 동짓날이었다. 영조는 팥죽을 끓여 이들의 배를 불려주었다. 이렇게 국왕이나 정부는 백성들이 최소한 생명을 부지하도록 신경을 썼다. 그렇다고 모든 걸인들이 그 혜택을 입었다는 뜻은 아니다.

한편 지방에서는 뽑아낼 군인이 부족하면 이들로 충당하려 했

---

* 진휼청은 흉년 등으로 인해 고통받던 사람들을 구제하기 위한 관청이다. 1525년(중종 20)에 상설적인 기구로 만들어졌다. 원래는 호조가 굶주린 사람들을 구제하도록 했지만, 중종 때 곡식의 가격을 조절하던 상평창과 합쳤다.

다.[13] 특히 조선후기에 들어서면 군역이 하나의 과중한 세금으로 변질돼 여러 가지로 문제를 일으켰다. 실학자 이긍익(李肯翊, 1736~1806)은 백성들을 가혹하게 침해하면서 군대를 양성하는 문제를 제기하며, 이런 나라가 망하지 않는 경우가 없다고 강조했다.[14] 그는 일본이나 청나라와 달리 조선은 힘없는 고용인과 걸인에게 군역을 부과한다고 주장했다. 여유 있는 사람들은 군역을 회피하고, 이런 사람들에게 떠넘겨 제대로 된 군대가 되지 않는다고 비판했다.

물론 한양의 걸인들 중에는 무리를 지어 나쁜 일을 한 이들도 있었다. 개중에는 도적과 구분이 모호한 경우도 있었다. 영조는 한양의 걸인들이 남들에게 억지로 재물을 요구하는 일을 금지시키도록 했다.[15] 집단으로 뭉쳐진 힘이, 약한 백성들에게 피해로 돌아가는 경우였다. 힘이 없는 일반사람들은 이들의 요구를 물리치기가 어려웠을 것이다. 마치 요즘의 조직폭력배처럼 말이다.

농사짓지 않고 노는 사람을 없애라

일찍부터 노는 사람들은 문제라고 생각했다. 이들은 논다는 의미로 유수(遊手)라고도 하고, 한가하다는 뜻의 한민(閑民)이라고도 했다. 실학자 유수원(柳壽垣)은 『우서』라는 책에서 「한민에 대하여 논의함」이란 글을 남겼다. 이 글은 한민, 유수들이 살아가는 이야기다. 원래 한민은 백성들을 9가지 직업으로 나눈 것 중에 하나였다. 이들은 떳떳한 직업이 없으며, 여러 곳을 옮겨다니며 품삯을 받고 일을 한다. 물론 농사를 짓는 것은 아니고, 주로 길흉사 등의 온갖 잡일을 맡아 처리하는 역할을 한다.

유수원은 노비나 고공(雇工, 남의 집에서 일하는 일종의 머슴)을 쓰는 데 비용이 많이 들어간다는 점을 지적했다. 사람들이 한민, 즉 걸인을 쓸데없는 존재로 보지만, 이들은 다른 사람들이 하지 않는 일을 보조해 줄 수 있다고 했다. 향도계(香徒契)*가 이런 일을 하고 있다고 했다. 노비나 고공과 비교할 때 노동효율성이 훨씬 뛰어나다는 주장이다. 조선후기의 사회변화를 엿볼 수 있는 주장이다.

이 향도계를 구성하는 사람들이 바로 걸인과 같은 유수들이다. 유수원은 이들을 유통에 이용하자고까지 주장했다. 어떤 이는 유수들이 도둑질을 하지 않을까 염려했지만, 그는 이를 한마디로 일축했다. 노는 사람들에 대한 시선이 바뀐 것이다.

조선왕조는 농업을 산업의 중심으로 보았다. 그런데 농사도 짓지 않으면서 먹고사는 사람들이 있었다. 선비들은 정신을 써서 일하는 사람들이고, 농부들은 힘을 쓰는 사람들이다. 정신을 쓰는 사람들이 힘을 쓰는 사람들을 다스려야 한다는 것이 유교의 논리였다. 통치자는 다스림을 받는 사람에게서 얻어먹는 것이 천하에 통하는 원리라고 주장했다. 『맹자』에 근거한 말이다.**

그런데 이 범주에 들지 않는 사람들이 유수였다. 그래서 유수의 숫자가 재물을 만들어내는 백성들보다 많다고 느꼈다.[16] 그도 그럴

---

* 그들은 관공서의 잡역과 사환, 성 쌓는 일, 민간의 상여메기와 각종 공사와 잡일 등을 맡아한다. 더욱이 이들이 있어서 한 달 걸릴 일을 며칠 동안에 해치운다고 했다.

** 『맹자』 권5, 滕文公章上, "勞心者治人 勞力者治於人 治於人者食人 治人者食於人 天下之通義 也."

것이 왕조 초반기에 유수는 불교 승려들이라고 보았기 때문에 정부 공사에 이들을 써야 한다는 주장이 나왔다. 그 결과 승려들이 태종 때 종로의 시장에 있는 행랑 8백여 칸의 터를 닦는 일에 동원되었다.[17]

이와 함께 화척(禾尺, 훗날의 백정)이나 재인(才人, 광대)들이 유수의 무리로 지목되었다.[18] 무엇보다 조정의 불만은 이들이 세금과 부역을 내지 않는다는 점이었다.

또 다른 유수들은 바로 장사꾼이었다. 1456년(세조 2) 고려시대부터 이어져온 기인(其人)의 법을 없애자는 상소가 올라왔다. 기인은 향리의 자손을 번갈아가면서 개경으로 불렀던 제도다. 그런데 기인들이 올라올 때 백성들의 재물을 거두거나 재산을 팔아서 갖고 오는 폐해가 있었다. 기인들은 모아온 재산을 상인들에게 주고, 정부에서 시키는 힘들고 괴로운 일을 대신 하도록 했다. 결국 피해는 백성들만 보는 셈이다.

이렇게 백성들에게 피해를 주는 상인들도 먹고 노는 유수의 무리들이라고 생각했던 것이다.[19] 특히 1525년(중종 20) 경기지역의 장사꾼들이 정부의 골칫거리로 떠올랐다. 그 해에 경기도에는 큰 흉년이 들었다. 이를 이용하려는 장사꾼들이 강원도 금화, 금성 등지에서 곡식을 사들이려 했다. 그러자 조정에서 상인들이 곡식 매매를 위해서 왕래하는 것을 금지시켰다. 조정의 논리는 유수인 장사꾼들이 일반 사람들이 생존에 필요한 물건이 아닌데, 교묘하게 사람들을 부추겨 이를 곡식과 바꾸게 한다는 것이다. 그런데 상인들이 곡식을 사들이지 못하게 하자 오히려 도성 안의 백성들이 양식을 구할 길이 없어지는 문제가 발생했다. 유학자들은 장사꾼들이 이런 식으로 이익을

조선의 9급 관원들, 하찮으나 존엄한

취하는 행위를 놀고 먹으면서 돈을 번다고 보았다. 그 결과 경기지역의 장사꾼들의 활동을 금지시키자 한양에서 곡식을 구하려는 최소한의 교환조차 어렵게 되었다. 그만큼 장사꾼을 보는 시선은 곱지 않았다.[20]

유학자들은 이처럼 승려와 장사꾼이 늘면, 어리석은 백성들이 그들을 흠모하여 농사에 힘쓰지 않고 놀고 먹으려 한다고 보았다. 그러면 농민들은 군역을 회피하고, 점점 가난해진다는 것이다.[21]

유수들은 각 지역의 공사에 동원되었는데, 자료에 등장하는 이 사람들은 승려일 가능성이 높다. 승려들은 공사에 동원된 후에 그 대가로 정부로부터 승려자격증인 도첩(度牒)*을 받을 수 있었다. 또한 이들은 일찍부터 사찰이나 탑 등과 같은 건축물을 만드는 기술을 갖고 있었다. 그래서 승려들이 공사에 필요하기도 했다. 실제로 도읍지 한양의 건설과정에 이들을 많이 활용했다.

지방에서 유수로 불린 승려는 지방 관아의 객사(客舍, 여행객이 묵는 곳), 누각 등의 공사일을 맡았다. 경상도 진주의 촉석루 공사에도 수십 명이 동원되었다 한다.[22] 또한 경상도 울주(울산시)의 대화루 공사에도 이런 사람들이 동원되었다.[23] 경기도 진위현(현재 평택시)의 객관 공사 역시 이들이 맡아 했다.[24] 이들의 활동이 기록에 남게 된 이유는 당시 유학자들이 농사짓는 백성들에게 피해를 주지 않고 공사했음을 드러내려고 했기 때문이다.

• 　도첩이란 정부기관인 예조에서 내주는 중의 신분증명서이다. 도첩이 필요한 이유는 승려에게 세금과 역을 부과하지 않았기에, 일반민들이 함부로 승려가 되는 것을 막기 위해서였다. 원래 고려시대에는 포 50필을 바쳐야 했고, 조선시대에는 시험을 보아 합격한 경우에는 20필, 양반 자제는 100필, 서인은 150필, 천인 200필을 바쳐야 도첩을 주었다.

인왕산을 둘러싼 성벽. 이런 성벽 공사에 승려들이 많이 동원되었다.
현재의 모습은 복원된 것이다.

고려 말 이래 홍건적과 왜구의 침입으로 지방의 많은 시설들이 퇴락해 있던 터라, 파견나간 수령들은 이를 다시 복구하려 노력했다. 이 과정에서 백성들을 동원하는 것보다, 승려들을 동원하는 것이 백성들의 원망을 듣지 않았다.

승려들을 먹고 노는 사람들로 본 유교적 시선은 일본에 가서도 변함이 없었다. 1420년(세종 2) 왜에 사신으로 갔던 송희경(宋希璟, 1376~1446)은 왜 길에서 본 모습을 이렇게 쓰고 있다.

곳곳에 신당(神堂)이고 곳곳마다 중이로세 / 사람들은 노는 이[遊手]
많고 농부는 적네
농사 이외에 다른 일 없다 하니 / 주린 백성 밥 비는 소리 매번 들리네
양인(良人) 남녀의 반은 중이니 / 누가 관가에서 일하는 장정일까

조선의 9급 관원들, 하찮으나 존엄한

경상도 상주에 있는 객사인 상산관이다. 객사는 왕의 전패를 모셔 놓는 곳이라서
중요한 건물이다.

손님이 와도 접대하는 사람 보이지 않고 / 곳곳에서 들려오는 불경 외
는 소리뿐

—『해행총서』일본행록

　여기에 더해 그는 일본에 인구가 많지만 굶주린 사람이 곳곳에서
밥을 빌어먹고 있다고 썼다. 유학자의 눈으로 본 일본은 불교가 지
배하는 사회였다. 그가 본 노는 사람, 즉 유수는 승려임에 틀림없다.
그는 승려가 농사짓는 인구와 맞먹기 때문에 생산을 담당할 사람이
없다고 했다. 그래서 나랏일을 할 사람이 없다는 것이 송희경이 본
일본사회의 모습이다. 또한 그것이 굶주림의 원인이라는 시각이 여
기에 깔려 있었다.
　승려뿐만 아니라 사회에도 노는 사람들이 있었다. 요즘의 깡패와

1299년 이쯔벤이라는 일본 승려가
한 여성의 머리를 깍는 체발을 하고
있다. 송희경이 본 일본 승려들의
모습이었을 듯 싶다.

같은 사람들이 그들이었다. 도적과 폭력배의 중간지대에 위치한 사
람들은 조정으로부터 환영받지 못한 존재였다. 특히 도시가 발달할
수록 이런 사람들은 늘게 마련이었다.

　1749년(영조 25) 조정에서는 이 문제를 논의했다. 한 패거리의 유수
들이 물건을 팔러 한양으로 들어오는 사람들을 노렸다. 강제로 빼앗
지는 않았다. 다만, 채소나 닭 또는 한약재 같은 물건까지 거래하지
못하게 막고, 자신들과 줄이 있는 거간꾼을 이용하도록 했다. 어수
룩한 사람에게는 좋은 말로 유혹하고, 그렇지 않으면 무력으로 협박
을 했을 듯하다. 조선정부는 이런 행동을 금지시키려 했지만 성과가
어느 정도였을지 궁금하다.

　유수와 걸인은 조선이라는 나라에서 가장 싫어했던 사람들이었

다. 놀고 먹는 것이 사치와 같이 없어져야 할 것이라 보았기 때문이
다. 아마도 이들이 나라의 통제 밖에 있다는 것도 싫어했던 주요한
이유였을 것이다. 그러나 어느 시대, 어느 사회나 놀고 먹는 사람들
은 있었다. 경제적으로 몰락해 일거리가 없는 사람들의 문제가 조선
에만 있었을까? 어떤 방법으로 풀어갈 지는 현재 우리의 몫이다. ◉

죽음을 다루는 직업

오작인(仵作人)과 망나니

신지도(薪智島)의 슬픈 사연

1800년(순조 즉위년) 정조가 죽은 후의 일이다.[1] 일은 경상도 인동(구미시)에서 시작되었다. 장현경(張玄慶)은 인동부사 이갑회(李甲會)의 초대장을 받았다. 이갑회의 아버지가 곧 생일이라서 잔치를 열겠다는 통보였다. 초대장에는 장현경의 아버지까지 포함되어 있었다.

그런데 정조가 사망한 지 얼마 안 되었다는 점이 문제였다. 아직 일반사람들도 상복을 벗지 않은 상태였다. 3년상은 27개월이기 때문에, 하루를 한 달로 쳐서 27일 동안은 상복을 입는 기간이다. 이 기간에 술 마시고 노래하는 잔치는 국법으로 금지하고 있었다. 장현경의 아버지는 상중에 잔치하는 것이 옳지 않다고 대답했다.

장현경의 아버지는 인동부사의 아버지와 성(姓)이 다른 친척이었다. 두 사람은 자주 만나서 가까웠다. 그래서 잔치에도 불렀던 것인데, 상중이란 이유로 초대를 거절한 셈이다. 인동부사 이갑회는 장

「조선풍속화보」에 나타난 잔치 모습이다. 이 경우는 각각의 독상이 아닌, 한 상에 모여 있다. 남녀가 같이 앉아 있는 것으로 보아 집안의 잔치임을 짐작할 수 있다.

현경의 아버지가 자신을 고발할까 두려웠다. 궁리 끝에 그는 한 가지 기억을 떠올렸다. 얼마 전에 장현경의 아버지는 정조가 독살당했다는 식의 이야기를 했었다. 그 말이 빌미가 될 수 있었다. 인동부사는 관찰사가 있는 감영으로 달려가 장현경의 아버지가 반역을 꾀하려 한다고 보고했다. 한밤중에 이갑회는 잘 훈련된 군사들을 이끌고 장현경의 집을 포위했다. 장현경은 무슨 일인지를 몰라 얼떨결에 담을 넘어 도망쳤다. 아버지는 잡혔는데, 장현경이 어디로 숨었는지 알 수 없었다.

이 일에 연루된 사람이 수백 명이었다. 조정에서는 안핵사를 보내 이 사건을 처리하게 했다. 그러나 압수한 문건은 점을 쳤던 종이 한 장뿐. 그나마 무슨 말인지도 알 수 없는 내용이었다. 연루된 사람들은 대부분 풀려났다.

그러나 장현경의 가족은 용서받지 못했다. 그의 부인과 자식들은 전라도 강진현의 신지도로 귀양을 갔다. 때는 벌써 1809년(순조 9) 가을 어느 날, 군졸 하나가 술에 취해 군영으로 돌아가고 있었다. 그런데 그의 눈에 울타리 넘어 한 처녀가 눈에 들어왔다. 바로 장현경의 큰딸. 어느새 22살의 다 큰 처녀가 되어 있었다. 술에 취한 군졸은 큰딸을 유혹하려 했다.

그후로도 여러 번 그랬던 것으로 보아, 장현경 가족은 군영 근처에서 허드렛일을 했던 것 같다. 어쩌면 반역을 이유로 노비처럼 대우받았을 듯도 하다. 계속 거절하는 큰딸에게 군졸은 결국 자신의 처가 될 것이라고 윽박질렀다.

큰딸은 너무나 화가 나고 치욕스러워 바닷가로 향했다. 파도를 바라보던 그녀는 바다에 몸을 던졌다. 마침 어머니가 눈치채고 뒤를 따라왔지만, 그녀를 잡지 못했다. 큰딸을 뒤따라 어머니도 푸른 바다에 몸을 던졌다. 이때 작은딸도 같이 바다에 뛰어들려 했으나 어머니가 소리쳐 말렸다.

"너는 돌아가 관가에 알려 이 원수를 갚고, 또 네 동생을 길러야 한다."

둘째딸은 군영으로 가서 장교에게 이를 알렸다. 강진현감 이건식(李建植)은 시신을 건져 오작인(仵作人)과 같이 검시(檢屍)를 했다. 자살이든 타살이든 시신에 대한 검시를 하는 것이 첫 번째 해야 할 일이다.

검시보고서는 이 지역의 상관인 전라도 관찰사에게 올라갔다. 수일이 지난 후에 해남의 수군사령관이 건의서를 올려 신지도의 지휘관과 강진현감 이건식을 파면할 것을 건의했다. 이것은 관례에 따른

조선의 9급 관원들, 하찮으나 존엄한

타당한 조처였다.

이때 뜻밖의 일이 벌어진다. 강진현감 이건식은 아전과 이 일을 의논했다. 그리고 그는 천 냥을 마련하여 서류일을 하는 장교에게 뇌물로 주었다. 그러자 관찰사는 검시보고서인 검안(檢案)을 강진현에 되돌려주었다. 그리고 파면건의서는 다시 지역 수군사령부로 되돌아갔다. 그 결과 모두 죄를 묻지 않게 되었다. 부패한 행정처리의 전형이었다.

다음해인 1810년 7월 28일 큰 바람이 불었다. 장현경의 큰딸이 바다에 몸을 던진 바로 그날이었다. 이 바람은 바다를 날려 물거품을 소금비로 만들었는데, 이 비가 산꼭대기까지 이르렀다고 했다. 쓰나미가 일었던 모양이다. 해변의 곡식과 초목이 소금비에 젖어 말라죽는 바람에 그해 농사는 완전히 망쳤다. 재앙은 이듬해에도 계속되었다. 사람들은 이 바람을 죽은 처녀의 바람으로 불렀다. 처녀의 원혼과 결부시킨 것이다. 뒤에 암행어사가 와서 이 사연을 들었지만, 그 역시 묵살했다는 서글픈 이야기다

여기서 우리가 살펴보려는 것은 시신을 검시했던 오작인에 대한 이야기다. 과연 오작인은 어떤 사람들이었을까?

시신을 검시하다

오작인들은 시체를 살펴보는 일을 했다. 지금도 사람이 죽으면 의사가 사망진단서를 쓴다. 만약 사망 원인이 분명치 않으면 검시를 한다. 과거에도 이와 비슷했다. 의문의 죽음에는 검시가 필요했다. 자살

인지 타살인지를 가려내고 사망 원인을 찾는 것이 첫 번째였다.

조선시대에는 기본적으로 두 번의 검시를 했다.[2] 만약 의심이 나면 검시를 4차까지도 했다. 검시를 맡은 관부는 형조다. 형조 관원이 법률을 맡은 율관, 의사인 의관, 그리고 한성부 서리와 오작인을 데리고 검시를 한다. 살인의 경우는 먼저 진술서부터 받는다.

검시 후에도 다시 진술서를 받았다. 이렇게 작성한 검시대장은 두루마리로 만들었다. 그리고 이 보고서를 형조와 한성부에 보고하여 다시 검시를 청하도록 했다.

지방에서는 지방관이 검시를 했고, 이를 감찰사에게 보고했다. 공정성을 기하기 위해 재검시는 다른 수령이 맡아 했다. 다만, 수령이 자신의 관할 아래에 있는 아전을 때려서 죽게 된 경우에는 검시를 못하도록 했다. 반면에 집에서 노비를 구타해 죽인 경우에는 검시를 하도록 했는데, 조선후기에는 검시를 하지 않는 쪽으로 바꾸었다.

사람은 누구나 시신 만지는 것을 좋아하지 않는다. 오작인의 역할이 바로 이것이었다. 시신을 뒤집거나 만지는 일이 그들의 몫이었다. 특히 관리들은 시체를 보는 일조차 기피해서, 서리나 오작인의 말을 믿고 그대로 검시보고서를 만들기도 했다. 그러다 보니 오작인이 거짓으로 보고하기도 하였다. 살인을 은폐하기 위해서 죽은 원인을 잘 모르게 꾸미는 것이다. 물론 오작인이 요령 없이 보고하는 탓에 검시보고서의 내용이 엉망인 경우도 많았다.[3]

조선후기에는 검시에도 재물이 필요하게 된다. 권력이 있는 사람이 가난한 사람을 실수로 죽이는 경우가 있을 수 있다. 이때 가난한 사람의 집안에서는 장례비용부터 걱정된다. 그뿐 아니라 관리들이 검시할 때에는 적당한 뇌물과 대접도 필요하다. 자칫하면 얼마 되지도 않는 재산이 모두 날아가 버리는 것이다. 이 때문에 어이없게도 가족을 죽인 원수의 집에서 뇌물을 받고 사건을 은폐하는 경우도 생겨났다. 당시 말로는 이것을 개인간의 화해라는 뜻의 '사화(私和)'라고 불렀다.[4]

　정약용은 이런 일 때문에 생기는 문제를 예리하게 지적했다. 그는 용촌(龍村)과 봉촌(鳳村)이라는 남쪽 두 마을의 이야기를 사례로 든다. 두 마을 사람이 서로 장난삼아서 때렸는데, 봉촌 사람이 병들어 죽게 된다. 두 마을 사람들은 관리들의 검시가 두려워 때린 사람에게 자살하도록 권했다. 때린 사람은 흔쾌히 승낙하고 자살했다. 그러나 몇 달 뒤에 관리들이 이를 알아차렸다. 관리들은 두 마을의 죄상을 캐면서 3만 냥을 뜯어냈다. 이로 인해 두 마을 사람들은 전재산을 날리고 말았다는 이야기다. 관리들의 지독함이 흉년보다 더하

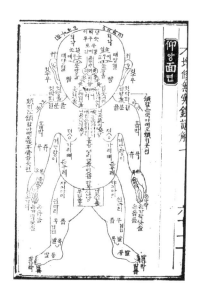

조선후기에 『무원록』을 보완한 후에 한글로 번역한 『증수무원록언해』가 나왔다. 그 중에서 신체의 앞 부분에 해당하는 각 이름을 표시한 그림이다.

다는 지적이다.

원래 시체를 살펴보는 검시방식과 보고는 『검시장식(檢屍狀式)』에 따라 하도록 했다. 그리고 검시에는 『무원록(無寃錄)』을 이용하였다. [5] 『무원록』은 원나라 왕여(王與)가 편찬한 법의학서다.

살인은 범죄 중에서도 무거운 죄였기에 수령은 검시를 제대로 할 책임이 있었다. 그래서 1467년(세조 13) 충청도 연산현감 이연(李涓)은 검시를 부실하게 했다는 이유로 파직을 당하기도 했다.[6]

도성 한양에서조차 시체 검시가 제때에 이루어지지 않기도 했다. 1522년(중종 17) 송침교(松針橋) 다리 아래에 버려진 시체가 발견되었다.[7] 그러나 시체는 다음날까지도 그대로 방치되어 있었다. 그곳으로 출근하던 관리가 한성부 관리를 불러 검시하라고 독촉을 했고, 이 일로 한성부 관리가 처벌을 받았다.

반대로 검시를 잘해서 이야기를 남긴 관리도 있었다. 중종 때 활동했던 박영(朴英)이 그런 관리였다.[8] 박영이 김해부사로 있던 시절에 이웃집에서 여자의 울음소리가 들려왔다. 그는 아전을 시켜 그 여자를 잡아오게 한 후에 우는 까닭을 물었다. 그녀는 남편이 병도 없이 갑자기 죽었다고 했다. 부부관계는 문제가 없었다는 것이 주변 사람들의 이야기였다.

박영은 남편의 시체를 검시했지만, 역시 별 이상이 없었다. 그녀는 사또가 자신을 의심한다고 울부짖었다. 분위기는 부인을 동정하는 쪽으로 흘렀다. 박영은 힘이 센 군교(軍校)를 시켜 시체의 가슴부터 아랫배까지 누르도록 했다. 그러자 배꼽 속에서 손가락만 한 긴 가시가 솟아나왔다. 살인이었다. 동네 다른 남성과 동거하기로 약속한 그녀가 저지른 일이었다. 주변 사람들이 박영에게 살인을 의심한 이유

조선의 9급 관원들, 하찮으나 존엄한

를 묻자, 부인의 곡성이 슬퍼서 우는 소리가 아니었다고 답했다. 특히 검시할 때 겉으로는 울부짖으며 가슴을 쳤지만, 실제로는 두려워하는 기색이 있었다고 했다. 현명한 판단이 놓칠 뻔한 살인사건을 해결한 셈이다. 이때도 오작인이 검시에 참여했을 것이다.

한양의 오작인은 동·서 활인원에서 일했다. 활인원은 병자를 치료하는 병원이다. 오작인은 이곳에서 시체를 처리하는 일을 맡았다. 특히 전염병이 돌거나 큰 흉년이 들어 거리에 시체가 많아지면, 오작인들이 시체를 치우는 역할을 했다.[9]

그런데 이런 오작인을 이용하는 사람이 있었으니 세조의 등극에 나름의 역할을 하여 정난공신이 된 봉석주(奉石柱)라는 자였다.[10] 원래 무인 출신인 그는 글을 몰랐다. 갑자기 출세한 봉석주는 재물 모으기에 온 힘을 기울였다. 심지어 그는 봄에 마을사람들에게 억지로 바늘 1개씩을 주고, 가을에 이자까지 쳐서 닭 1마리로 갚도록 했다. 일종의 억매(抑賣)였다. 바늘은 나눠주기에 편한 가벼운 물건이기에 선택했을 것이다. 그리고 갚지 않는 사람들에게 매질을 했다.

그런 봉석주가 오작인들에게는 술과 안주를 갖추어 먹이며 극진하게 대접을 했다. 왜일까? 그가 바란 것은 죽은 사람의 옷. 그는 오작인들이 벗겨온 옷을 수선해서 곡식과 맞바꾸었던 것이다. 특이하게 재물을 모은 사례였다.

또한 오작인은 끔찍한 범죄에 이용되기도 했다. 연산군대에 있었던 일이다. 연산군은 예쁜 여자들을 흥청(興淸)에 모았다. 흥청은 운평(運平)과 더불어 기생을 기르는 곳이다. 그런데 흥청이나 운평에 뽑혀 들어오기 전에 임신한 경우가 있었다. 연산군은 이들이 아이를 낳으면 오작인에게 아이를 땅에 묻으라고 시켰다.[11]

실제로 윤석이란 사람이 운평에 있는 여성과 간통해서 임신을 했다. 이 때문에 윤석은 국문을 당했고, 아이는 오작인에게 내주어 묻도록 했다.[12] 믿기 어렵지만, 이런 일이 연산군대에 몇 차례 기록에 등장한다.

16세기 성병이 크게 유행할 때, 살아 있는 사람의 간담과 손가락이 그 병을 낫게 한다는 소문이 돌았다. 사람들은 오작인과 걸인에게 돈을 주고 구해달라고 부탁했다. 어느 날 관찰사를 지낸 유세침의 집에서 10살 된 아이종이 실종되었다.[13] 누군가 이 아이를 산속으로 유인해 간 것이다. 불행 중 다행으로 아이는 손가락을 잘렸지만 살아서 돌아왔다. 이 사건이 발생하자 사헌부는 범인을 오작인 내지 걸인으로 추정했다. 그러나 범인이 잡혔는지는 알 수 없었다.

1512년(중종 7) 찬바람이 매섭던 1월, 나이든 한 여성이 의식을 잃고 종루(鐘樓, 지금의 종각 부근)에 쓰러져 있었다.[14] 그녀의 머리에는 큰 상처가 있었다. 한성부에서는 이 여성을 집으로 데려다주면서, 딸인 돌덕(乭德)을 잡아왔다. 알고 보니 돌덕이 오작인을 시켜 병든 어머니를 죽인 뒤 내다 버리라고 시킨 것이다. 중종은 이 일을 '천지 사이의 큰 변(變)'이라고 생각해 엄히 다루도록 했다. 인륜범죄라서 가벼이 넘길 수 없었던 탓이었다. 이때 오작인이 의심받았던 이유는 이들이 오직 이익만을 탐내는 자라는 인식 때문이었다. 조사 결과 사건의 경위는 이러했다.[15] 어머니가 병으로 거의 죽게 되자 사위와 딸은 의논해서 오작인에게 면포 2필을 주고 업어다가 버리라고 했다. 오작인은 어머니가 아직 죽지 않았다고 난색을 표하자 돌덕은 수구문 밖에 천막을 쳐서 그곳에 모셔두고 치료하려 한다고 둘러댔다. 아마도 어머니의 병은 전염병이 아니었나 싶다. 결국 오작인은 어머니를 업

연산군은 종로에 있던 원각사를 기생들이 거주하는 곳으로 바꾸었다. 원래 이 절은 태조 때는 조계종의 본산이었을 정도로 유서 깊은 곳이다. 사진 속의 비는 원각사비의 모습(현재 보물 3호)이다.

고 갔다.

이 일로 조정에서는 오작인들은 모두 한성부로 불러들였다. 그리고 범인 돌덕과 대질심문에 들어갔으나, 오작인들 속에서는 어머니의 머리를 때린 사람이 나오지 않았다. 돌덕이 자신의 죄를 피하려고 일부러 지목을 하지 않았을 수 있다.

그러나 이 일은 오작인의 역할을 잘 보여주는 사례다. 오작인은 시체를 다룬다는 점에서 조선사회 내부에서도 기피하는 사람들이었다. 평소 사람들은 그들과 접촉하는 것조차 꺼렸을 터이지만 그들은 누군가 해야 할 일을 했던 조선사회 속의 또 다른 섬이었을 것이다.

죽음을 다루었던 직업은 이들만이 아니었다. 죽음을 집행하는 사람, 그들은 바로 망나니였다. 이들의 삶으로 들어가 보자.

망나니, 사람을 죽음으로 이끌다

망나니는 사형을 집행하는 사람이다. 이들은 보통 회자수(會子手), 즉 사람을 끊는 기술자라고 불렸다. 끔찍한 일이다. 원래 회자수는 군대에서 사형을 집행하는 사람을 뜻한다. 군법은 일반 형법보다 엄한 탓에 사형이 많았다. 이를 집행할 사람이 필요했고, 회자수는 정식으로 군대에 배치되었다. 예를 들어 정조가 화성을 지키기 위해 만든 장용영의 한 부대에는 군인 85명에 회자수 4명이 배치되었다.[16] 평소 이들은 사형을 집행하는 일보다는 주로 헌병의 역할을 했다.

보통 사극에 등장하는 망나니는 남루한 옷차림에 머리를 풀어헤치고, 희번득한 눈빛으로 사형수 앞에서 입으로 커다란 칼에 물이나 술을 뿌리며 칼춤을 춘다. 이런 이미지가 우리의 머리 속의 망나니다.

그런데 『만기요람』에는 회자수의 복장이 이렇게 나온다.[17] 회자수는 귀신 모양의 붉은색과 파란 명주로 주름진 두건을 쓴다. 이 두건은 앞에는 아래와 위에 2개의 고리를 달고, 뒤에는 늘어진 끈이 있어 발꿈치까지 내려가도록 했다. 여기에 귀신이 그려진 홍색 무명옷을 입었다. 그리고 날이 좁은 칼을 들고 대장의 말머리에 마주 서게 했다. 평소 훈련대장과 군법의 위엄을 보여주는 시위효과 때문일 것이다. 붉은색은 시각적으로 돋보인다. 망나니 복장도 이와 비슷했을 것으로 보인다.

중세 영국에서는 사형집행인의 두건에 작은 눈구멍 두 개를 뚫었다. 쉽게 얘기하면 가면인 셈이다. 이 두건은 사형집행인의 얼굴을 가리는 역할도 하지만, 집행인이 국왕의 정의를 실현하는 '얼굴 없는 대행자'라는 메시지를 담았다.*

조선의 9급 관원들, 하찮으나 존엄한

「형정도첩」에 나오는 사형 장면인데,
칼을 든 사람이 망나니로 보인다.
붉은 색 두건을 머리에 둘렀다.

　어떤 사람들이 회자수가 되었는지는 알려져있지 않다. 일반인의
사형을 집행한 망나니의 경우엔 사형수 중에서 뽑혔을 것으로 여겨
지고 있다. 아마도 사형을 감면하는 조건이 주어졌을 것이다. 그러나
기록으로 확인되지는 않는다.

　사형집행인도 스스로 괴로웠을 것이다. 그들이 받는 정신적 압박
은 적지 않았다. 스코틀랜드 메리 여왕이 처형되었을 때에도, 사형집
행인들은 두려워했다. 이들은 여왕이 순교자의 모습으로 나타날지
모른다는 두려움에 그녀의 옷을 갈기갈기 찢어버렸다.

●　토니로빈슨 외, 『불량직업 잔혹사』, 한숲 2005, 139쪽. 사형 중에서 머리를 자르는 참수형은
　그나마 귀족에게 주어진 특권이었다고 한다.

경기도 안성시에 있는 영창대군 묘
앞의 동자석이다. 원래 그의 묘는
1614년(광해군 6) 경기도 광주시
남한산성 아래에 만들었지만,
성남시가 개발되면서 이곳으로
옮겨졌다. 광해군은 영창대군을
역모를 꾸민다는 죄로 죽였다.

두려움은 조선의 망나니들도 마찬가지였을 것이다. 1616년(광해군 5)
계축옥사, 즉 이이첨 등의 대북파(大北派)가 중심이 되어 영창대군을
몰아낸 사건이 벌어졌다. 3년 뒤에 다시 모략사건이 생기는데 당시
조사관은 최기(崔沂)였다.[18]

그런데 혐의자가 낸 문서에는 최기의 친인척과 고향 사람들, 그리
고 조정의 높은 신하들이 포함되어 있었다. 물론 터무니없는 내용이
었고, 최기는 이를 무마하려 했다. 그러나 불행하게도 최기는 이 일
로 처형당하게 된다. 당시 최기의 아들 최유석(崔有石)은 나이가 16세
밖에 되지 않았는데, 이 일에 연좌되어 시장터에서 죽임을 당했다.

이때 최기의 아들을 처형한 망나니가 희광(希光)이다. 그런데 희광
은 사형을 집행한 날에 갑자기 죽게 된다. 이 일이 기록된 것은 당시

조선의 9급 관원들, 하찮으나 존엄한

그들의 죽음이 억울했다고 보았기 때문이다. 실제로 희광이 사형집행일에 죽은 이유는 알 수 없다.

이들 망나니는 사형수 가족들에게 돈을 요구하기도 했다. 명종 때 윤준(尹浚)은 고변으로 죽게 되었다. 그가 사형을 받으러 수레에 실려 갈 때였다. 망나니 두어 명이 길가에서 울고 있는 그의 아내에게 돈을 요구했다. 윤준은 아내에게 돈을 준다고 자신이 죽지 않는 것이 아니라며 말렸다. 그러자 망나니들이 화가 나서 참혹하게 사형을 집행했다고 한다.[19]

망나니들이 돈을 요구하는 것은 사형을 집행할 때 뜸을 들이지 않고 단칼에 깨끗하게 죽여주는 대가였다. 사형수의 고통이 길어질수록 지켜보는 가족의 고통도 커지게 마련이다. 이를 이용한 돈벌이였던 셈이다. 천시받았을 망나니들이 가지고 있던 유일한 힘이었다.

오작인과 망나니에 대한 기록은 많지 않지만 당시 사람들에게는 기피 대상이었을 것이다. 죽음과 가까운 곳에 있는 사람들인 탓이었다. 지금도 우리는 죽음을 다루는 사람들을 어떻게 생각할까? 과연 차별적 시선이 바뀌었을까? ◉

소를 잡아서 먹고 살다

거골장(去骨匠)

종친이 소를 잡다

1474년(성종 5) 12월, 종친인 이서(李徐)의 집은 북적거렸다. 며칠 후에 벌어질 큰 제사 때문이었다. 그는 제사에 필요한 쇠고기를 어떻게 구할까 고민에 빠졌다. 이번 제사에는 주변 친척들이 모두 모인다고 기별을 전해 왔다. 그래서 다른 때보다 고기가 더 있어야 할것 같았다.

올해 들어 조정에서는 소 잡는 일에 무척이나 신경을 쓰고 있었다. 소를 잡는 건 원래 금지되어 있었으나 한양의 대갓집에서는 종종 있는 일이었다. 이서는 몇 달 전에 들은 얘기를 떠올렸다.

왕이 공부하는 경연에서, 소를 전문으로 잡는 거골장(去骨匠)을 시골로 쫓아보내야 한다는 이야기가 있었다고 한다.[1] 거골장의 가족을 모두 국경 근처로 보내야 한다는 내용이었을 것이다. 요컨대 거골장들이 소를 잡은 후에 소의 뼈를 가지고 도랑을 메워서 그 위를 통행

조선의 9급 관원들, 하찮으나 존엄한

19세기 양기훈이 그린 「뇌경도」로, 소가 밭을 가는 장면이다. 소는 농사 짓는 일에 핵심적인 자원이다. 따라서 고려시대부터 보호해야 할 대상이었다.

하는 바람에 올해 가뭄이 찾아왔다는 것이 그 이유였다. 그 논리가 기가 막혔다. 사람들이 죽은 소들의 뼈를 밟고 다녀서 하늘과 땅의 좋은 기운을 해쳤기 때문이라는 설명이었다.

이미 2월에도 거골장을 대대적으로 소탕하여 변방으로 보내라는 성종의 명령이 있었다.[2]

이서는 다시 고민해 보았지만, 그래도 소를 한 마리 잡기로 했다. 혹여 걸린다 해도, 자신은 왕의 친척인 종친이 아닌가. 옛날에는 소나 말 등 여러 가지 가축을 기르는 사축서(司畜署)에서 잔치나 제사에 쓸 쇠고기를 구했다. 그런데 지금은 쇠고기를 찾는 사람들이 너무 많아 사축서에 부탁해서는 쇠고기를 언제 구할지 알 수 없었다. 더구나 사축서 쇠고기를 구하려면, 담당관리에게 뇌물이라도 보내면

始囚日月拷訊及決罪數各其司每十日一錄

啓外則節李啓同次訟 ○隆襄極熱時月一一

啓外則節李啓同日初五月晦日至正月曙日初五月 事干綱常贓盜男人

杖六十以上女人杖一百以上外其餘杖一

百以下並收贖自願受杖者聽

徒民逃亡者妻子屬殘廢奴婢捕獲則 戶首斬自現則還元徒處流付處妻子放 ○犯強盜

及竊盜者二度處斬徒處三度處斬 永屬者斬自現則還元徒處流付處安置充軍定役

同啓亡流守付闔後令該安置簿令親屬報觀察使定使觀察 京外才人白丁盡刷分保各坊

本道本邑各藏一件每年考其生産物故逃亡者依徒流付處人逃亡 各村成籍 論捕竊盜及殺牛馬者一人給綿布十匹 每一人加二匹至五十匹而止 則一人五十匹每一人加五匹至百匹而止

현재의 『경국대전』에는 소나 말을 죽인 자에 대한 처벌 규정이 없다. 그 이유는 현 『경국대전』이
여러 차례 수정되어 나온 결과물이기 때문이다. 이 그림은 현재 『경국대전』 형전의 도적을 잡는
것에 대한 포상 규정이다. 여기에 따르면 도적 한 사람에 면포 10필, 그리고 추가되는 사람마다
2필을 더해주도록 했다.

서 부탁을 해야 했다. 그러기에는 자존심도 상하는 일이 아닌가.

드디어 소를 잡는 날, 거골장인 김산(金山)이란 자가 그의 집으로
찾아왔다.[3] 이서는 노비 난동(卵同)에게 시끄러운 일이 생기지 않도록
조용히 일을 처리하라고 이야기해 두었다. 내 집에서 소를 잡는데,
누가 이 일을 알겠는가? 여차하면 문을 잠가서 단속원들이 들어오
지 못하게 하면 그만이었다.

그런데 운이 나빴다. 어떻게 알았는지 사헌부 관리들이 집으로 들
이닥친 것이다. 하인들이 막을 틈도 없이 소를 잡는 현장을 들키고
말았다. 거골장인 김산과 노비 난동이 체포되었다. 이를 놓아두면
일이 커질 게 분명했다. 다급해진 이서는 자신이 데리고 있던 구사

조선의 9급 관원들, 하찮으나 존엄한

(丘史)들에게 사헌부 아전들을 포위하라고 명령했다. 그리고 이들을 협박하여 자신의 종인 난동을 내놓으라고 했다.

결국 이 일은 조정에까지 알려졌다. 성종은 이 사건을 조용히 덮으려고 했다. 이서에게는 어떤 죄도 묻지 않고, 문제를 일으킨 구사들만을 다시 거두라고 했다. 이들은 조정에서 내어준 하인들이니까 당연했다. 그러나 사헌부가 그냥 넘어갈 리 없었다. 그들은 『경국대전』을 들먹거렸다. 『경국대전』에 따르면 소나 말을 죽인 자는 첫 번째는 몽둥이 100대, 도형(노역형) 3년에 처하도록 되어 있다. 그리고 이웃과 관령(管領, 한성부의 마을을 돌보는 관리), 이정(里正, 관령과 비슷)이 이 일을 알면서도 고발하지 않은 경우도 몽둥이 80대를 때리도록 규정되어 있었다.*

그런데 이서의 사건 처리를 보니, 종인 난동과 김산만 역리(驛吏, 역에서 일을 보는 서리)로 보내라고 조처가 되어 있었다. 사헌부는 이서가 집주인으로서 이를 알고 있었으니까 법을 어긴 것이라고 주장했다. 더구나 사헌부 아전들을 포위해 협박하는 소동까지 벌였는데, 구사만 거두고 마는 것은 처벌이 가볍다고 항의했다. 사헌부는 역사적 사례까지 들먹였다. 과거 세종대에 종친인 이덕생(李德生)이 소를 잡은 일을 꺼낸 것이다.

---

* 이 조문은 현재의 『경국대전』에는 들어 있지 않다. 현재에는 형전 포도(捕盜)조에 절도와 소, 말을 도살한 사람을 한 명 잡으면 면포 10필을 주고, 한 사람마다 2필을 더 줘서 25필에서 그친다고 되어 있다. 현재 우리가 보는 『경국대전』은 을사대전이라고 하여 1485년(성종 25)에 간행된 것이다. 『경국대전』은 세조 때부터 여러 차례 간행되면서 보완을 해왔다. 이 조문이 없는 것은 을사대전 이전에 만들어진 신묘대전(성종 2)이나 그 이전에 들어가 있었을 것이다. 을사대전이 간행되면서, 이 조문이 빠진 것으로 이해된다.

이덕생은 정종의 서자였다. 원래 그는 승려였으나 세종이 그에게 머리를 기르라고 명령했다. 그런데 그가 박만(朴萬)·원생(元生) 등을 집에 데리고 있으면서, 전문적으로 소와 말을 잡게 했다.[4] 그러나 꼬리가 길면 잡히는 법. 종부시(宗簿寺, 종친을 관리하는 기구)가 이덕생의 집에 소뼈가 묻혀 있다는 정보를 입수하였다. 종부시는 환관에게 수색하여 검거하도록 하고, 만약의 경우에 대비해 군사들을 동원해서 파수를 보도록 세종에게 청했다. 세종은 종친의 집이라 그렇게 할 수는 없고, 우선 이덕생에게 그런 일이 있는지를 물어보라고 했다. 만약에 이덕생이 대답하지 않으면 수색하라는 명령도 덧붙였다.

이덕생은 고집을 부렸고, 결국 수색이 시작됐다. 그의 집을 수색하자 소머리 35개, 말머리 8개와 함께 많은 뼈가 발견되었다. 이것도 문제인데, 더 충격적인 사실은 이 소와 말이 모두 훔친 것이었다. 그는 종친이라는 권력을 이용해, 가축 임자가 뒤를 쫓아와도 집으로 들어오지 못하게 막았다.

결국 이덕생은 벼슬을 빼앗기고 전라도 담양으로 유배를 갔지만, 사간원에서 가만있지 않았다. 법에 따라 국경 근처인 변방으로 옮기라고 탄원했다. 결국 그는 변방으로 가던 도중에서 경기도 용인에서 갑자기 사망했다.[5]

사헌부는 이 사건을 관례로 들며 이서의 처벌을 주장했다. 그러나 성종은 단호했다. 이서의 죄는 이덕생과 사안이 다르기 때문에 그렇게 처리하지 못한다고 잘라 말했다. 그러나 사헌부 사람들이 그냥 넘어가지 않았다. 이런 일이 사례가 되어 다른 종친들이 더 큰 법을 위반할 것이라고 성종을 압박했다.[6] 결국 성종이 졌다. 특히 원로인 한명회가 처벌을 주장하고 나서니, 더 이상 어쩔 도리가 없었다. 하는 수 없이 성종은 이서의 직첩(조정에서 내리는 벼슬아치의 임명장)을 회수하는 것으로 여론을 무마시켰다.[7] 그나마 변방에 보내지 않은 것이 성종의 입장에서는 다행이었다.

시간이 좀 지나자 성종은 이서의 직첩을 슬그머니 돌려주도록 했다.[8] 사건이 일어난 지 2달 만의 일이다. 그리고 다음해에는 그를 다시 임용해서 쓰라고 했다.[9] 역시 권력에 가까우면 언젠가 돌아오게 되는 것은 지금이나 마찬가지였다. 여론이 수그러들면 말이다.

왜 이렇게 소를 잡던 거골장이 문제였을까? 조선시대에는 쇠고기를 먹지 말아야 했던 것일까?

거골장은 재인, 화척에서 시작했다

거골장은 뼈를 발라내는 기술자라는 뜻이다. 그 대상은 소나 말이다. 우리에게는 '백정'이란 말이 더 익숙하다. 조선사회에서 철저하게 천대받던 사람들이다. 어떻게 보면 사회적으로 노비보다도 더욱 소외된 사람들이기도 하다.

19세기 말 백정 박성춘은 선교사의 도움을 받아 차별대우를 개선해 달라는 탄원서를 정부에 냈다. 다른 천민들은 도포, 갓, 망건을 쓸 수 있지만, 자신들은 할 수 없다는 것, 그리고 지방관청의 하인들까지 자신들에게는 온갖 행패를 부린다는 것이 그 내용이었다. 그는 자기보다 못한 광대들도 갓과 망건을 쓰고, 심지어 어린애들까지 자기들에게는 반말을 하는 상황을 더는 견딜 수 없다고 주장했다.[10]

그러나 처음부터 백정들이 이런 천시를 받지는 않았다. 이들은 고려시대에도 있었다. 재인(才人, 광대)이나 화척(禾尺)이 그들이었다. 더 멀리는 양수척(揚水尺)이 그들의 원조였다. 양수척은 사냥, 목축, 도살업, 버들그릇(버드나무 가지로 만든 그릇) 등을 만들어 생활했다. 일종의 집시처럼 떠돌거나, 아니면 집단으로 뭉쳐서 살았다. 이들이 고려 후반기에 재인, 화척으로 불리게 되는데, 공연과 그밖의 일을 하는 사람들로 분화되었던 모양이다. 그렇다고 두 집단의 일이 완전히 분리된 것은 아니었다.

이 사람들은 떠돌아다니기 때문에 농사를 짓지 않았다. 게다가 이들은 갑자기 도적떼로 변신하는 경우가 많았고, 귀중한 소와 말을 도살했으니 정부 입장에서는 골칫거리였다. 특히 소는 농사에 꼭 필요한 존재라서 보호해야 했다. 조선 초에 나온 『금양잡록』이란 농사책에는 소 한 마리가 농부 9명의 몫을 한다고 했을 정도이다.

이미 고려 말에 소를 죽이면 크게 처벌하는 법을 마련해 놓고 있었다.[11] 그 명분은 '먹는 것이 백성의 하늘이고(食者卽民之天), 곡식은 소로부터 나온다'는 거였다. 그리하여 금살도감(禁殺都監)이라는 임시 정부기구를 만들어 소를 죽이는 일을 단속했다. 범인을 신고하는 사람은 범인의 재산을 상으로 줄 정도로 강력했다. 심지어 범인은 살인을 한 것으로 처리한다고 했다. 조선정부는 이 법을 고스란히 받아들였다.

문제는 재인, 화척 등과 같은 사람들이었다. 정부는 일찍부터 이들을 호적에 올려 떠돌아다니지 않고 농사를 짓도록 했다.[12] 이들이 주로 사냥을 하는 특성에도 주목했다. 그래서 활쏘기와 말타기를 잘하는 사람은 국왕을 호위하는 시위군에, 나머지 사람들은 지방의 각 군영에 소속시키자는 제안도 있었다.[13]

「조선풍속화첩」에 나타난 씨를 뿌리는 모습이다. 농사일은 육체적으로 사냥 등의 일보다 고되었다. 따라서 백정들이 배우기가 쉽지 않았을 것이다.

이 제안은 20년 가까운 세월이 흐른 뒤 1423년(세종 5)에야 정부의 정책으로 채택되었다.[14] 물론 그대로는 아니고, 집안이 풍족하고 무술에 능력 있는 사람은 시위군, 다음 단계인 사람은 성(城)을 지키는 군인으로 썼다. 그리고 후자 중에서 무술이 좋으면 중앙군으로 보내도록 했다.

이때 처음 재인과 화척의 이름을 백정(白丁)이라고 고쳤다. 우리가 알고있는 '백정'이란 이름의 출발이다. 고려시대의 백정은 나라로부터 받은 일 없는 사람을 뜻했다. 조선정부가 이들을 백정이라고 부른 데는 이유가 있었다. 일찍이 1409년(태종 9) 정부는 이 사람들이 자기들끼리만 사는 것에 문제가 있다고 보았다. 그래서 산골짜기 등에서 나와 일반사람들과 결혼하도록 권했다.[15]

그럼에도 화척 등은 일반사람들과 섞이지 못했다. 무엇보다 일반사람들이 이들을 자신들과 다른 존재로 보는 게 문제였다. 당시 정부는 이들에게 사냥물이나 버들그릇, 가죽, 말갈기와 말총, 힘줄(활의 재료), 뿔 등을 공물로 받고 있었다. 또한 그들의 사냥 실력을 인정해 동물 잡는 일에 몰이꾼으로 동원하곤 했다.[16] 사람들은 이들의 일을 천하다고 생각하여, 화척이란 이름을 싫어했다. 결국 정부가 생각한 것이 그들의 이름을 백정으로 바꾸고, 군인으로 흡수한다는 방법이었다.

그러자 사람들은 이들을 새로운 백정, 즉 '신백정(新白丁)'이라고 부르면서 차별했다. 지방에선 수령이 이들을 사냥과 같은 여러 일에 동원하고, 버들그릇을 내놓으라고 몰아세웠다.[17] 신백정들은 농사일을 새로 배우기가 쉽지 않았다. 오랫동안의 떠돌이생활이 이들의 정착을 방해했다. 더욱이 이들이 정착하려는 땅이 좋은 곳일 리가 없었다. 좋은 땅은 주인이 있게 마련이다. 척박한 땅을 개간한다 쳐도 농사지어 수확할 때까지 먹고살 방법이 막연했다.

결국 백정들은 일거리가 있는 곳, 한양으로 몰려왔다. 고기와 가죽의 수요가 있는 곳, 이들이 먹고살 수 있는 곳이기도 했다. 1411년 (태종 11) 정부는 백정을 조사해서 색출했다. 이들이 소와 말을 잡는 주범으로 꼽혔기 때문이다. 찾아낸 백정들은 모두 한양으로부터 90리 밖으로 거주지를 옮기도록 했다.[18] 그러나 10년 정도 지나자 백정들은 다시금 한양으로 숨어 들어왔다. 먹고살아야 했기 때문이다. 그들의 업은 소와 말을 훔쳐서 도살하는 것이었다.

모당 홍이상의 「평생도」의 일부로 조선중기 문신인 홍이상이 송도유수, 즉 개성시장으로 취임하러 가고 있다. 송도유수 역시 수령의 일종이다. 수령이 해야 할 일은 학교를 부흥시키는 일부터 무척이나 많았다.

조선의 9급 관원들, 하찮으나 존엄한

이렇게 되자 정부는 다시 조사에 들어갔다. 이번엔 백정들을 찾아내 아예 해변가 고을로 옮겨버리고, 그 지역의 장교에게 수시로 방문 조사를 하게 했다. 다른 한편으로 쇠고기나 말고기를 몰래 먹는 자에 대한 형벌도 강화했다. 애당초 정부 관계자들은 백정들이 한양에 모여드는 이유가 고기에 대한 수요 때문이라는 점을 잘 알고 있었다. 따라서 이에 대한 대책도 필요했다. 원래 허가되지 않은 소와 말고기를 먹으면 회초리 50대로 처벌하도록 되어 있었다. 그럼에도 이런 일이 끊이지 않는 것은 이 형벌이 가벼워서라고 보았다. 그래서 이번에는 왕의 명령을 어긴 제서유위율(制書有違律)을 적용해, 몽둥이 80대를 맞도록 바꾸었다.

한양에서 백정들이 많이 모여 살던 곳이 바로 무악산 아래다.[19] 지금의 연희동, 홍제동 주변이다. 그곳에 홍제천이 흐르고 골짜기가 있기 때문에 몰래 도살하는 것이 더 쉬웠을까?

백정 중에는 평민들과 섞여 살면서 혼인을 하는 경우도 있었다. 이들은 국가의 의무인 군역(軍役)을 감당했다. 의무를 한 만큼 권리도 주어야 한다. 그래서 정부는 백정의 아들 중에서 교육을 원하는 경우에는 향교에 진학할 수 있게 했다.[20] 그러나 실제로 공부할 수 있었던 사람들은 매우 적었을 것이다.

한양이든, 지방이든 백정들이 농사짓는 일은 늘지 않았다. 고심한 정부는 백정들이 농사짓는 일에 안착하는 여부를 지방 수령의 인사고과에 반영하겠다고 했다.[21] 하지만 이런 노력도 허사였다. 이유는 간단했다. 백정들은 농사지을 땅과 집이 없었다. 그야말로 탁상행정이었던 셈이다. 게다가 소와 말도 잡을 수 없었기 때문에 구걸이 생활수단이었다.[22] 사람이 춥고 배고프면 못하는 일이 없게 된다. 밤에는 도둑질이나 방화(放火), 심지어 살인까지 한다고 했다. 그래서 정부는 이들을 평민과 강제로 혼인시키고, 백정들끼리는 하지 못하도록 했다. 아울러 이들에게 관청에 속한 노는 땅을 주고, 이후에도 악행을 하면 새로 만들어진 변방 군대주둔지에 귀양을 보내서 해군으로 편입시키도록 했다. 말하자면 채찍과 당근을 동시에 주는 정책이었다.

거골장을 막아라

이와 같은 정부의 온갖 노력에도 불구하고 백정들은 조선사회의 시민으로 편입되지 못했다. 사회가 안정되면서, 세종대 이후부터는 쇠고기에 대한 수요가 더 증가했기 때문이다. 세조대가 되면 드디어 소와 말을 도살하는 업을 지닌 사람들을 '거골장'이라고 부르기 시작한다. 그만큼 이 업이 하나의 전문직처럼 되어버렸다는 뜻이다. 게다가 이제는 거골장은 옛날처럼 남의 소를 훔쳐서 잡는 것이 아니라, 소를 사서 잡는 수준까지 되어버렸다. 그래서 아예 고기시장이 만들어졌다.[23]

사헌부의 수장인 양성지(梁誠之)는 상황이 이렇게 심각하다고 지적하고, 처벌 수위를 높이는 길만이 해결방법이라고 주장했다. 즉 거골장에게 군법(軍法)을 적용하자는 주장이다. 군법은 대개의 경우에 사형이다. 말하자면 소를 잡은 사람은 돈을 주고 소를 샀을 경우에도 사형. 그리고 주모자와 범죄를 도운 사람을 가릴 것 없이 사형시키고 가족은 변방으로 이주시킬 것. 또한 소를 잡는 현장을 고발한 사람

군법은 일반적으로 가혹하다. 군법을 집행하기 위해서는 군뢰(軍牢)가 필요하다. 그림 속 가운데 말 앞의 네 사람이 바로 군뢰이다(「안능신행도」의 일부).

은 거골장의 재산을 주고, 벼슬을 받기를 원하는 사람은 세 계급을 올려서 줄 것. 그뿐 아니라 쇠고기 장물아비를 숨겨준 사람은 국가에서 집을 몰수할 것. 소를 잡게 한 양반은 몽둥이 100대에 영구히 벼슬 임명 금지, 일반사람은 마찬가지로 몽둥이 100대에 전 가족을 변방으로 이사시키도록 하고, 심지어 그 이웃과 함께 허락 없이 죽인 쇠고기를 먹은 사람 역시 똑같이 처벌하도록 했다. 한마디로 쇠고기 한번 잘못 먹으면 패가망신에 추방까지 더해지는 무시무시한 처벌 규정이었다. 지금까지 나온 것 중 최고의 처벌규정이었다. 그러나 이 방안은 법으로 시행되지 못했다. 처벌규정이 너무 심한 탓이었다.

거골장은 계속 늘어갔다. 1470년(성종 1) 정부는 위와 같지는 않지만 상당히 엄한 법을 정한다. 원래 소와 말을 도둑질한 경우는 초범일지라도 사형에 처했다. 거골장이 주 대상이었다. 그리고 도살의 경우에는 초범은 몽둥이 100대에 노역형 3년, 재범자는 몽둥이 100대에 범죄자라는 문신을 새기고, 3번째의 경우엔 얼굴에 문신을 새기고, 4번째에는 사형을 시키기로 했다.[24]

조선의 9급 관원들, 하찮으나 존엄한

하지만 정부의 금지령이나 단속이 인간의 욕망을 이긴 경우는 없다. 마피아가 밀주령으로 크게 성장할 수 있었듯이, 엄한 단속은 쇠고기의 값만 올려놓았다. 이익이 그만큼 더 커진 셈이고, 이것이 오히려 거골장의 숫자를 늘려주었을 것으로 보인다. 조정에서도 거골장의 이익이 커져서 다투어 이 일을 한다고 한탄할 정도였다.[25] 1533년(중종 28)경에는 하루에 도살하는 소가 3~4마리이고, 이로 인해 남대문과 서소문 성 위에 쌓인 뼈가 산더미라고 했다.[26] 소에 대한 수요가 많아서, 소의 가격이 베 80~90필에 이르렀다. 그렇다고 거골장들이 돈을 많이 벌었을까? 그중 일부는 그런 사람도 있었을 것이나 이들이 받았던 사회적 천대는 시간이 지날수록 더욱 심해졌다. 그들은 소 잡는 일만 했을까?

백정이 도둑 되다

1428년(세종 10) 황해도 강음현(江陰縣) 천신사(天神寺)라는 절이 있는 고개에 괴한들이 나타났다.[27] 이들은 모두 20여 명이었으며 말을 타고 있었다. 고을 수령은 군사를 거느리고 이들을 추적했다. 이 사람들은 백정으로 불을 지르고 도둑질을 했다.

추격은 성공했다. 저 멀리 남녀 10여 명의 괴한이 활과 화살을 가지고 있는 것이 보였다. 이들은 관군에 대항하여 활을 쏘면서 도주했다. 관군은 남자 1명을 사살하고, 두 사람은 놓쳤다. 잡힌 7명 중에서 한 여성은 남자 옷차림을 하고 있었다. 도망간 도적들은 개성쪽으로 향했다. 곧이어 평산의 산으로 향한 도적 8명은 횃불을 가지

강원도 철원 고석정 근처에 있는 임꺽정 동상의
일부다. 임꺽정은 양주의 백정 출신으로 알려져
있다. 고석정은 임꺽정과 관련된 전설이 있다.

고 다른 봉우리에 있는 사람들과 연락을 주고받았다. 이들이 바로
백정이었다.

정부는 그들이 개성 쪽으로 도망갔다는 점에 주목했다. 그래서 개
성에 사는 백정과 재인들의 무리를 평민들과 섞여 살게 하는 방법을
쓰자고 제안했다. 기록에 보이는 이들의 모습은 임꺽정과 비슷하다.
임꺽정 역시 황해도를 무대로 활동했는데, 원래 그는 한양 부근의
양주 백정이었다.

백정들은 서로 모여서 좀도둑질을 하다가 각 고을에서 쫓아가면
가족들을 버리고 산골짜기로 숨어 들어갔다. 조정에서는 이 사람들
이 더 굶주리면 강도와 약탈을 심하게 할 것이라고 염려했다.[28] 그 대
책은 방호소(防護所), 즉 초소를 두고 이들의 출입을 금지시키는 것이
었다.

심지어 나라에서 운영하는 목장인 살곶이에서 소 3마리와 개인 말 1필을 도둑맞는 사건도 있었다.[29] 범인이 누군지는 밝혀지지 않았다. 그래서 나온 조치가 밤마다 목장을 순찰하는 것과 인근 포구와 요지에 순찰을 강화하는 것, 그리고 동대문과 같은 출입문에서 짐바리를 수색하는 것 정도였다. 당연히 혐의는 백정들에게 두어졌으나 증거가 없으니 어쩌겠는가. 이 사건은 목장 근처의 백정들을 5, 60리 밖으로 쫓아내는 것으로 마무리되었다.

1435년(세종 17)에는 평민들이 백정에게 말을 파는 것까지 금지시켰다.[30] 당시 백정 출신의 도적들이 성행하고, 이들이 믿는 것이 말의 힘이라는 인식 때문이었다. 그들이 기르는 말에는 모두 낙인을 찍어, 새로 말을 기르지 못하도록 하자는 방안이 제기되었다. 이 방법은 논란이 되었지만, 도적질한 사람과 거지떼로 다니는 경우에는 이를 적용하기로 했다. 이렇게 조선왕조 전반기에 백정들은 끊임없이 문제거리로 등장했다.

조선왕조는 원래부터 차별을 전제로 한 사회였다. 그것이 사회를 지탱하는 원리였다. 성리학에서는 이것이 자연의 원리라고 했다. 그러나 차별이 곧 천대를 의미하는 것은 아니다. 차별의 원래 의미는 각각의 사회적 역할이 다르다는 뜻이다. 마치 개미사회에 놀고 먹으면서 번식만 하는 여왕개미와 평생 일만 하는 일개미, 그리고 적과 싸우는 병정개미가 존재하는 것처럼 말이다.

그러나 차별은 시간이 갈수록, 다름을 이유로 천대를 낳았다. 그리고 그 희생은 사회의 밑바닥에서 일하는 사람들의 몫이었다. 백정은 그런 부류의 대표적 희생자였다. ◉

1부. 조선 관료제의 손과 발

통사

1) 『세종실록』 권52, 세종 13년 6월 갑오.

2) 『세종실록』 권43, 세종 11년 3월 경오.

3) 『세종실록』 권44, 세종 11년 5월 을축.

4) 『세종실록』 권44, 세종 11년 4월 병자.

5) 『세종실록』 권45, 세종 11년 4월 신사.

6) 『세종실록』 권45, 세종 11년 7월 갑술.

7) 『세종실록』 권44, 세종 11년 5월 정사.

8) 『태종실록』 권33, 태종 17년 4월 갑술.

9) 『세종실록』 권100, 세종 25년 5월 병인.

10) 『세종실록』 권64, 세종 16년 6월 경신.

11) 『세종실록』 권49, 세종 12년 8월 정유.

12) 『세종실록』 권98, 세종 24년 11월 갑자.

13) 『세종실록』 권33, 세종 8년 9월 임자.

14) 『태조실록』 권6, 태조 3년 11월 을묘.

15) 『세종실록』 권33, 세종 8년 8월 정축.

16) 『세종실록』 권95, 세종 24년 2월 을사.

17) 『세조실록』 권4, 세조 2년 6월 을축.

18) 『태종실록』 권15, 태종 8년 5월 경신.

19) 『세종실록』 권23, 세종 6년 1월 정유.

20) 『세종실록』 권23, 세종 6년 1월 기해.

21) 『세종실록』 권23, 세종 6년 1월 임인.

22) 『세종실록』 권4, 세종 1년 6월 정해.

소유

1) 『숙종실록』 권33, 숙종 25년 8월 정해.

2) 『숙종실록』 권33, 숙종 25년 9월 기유.

3) 이익, 『성호사설』 권15, 인사문, 소유.

4) 『숙종실록』 권19, 숙종 14년 11월 신사.

5) 『태종실록』 권1, 태종 1년 1월 을유.

6) 『태종실록』 권12, 태종 6년 11월 갑자.

7) 『태종실록』 권12, 태종 6년 11월 병인.

8) 『태종실록』 권13, 태종 7년 1월 을유.

9) 『세종실록』 권50, 세종 12년 10월 경진.

10) 『세종실록』 권100, 세종 25년 6월 경인.

11) 『태종실록』 권24, 태종 12년 7월 병술.

12) 『세종실록』 권3, 세종 1년 1월 기사.

13) 『세종실록』 권95, 세종 24년 2월 임인.

14) 이긍익, 『연려실기술』 권3, 세종조고사본말 세종조 상신.

15) 『세종실록』 권22, 세종 5년 10월 을묘.

구사

1) 『성종실록』 권282, 성종 24년 9월 을미.

2) 『세종실록』 권43, 세종 11년 2월 신사.

3) 이긍익, 『연려실기술』 권6, 성종조고사본말.

4) 『성종실록』 권139, 성종 13년 3월 무술.

5) 『태종실록』 권33, 태종 17년 윤5월 신사.

6) 『세종실록』 권6, 세종 1년 12월 계유.

7) 『세종실록』 권29, 세종 7년 9월 계해.

8) 『세종실록』 권43, 세종 11년 3월 갑술.

9) 『세종실록』 권48, 세종 12년 6월 정해.

10) 『세종실록』 권102, 세종 25년 12월 갑진.

11) 『성종실록』권88, 성종 9년 1월 신묘.

12) 『성종실록』권32, 성종 4년 7월 기미.

13) 『성종실록』권3, 성종 1년 2월 무진.

14) 『성종실록』권74, 성종 7년 12월 갑신.

15) 이긍익, 『연려실기술』권19, 폐주 광해군 고사본말.

16) 이긍익, 『연려실기술』별집 권10, 관직전고.

마의

1) 『경국대전』권4, 병전 시취.

2) 『성종실록』권289권, 성종 25년 4월 경신.

3) 『세종실록』권52, 세종 13년 6월 갑인.

4) 『연산군일기』권57, 연산군 11년 2월 정묘.

5) 『태종실록』권1, 태종 1년 5월 기축.

6) 『성종실록』권18, 성종 3년 5월 을축.

7) 김장생, 『사계전서』권41, 의례문해.

8) 『선조실록』권33, 선조 25년 12월 신묘.

9) 이덕무, 『청장관전서』권32, 청비록 1, 부용당.

10) 『순조실록』권4, 순조 2년 2월 무신.

11) 『승정원일기』, 인조 12년 5월 기해.

12) 이유원, 『임하필기』권20, 문헌지장편

13) 『인조실록』권19, 인조 6년 8월 기해.

14) 『태종실록』권2, 태종 1년 10월 무오.

15) 『태종실록』권14, 태종 7년 9월 을해.

16) 김순자, 『여말선초 대명 무역업』, 『한국사의 구조와 전개』, 혜안 2000, 522쪽.

17) 『태종실록』권14, 태종 7년 9월 을해.

18) 『연행일기』권4 계사년 1월 병신.

19) 『일성록』, 정조 10년 2월 경자.

산원

1) 『중종실록』권80, 중종 30년 7월 경신.

2) 『태조실록』권4, 태조 2년 10월 기해.

3) 『세종실록』권102, 세종 25년 11월 무진.

4) 『세종실록』권22, 세종 5년 11월 임진.

5) 『세종실록』권119, 세종 30년 1월 신묘.

6) 『성종실록』 권148, 성종 13년 11월 갑진.

7) 『성종실록』 권82, 성종 8년 7월 경진.

8) 『성종실록』 권282, 성종 24년 9월 임진.

9) 『경국대전』 이전, 한품서용.

10) 『숙종실록』 권33, 숙종 25년 3월 임진.

11) 『명종실록』 권14, 명종 8년 2월 병자.

12) 『광해군일기』 권153, 광해군 12년 6월 기미.

13) 『선조실록』 권207, 선조 40년 1월 신묘.

14) 『선조실록』 권127, 선조 33년 7월 을묘.

15) 『광해군』 권106, 광해군 8년 8월 계묘.

16) 『중종실록』 권85, 중종 32년 7월 무자.

17) 『인조실록』 권25, 인조 9년 12월 계사

2부. 궁궐의 가장자리에 선 사람들

중금

1) 『연산군일기』 권52, 연산군 10년 2월 갑진.

2) 『연산군일기』 권53, 연산군 10년 5월 경인.

3) 『연산군일기』 권53, 연산군 10년 5월 계사.

4) 『세종실록』 권49, 세종 12년 7월 임자.

5) 『성종실록』 권171, 성종 15년 10월 신미.

6) 『성종실록』 권172, 성종 15년 11월 병오.

7) 『연산군일기』 권43, 연산군 8년 4월 병오.

8) 『중종실록』 권4, 중종 2년 9월 정사.

9) 『중종실록』 권70, 중종 26년 5월 기해.

10) 『영조실록』 권25, 영조 6년 4월 을묘.

11) 『중종실록』 권35, 중종 14년 1월 계묘.

숙수

1) 『중종실록』 권55, 중종 20년 10월 기해.

2) 『오주연문장전산고』 경사편 5, 논사류 2,

3) 『경국대전』, 이전 잡직.

4) 『승정원일기』, 인조 3년 6월 계미.

5) 『승정원일기』, 인조 8년 1월 정미.

6) 『세종실록』 권109, 세종 27년 9월 임오.

7) 『예종실록』 권2, 예종 즉위년 12월 정유.

8) 『명종실록』 권29, 명종 18년 4월 경오.

9) 『중종실록』 권1, 중종 1년 10월 경오.

10) 『다산시문집』 권7.

11) 『석주집』 권5.

12) 이긍익, 『연려실기술』 권36, 숙종조 고사본말

의녀

1) 『세종실록』 권22, 세종 5년 12월 신해.

2) 『세조실록』 권30, 세조 9년 5월 경술.

3) 『성종실록』 권89, 성종 9년 2월 기유.

4) 『중종실록』 권21, 중종 10년 3월 무인.

5) 『중종실록』 권60, 중종 23년 2월 경오.

6) 『중종실록』 권60, 중종 23년 3월 계유.

7) 『성종실록』 권246, 성종 21년 5월 무인.

8) 『성종실록』 권246, 성종 21년 6월 병신.

9) 『성종실록』 권246, 성종 21년 10월 신유.

10) 『연산군일기』 권44, 연산군 8년 5월 기해.

11) 『연산군일기』 권44, 연산군 8년 6월 무신.

12) 『중종실록』 권56, 중종 21년 2월 무진.

13) 『성종실록』 권220, 성종 19년 9월 무자.

14) 『성종실록』 권220, 성종 19년 9월 무자.

15) 『성종실록』 권266, 성종 23년 6월 계축.

16) 『정조실록』 권26, 정조 12년 10월 신묘.

17) 『중종실록』 권10, 중종 5년 2월 정해.

18) 『중종실록』 권80, 중종 30년 10월 계묘.

19) 『중종실록』 권80, 중종 30년 10월 병오.

20) 이제신, 『대동야승』. 청강선생후청쇄어.

21) 『선조실록』 권126, 선조 33년 6월 신축.

22) 『선조실록』 권186, 선조 38년 4월 갑인.

23) 『성종실록』 권166, 성종 15년 5월 갑인.

24) 『영조실록』 권112, 영조 45년 4월 무진.

금루관

1) 『일성록』, 정조 11년 11월 26일.

2) 『일성록』, 정조 11년 11월 4일.

3) 『태종실록』 권30, 태종 15년 12월 임오.

4) 『세종실록』 권29, 세종 7년 8월 병신.

5) 『세종실록』 권30, 세종 7년 11월 갑자.

6) 『세종실록』 권59, 세종 15년 2월 병술.

7) 『세종실록』 권77, 세종 19년 6월 병술.

8) 『세종실록』 권75, 세종 18년 10월 기사.

9) 『세조실록』 권11, 세조 4년 1월 무인.

10) 『세조실록』 권33, 세조 10년 5월 신사.

11) 『성종실록』 권61, 성종 6년 11월 기사.

12) 『대전속록』, 예전 잡령.

13) 『선조실록』 권154, 선조 35년 9월 갑술.

14) 『선조실록』 권11, 선조 10년 4월 무진.

15) 『인조실록』 권29, 인조 12년 6월 경신.

16) 『광해군일기』 권106, 광해군 8년 8월 무오

17) 『숙종실록』 권63, 숙종 45년 1월 병자.

3부. 나랏일에 공을 세워야

착호갑사

1) 김동진, 『조선전기 포호정책 연구』, 선인 2009, 319쪽.

2) 『태종실록』 권10, 태종 5년 7월 무오.

3) 『태종실록』 권32, 태종 16년 10월 을유.

4) 『경국대전』 권4, 병전, 번차도목.

5) 『세종실록』 권28, 세종 7년 6월 을축.

6) 『세종실록』 권43, 세종 11년 2월 무인.

7) 『경국대전』 권4, 병전, 시취.

8) 『세조실록』 권38, 세조 12년 1월 신미.

9) 『세조실록』 권38, 세조 12년 1월 신미.

10) 김동진, 『조선전기 포호정책 연구』, 선인 2009, 145쪽.

11) 『세종실록』 권52, 세종 13년 5월 기묘.

조선의 9급 관원들, 하찮으나 존엄한

12) 『세종실록』 권72, 세종 18년 4월 병진.

13) 김동진, 『조선전기 포호정책 연구』, 선인 2009, 189쪽.

14) 『대전속록』, 병전, 포호.

15) 김종직, 『점필재집』 권12, 十月十八日獵虎於南林虎中三箭而一箭洞其腹日暮令士卒圍守雞塢虎突圍而逸遂賦此.

16) 『성종실록』 권56, 성종 6년 6월 갑신.

17) 『성종실록』 권54, 성종 6년 4월 기축.

간첩

1) 『소문쇄록』 속잡록2, 인조 2년.

2) 이익, 『성호사설』 권10, 인사문.

3) 『인조실록』 권32, 인조 14년 3월 계축.

4) 『인조실록』 권33, 인조 14년 9월 경신.

5) 『성종실록』 권253, 성종 22년 5월 갑진.

6) 『성종실록』 권260, 성종 22년 12월 병인.

7) 『성종실록』 권282, 성종 24년 9월 정미.

8) 『성종실록』 권294, 성종 25년 9월 무술.

9) 정도전, 『삼봉집』 권4, 정침전

10) 『선조실록』 권32, 선조 25년 11월 계유.

11) 『선조실록』 권83, 선조 29년 12월 경인.

12) 『선조실록』 권96, 선조 31년 1월 기유.

13) 『선조실록』 권98, 선조 31년 3월 임인.

14) 『선조실록』 권99, 선조 31년 4월 경신.

15) 『백호전서』 권23, 사실, 제장전.

16) 『선조실록』 권89, 선조 30년 6월 기묘.

17) 『선조실록』 권98, 선조 31년 3월 임인.

18) 『선조실록』 권98, 선조 31년 3월 갑진.

목자

1) 『태종실록』 권26, 태종 13년 8월 기사.

2) 『태종실록』 권29, 태종 15년 1월 경신.

3) 『태종실록』 권33, 태종 17년 6월 무자.

4) 남도영, 『한국마정사』, 한국마사회 1996, 321쪽.

5) 『중종실록』 권19, 중종 8년 12월 경신.

6) 『태종실록』권29, 태종 15년 1월 경신.

7) 이긍익, 『연려실기술 별집』권17, 변원전고, 해랑도.

8) 성대중, 『청성잡기』권4, 성언

9) 장유, 『계곡선생집』권7, 목장지도후서.

10) 『세조실록』권41, 세조 13년 기묘.

11) 이익, 『성호사설』권6, 만물문, 마가귀.

12) 유수원, 『우서』권9, 기군과 마정을 논함.

13) 『태종실록』권13, 태종 7년 3월 계미.

14) 『태종실록』권22, 태종 11년 7월 병술.

15) 『세종실록』권6, 세종 1년 12월 계유.

16) 『성종실록』권6, 성종 원년 6월 무오.

17) 『세종실록』권30, 세종 7년 11월 경신.

18) 『세종실록』권64, 세종 16년 4월 신미.

19) 『세종실록』권88, 세종 22년 2월 을유.

20) 『중종실록』권88, 세종 33년 9월 경자.

21) 『예종실록』권3, 예종 1년 2월 갑인.

22) 『인조실록』권9, 인조 3년 4월 경진.

23) 『선조실록』권59, 선조 28년 1월 경인.

24) 『경종실록』권8, 경종 2년 5월 병신.

염간

1) 『중종실록』권104, 중종 39년 7월 임인.

2) 마크 쿨란스키 지음·이창식 옮김, 『소금』, 세종서적 2003, 62~63쪽.

3) 『세종실록』권36, 세종 9년 4월 임오.

4) 『세종실록』권109, 세종 27년 8월 무진.

5) 『태종실록』권28, 태종 14년 9월 무인.

6) 『세종실록』권5, 세종 1년 10월 을미.

7) 『세종실록』권109, 세종 27년 8월 무진.

8) 『태종실록』권15, 태종 8년 2월 임오.

9) 『세종실록』권19, 세종 5년 3월 병술.

10) 『세종실록』권23, 세종 6년 3월 병신.

11) 『세종실록』권19권, 세종 5년 2월 병자.

12) 『세종실록』권86, 세종 21년 7월 병인.

13) 『세종실록』권93, 세종 23년 6월 정축.

14) 마크 쿨란스키 지음·이창식 옮김, 『소금』, 세종서적 2003, 137쪽.

15) 『세종실록』 권93, 세종 23년 7월 경술.

16) 『성종실록』 권16, 성종 3년 3월 갑자.

17) 『성종실록』 권197, 성종 17년 11월 무신.

조졸

1) 『중종실록』 권73, 중종 28년 2월 기묘.

2) 『중종실록』 권75, 중종 28년 6월 경진.

3) 『태종실록』 권17, 태종 9년 1월 신미.

4) 『정종실록』 권1, 정종 1년 1월 경인.

5) 『태종실록』 권17, 태종 9년 1월 신미.

6) 『태종실록』 권11, 태종 6년 3월 갑오.

7) 『태종실록』 권23, 태종 12년 4월 경신.

8) 『동사록』, 인조 2년 10월 1일.

9) 『성종실록』 권62, 성종 6년 12월 병자.

10) 『세종실록』 권116, 세종 29년 4월 임인.

11) 『대전속록』, 호전 조전.

12) 『성종실록』 권229, 성종 20년 6월 병신.

13) 『선조실록』 권7, 선조 6년 2월 갑술.

14) 『성종실록』 권16, 성종 3년 3월 갑자.

15) 김장생, 『사계전서』 권4, 어떤 사람에게 보냄.

16) 『성종실록』 권243, 성종 21년 8월 정해.

17) 『대명률직해』 권19, 형률, 인명투구급고살인

4부. 나는 백성이 아니옵니다

비구니

1) 『세종실록』 권22권, 세종 5년 10월 을묘.

2) 『문종실록』 권1, 문종 즉위년 2월 임인.

3) 『세종실록』 권19, 세종 5년 1월 신묘.

4) 『세종실록』 권104, 세종 26년 6월 계미.

5) 『태종실록』 권21, 태종 11년 6월 무술.

6) 『세종실록』 권100, 세종 25년 5월 경오.

7) 『세조실록』 권9, 세조 3년 9월 기사.

8) 『성종실록』 권32, 성종 4년 7월 무술.

9) 『성종실록』 권32, 성종 4년 7월 정미.

10) 『경국대전』 권5, 형전 금제.

11) 『성종실록』 권64, 성정 7년 2월 정해.

12) 『성종실록』 권57, 성종 6년 7월 계유.

13) 『성종실록』 권63, 성종 7년 1월 임술.

14) 『성종실록』 권57, 성종 6년 7월 병인.

15) 『중종실록』 권44, 중종 17년 3월 경술.

16) 『세종실록』 권124권, 세종 31년 4월 기사.

17) 『세종실록』 권98, 세종 24년 10월 계사.

18) 『세종실록』 권98, 세종 24년 10월 을미.

19) 『세종실록』 권124, 세종 31년 4월 계유.

광대

1) 『연려실기술』 권11, 명종조고사본말 을묘왜변.

2) 『명종실록』 권18, 명종 10년 5월 임술.

3) 『연산군일기』 권47, 연산군 8년 11월 임술.

4) 『연산군일기』 권47, 연산군 8년 11월 병술.

5) 『열하일기』, 관내정사, 25일 신축.

6) 『태종실록』 권27, 태종 14년 6월 갑인.

7) 『성종실록』 권54, 성종 6년 4월 경인.

8) 『세종실록』 권18, 세종 4년 11월 정축.

9) 허균, 『성소부부고』 권22, 설부1.

10) 『세조실록』 권32, 세조 10년 1월 경오.

11) 어숙권, 『패관잡기』 권2.

12) 『중종실록』 권49, 중종 18년 11월 정축.

13) 『중종실록』 권51, 중종 19년 7월 신미.

14) 성현, 『용재총화』 권6.

15) 『세조실록』 권44, 세조 13년 10월 기해.

16) 이익, 『성호사설』 권5, 만물문 답색연동.

17) 『심리록』 권5, 신축년 2, 전라도.

맹인과 점쟁이

1) 『태조실록』권5, 태조 3년 1월 병진.

2) 『태조실록』권5권, 태조 3년 3월 임자.

3) 『태종실록』권9, 태종 5년 1월 무신.

4) 『정종실록』권1, 정종 1년 6월 경자.

5) 『태종실록』권35, 태종 18년 1월 정축.

6) 『세종실록』권52, 세종 13년 5월 경인.

7) 『세종실록』권76, 세종 19년 2월 계미.

8) 『태종실록』권4, 태종 2년 7월 계미.

9) 『태종실록』권34, 태종 17년 9월 갑인.

10) 『세종실록』권66, 세종 16년 12월 신유.

11) 『세종실록』권75, 세종 18년 10월 정묘.

12) 『세종실록』권106, 세종 26년 12월 병진.

13) 『단종실록』권8, 단종 1년 10월 정유.

14) 『세종실록』권49, 세종 12년 7월 계해.

15) 『중종실록』권101, 중종 38년 10월 정해.

16) 『세종실록』권54, 세종 13년 12월 을묘.

17) 『세종실록』권55, 세종 14년 2월 신축.

18) 『세조실록』권46, 세조 14년 5월 병자.

유수와 걸인

1) 『명종실록』권32, 명종 21년 2월 신묘.

2) 『명종실록』권30, 명종 19년 10월 갑신.

3) 『선조실록』권10, 선조 9년 6월 정해.

4) 『선조실록』권211, 선조 40년 5월 갑술.

5) 『세종실록』권111, 세종 28년 3월 병신.

6) 『세종실록』권124, 세종 31년 4월 정축.

7) 『중종실록』권59, 중종 22년 11월 계사.

8) 『숙종실록』권15, 숙종 10년 8월 계축.

9) 『현종실록』권20, 현종 13년 1월 임신.

10) 『숙종실록』권59, 숙종 43년 3월 계해.

11) 『숙종실록』권59, 숙종 43년 3월 신사.

12) 『영조실록』권115, 영조 46년 11월 무신.

13) 『명종실록』권14, 명종 8년 윤3월 병진.

14) 『연려실기술』별집 권12, 정교전교 병제.

15) 『영조실록』 권82, 영조 30년 11월 무술.

16) 『태종실록』 권1, 태종 1년 윤3월 임자.

17) 『태종실록』 권23, 태종 12년 2월 을축.

18) 『태종실록』 권27, 태종 14년 6월 갑인.

19) 『세조실록』 권3, 세조 2년 3월 정유.

20) 『중종실록』 권56, 중종 20년 12월 경술.

21) 『중종실록』 권8, 중종 4년 3월 계축.

22) 하륜, 『호정집』 권2, 촉석루기.

23) 권근, 『양촌집』 권13, 대화루기.

24) 하륜, 『호정집』 권2, 진위현객관기.

오작인과 망나니

1) 정약용, 『다산시문집』 권17, 기사.

2) 『심리록』 권수, 응행격식, 초검복검격식.

3) 『성종실록』 권159, 성종 14년 10월 계유.

4) 이익, 『성호사설』 권11, 인사문 살인법.

5) 『세종실록』 권95, 세종 24년 2월 무오.

6) 『세조실록』 권41, 세조 13년 3월 을해.

7) 『중종실록』 권43, 중종 17년 1월 병인.

8) 이긍익, 『연려실기술』 권8, 중종조고사본말 기묘당적.

9) 『명종실록』 권5, 명종 2년 5월 경신.

10) 『세조실록』 권35권, 세조 11년 4월 을미.

11) 『연산군일기』 권59, 연산군 11년 9월 정유.

12) 『연산군일기』 권61, 연산군 12년 1월 갑오.

13) 『중종실록』 권72, 중종 27년 3월 정묘.

14) 『중종실록』 권15, 중종 7년 1월 신유.

15) 『중종실록』 권15, 중종 7년 1월 계유.

16) 『정조실록』 권37, 정조 17년 1월 병오.

17) 『만기요람』 군정2, 훈련도감 복착.

18) 『광해군일기』 권103, 광해군 8년 5월 병자.

19) 이긍익, 『연려실기술』 권10, 명종조고사본말, 을사사화.

거골장

1) 『성종실록』 권44, 성종 5년 윤6월 경자.

조선의 9급 관원들, 하찮으나 존엄한

2) 『성종실록』권39, 성종 5년 2월 임술.

3) 『성종실록』권50, 성종 5년 12월 무자.

4) 『세종실록』권123, 세종 31년 2월 무인.

5) 『세종실록』권125, 세종 31년 7월 무자.

6) 『성종실록』권50, 성종 5년 12월 기축.

7) 『성종실록』권50, 성종 5년 12월 임진.

8) 『성종실록』권52, 성종 6년 2월 계사.

9) 『성종실록』권63, 성종 7년 1월 계해.

10) 김인규,『백정들의 가슴저린 애환, 드디어 빛을 보다』『개화기 서울 사람들 1』, 어진이 2004, 244쪽.

11) 『고려사』권118, 열전, 조준.

12) 『태조실록』권2, 태조 1년 9월 임인.

13) 『태종실록』권8, 태종 4년 9월 정사.

14) 『세종실록』권22, 세종 5년 10월 을묘.

15) 『태종실록』권22, 태종 11년 10월 을사.

16) 『태종실록』권28, 태종 14년 윤9월 계묘.

17) 『세종실록』권97, 세종 24년 계사.

18) 『세종실록』권27, 세종 7년 2월 갑진.

19) 『세종실록』권30, 세종 7년 12월 경오.

20) 『세종실록』권58, 세종 14년 10월 정유.

21) 『세종실록』권84, 세종 21년 2월 을축.

22) 『세종실록』권120, 세종 30년 4월 갑자.

23) 『세조실록』권41, 세조 13년 1월 신미.

24) 『성종실록』권4, 성종 1년 3월 임오.

25) 『성종실록』권44, 성종 5년 윤6월 경자.

26) 『중종실록』권75, 중종 28년 7월 을묘.

27) 『세종실록』권40, 세종 10년 윤4월 갑신.

28) 『세종실록』권40, 세종 10년 5월 경오.

29) 『세종실록』권64, 세종 16년 4월 신미.

30) 『세종실록』권69, 세종 17년 8월 신축.